翻转学习的
设计与实现

FANZHUAN XUEXI DE SHEJI YU SHIXIAN

杨建伟 著

知识产权出版社
全国百佳图书出版单位
—北京—

图书在版编目（CIP）数据

翻转学习的设计与实现 / 杨建伟著. —北京：知识产权出版社，2021.4
ISBN 978-7-5130-7190-1

Ⅰ.①翻… Ⅱ.①杨… Ⅲ.①网络教学—教学研究 Ⅳ.①G434

中国版本图书馆 CIP 数据核字（2020）第 179444 号

内容提要

本书主要包括认识翻转学习、翻转学习的相关理论、如何设计翻转学习、如何设计微课、如何制作微课、翻转学习的实施与评价六部分内容。本书从翻转学习、翻转课堂、微课的概念及其相互关系入手，在分析和融入学习内容分类、布卢姆教育目标分类、认知负荷、多媒体学习认知等相关理论的基础上，重点介绍了翻转学习的全过程及其整体教学设计、微课的设计和制作方法，并梳理出了如何实施和评价翻转学习。本书通过具体案例挖掘和呈现出如何将技术与教学需求相结合的实践性知识，让读者在情境中感悟设计的精巧及其实现的方法和技术。本书具有一定的理论和实用价值，可作为中小学教师自主学习用书或继续教育培训教材，也可作为师范类大学生的学习用书。

责任编辑：许　波　　　　　　　　责任印制：孙婷婷

翻转学习的设计与实现
FANZHUAN XUEXI DE SHEJI YU SHIXIAN

杨建伟　著

出版发行：知识产权出版社有限责任公司	网　址：http://www.ipph.cn
电　话：010-82004826	http://www.laichushu.com
社　址：北京市海淀区气象路 50 号院	邮　编：100081
责编电话：010-82000860 转 8380	责编邮箱：xubo@cnipr.com
发行电话：010-82000860 转 8101	发行传真：010-82000893
印　刷：北京建宏印刷有限公司	经　销：各大网上书店、新华书店及相关专业书店
开　本：720mm×1000mm　1/16	印　张：17.5
版　次：2021 年 4 月第 1 版	印　次：2021 年 4 月第 1 次印刷
字　数：319 千字	定　价：78.00 元

ISBN 978-7-5130-7190-1

出版权专有　侵权必究
如有印装质量问题，本社负责调换。

前言

近几年，翻转课堂、微课、翻转学习这些新名词开始出现在我们的视野中。不论你是一位家长还是一位教师，不论你是否熟知翻转课堂、微课、翻转学习等概念、形式，你可能是这些名词的反对者或者忠实的拥护者，当然也可能从未思考过相关内容，谈不上有什么态度。我想我们可以不关心什么是翻转课堂、微课、翻转学习，但是我们要关心"如何让学生的学习'真正'发生"。

2015年年初，我开始面向中小学教师进行主题为"微课的制作与应用"的专题培训。2016年在北京教育学院和中小学基地校共同开展的协同创新项目中，我以"实践翻转课堂，实现师生共同发展"为主题，和基地的教师一起进行实践研究。在五年多的实践研究过程中，我和教师们一起设计、实施、反思、交流，找出问题并总结经验和规律，然后再设计、再实践、再反思、再交流、再总结，如此循环往复。伴随着翻转课堂的出现，对它的褒贬之声随之而来，这使我更加警醒，不能人云亦云，不能机械照搬别国、别人的做法，直接照搬"学生在家观看教学视频学习，然后在课堂上完成作业"的做法是行不通的。到底学生需不需要翻转课堂，有没有满足学生需要的翻转课堂，如何设计和实施学生需要的翻转课堂，这些问题成了我做"微课的制作与应用"专题培训时就开始思考的问题，从那时起也就开始了寻找"学生需要的翻转课堂"的历程。

在这个过程中，我和中小学教师共同进行翻转课堂整体教学设计，分析学生自主学习的过程及结果反馈，构思课堂学习活动的设计和组织，观察课堂上学生的状态，访谈学生的学习感受，分析学生的学习结果及过程性数据，共同反思、分析、交流、改进、提高。在实践研究的开始阶段，基于已有的知识和经验，我

翻转学习的设计与实现

给出了翻转课堂如何设计和实施的方法与步骤，并设计了翻转课堂整体教学设计模板、微课的设计模板、自主学习任务单设计模板等作为中小学教师实践翻转课堂的支架材料。在实践中，根据实际效果，我们不断探索发现行之有效的策略和方法，总结经验和教训，随时调整具体的实践方法和行为，并及时改进和补充各类模板等支架材料，然后再将新改进和补充的支架材料投入基地学校中继续进行实践检验和完善。如此反复，不断在实践中反思、调整、总结。在持续的实践过程中，已有的支架材料不断得到修改、完善和补充，而且还陆续生成了课堂学习活动设计模板、课堂观察量表、微课自主学习自评表等新的支架材料。从课堂观察、对学生和家长的调查与访谈，以及教师自身和同行的反馈中可看出，我们的翻转课堂实践效果良好，得到了广泛认可。在这个过程中，我也越来越认为把我们实践的翻转课堂称为翻转学习更为恰当，因为我们实践的翻转课堂更强调学生的学习，学生自主学习和课堂学习活动的结合，个人学习空间和动态的、交互的集体学习空间的结合，以及以学生为中心的学习环境的创建，所以用"翻转学习"这个词更为贴切。

我们从一开始设计实施翻转课堂就将其定位为符合学生的实际状况和需求，坚持从学生的角度去琢磨、寻找答案。我经常跟一起做实践探索的教师们说："当你想不清楚应该如何设计和实施时，就把自己想成学生，作为学生的你想要怎样学习？反反复复这样想一想，也许你就明白了。"正是因为坚持这样一种理念，避免了很多弯路。实践中，无论用的是"翻转课堂"这个词还是"翻转学习"这个词，指的都是这种符合学生实际所需的、微课支撑的课前自主学习和动态交互的课上集体学习相结合的学习方式。本书也主要探讨这种翻转学习的设计与实现。

一路走来，回头想一想，我发现教师们经常会遇到一些误区和束缚。其实，很多事情是在实践中掌握和明白的，不是凡事都有一个明确的对错，也不是所谓的经验都是可以照搬的。在这个过程中，我深刻地感悟到教师们确实需要学习和掌握一些教育教学的基本理论知识，并且深入理解这些理论知识和自己教学实践的关系，这样才能更易于掌控新生事物，更易于克服盲从、增强独立思考和自我修正行动方向的能力。因此，本书将围绕如何设计和实现学生需要的翻转学习及为什么要这样设计和实现来展开，以期让读者不仅知道如何设计和实现翻转学习，而且知道为什么这样去设计和实现。

通过本书，我想把五年来实践中发现和总结的以下内容呈现出来，以便让更多的读者了解翻转学习、掌握如何设计和实现翻转学习的方法。本书的具体内容包括实践中关于翻转学习的困惑；设计和实施翻转学习必备的理论知识；如何设计翻转学习，如翻转学习整体教学设计、课堂学习活动设计、微课设计、自主学习任务单设计；翻转学习自主学习资源——微课的实用制作技术，如拍摄视频如何生成微课、PPT如何生成微课、录屏+PPT如何生成微课、使用软件Focusky如何生成微课、使用思维导图如何生成微课中的特色画面、通过后期编辑如何让微课更加完美；翻转学习如何实施和评价。涉及微课制作的技术部分，本书除了讲解基本操作之外，更多地是通过案例分析来阐述如何利用不同软件的不同特色解决教学中的不同问题，通过案例分析来挖掘和呈现技术如何和教学需求相结合的实践性知识。只掌握技术的操作步骤还不够，关键是要知晓如何将其与教学需求结合起来，"如何结合"这类实践性知识是非常重要的。本书通过实际的案例给出具体的情境，让读者在情境中感悟技术的恰当运用，在情境中学习技术如何应用。

  在完成本书的过程中，我借鉴了国内外学者的诸多资料和相关成果；选用了多位中小学教师的优秀实践案例，在此谨致以最诚挚的谢意！特别感谢荣琪、赵佳明、马海利、赵坤、福纪、赵颖、马金花、孙利英、张争、韩芳等教师，他们在参加专题和协同创新项目培训和实践跟踪过程中创作的优秀案例，为本书的关键理论和技术提供了鲜活的应用情境，使一些重要的设计理念和技术应用得以真实、恰当地呈现。

  囿于本人有限的学识水平和研究视野，本书可能存在疏漏与不妥之处，恳请各位读者和专家批评指正！

目录

第一章　**认识翻转学习**　/ 001
　　第一节　翻转课堂的起源　/ 001
　　第二节　翻转课堂的发展和翻转学习的提出　/ 003
　　第三节　认识微课　/ 005
　　第四节　翻转课堂、翻转学习、微课三者的关系　/ 014
　　第五节　中小学的翻转学习　/ 017
第二章　**翻转学习的相关理论**　/ 024
　　第一节　学习内容分类理论及其对翻转学习的意义　/ 024
　　第二节　布卢姆教育目标分类及其对翻转学习的意义　/ 030
　　第三节　认知负荷理论及其翻转学习的意义　/ 034
　　第四节　多媒体学习认知理论及其对翻转学习的意义　/ 038
第三章　**如何设计翻转学习**　/ 043
　　第一节　翻转学习整体教学设计基础知识　/ 043
　　第二节　翻转学习整体教学设计　/ 055
　　第三节　学习目标的确定　/ 063
　　第四节　课堂学习活动设计　/ 067
　　第五节　评价设计　/ 076
第四章　**如何设计微课**　/ 081
　　第一节　微课的选题　/ 081
　　第二节　微课的设计　/ 084

第三节　微课中的语言设计　/088

第四节　微课中的问题设计　/096

第五节　微课中的画面设计　/101

第六节　微课自主学习任务单　/109

第五章　如何制作微课——基础篇　/112

第一节　微课的制作方法　/112

第二节　只会拍摄视频，如何生成微课　/115

第三节　只会制作PPT，如何生成微课　/118

第四节　录屏+PPT如何生成微课　/134

第六章　如何制作微课——特色篇　/147

第一节　使用Focusky软件如何生成微课　/147

第二节　使用思维导图生成微课中的特色画面　/184

第七章　如何通过后期编辑让微课更加完美　/195

第一节　多种素材的合成　/196

第二节　多个软件的结合使用　/199

第三节　多种效果的添加　/205

第四节　综合运用多种功能实现创意设计　/214

第八章　翻转学习的实施与评价　/227

第一节　自主学习的实施途径　/227

第二节　课堂学习和课前自主学习的衔接　/230

第三节　思维可视化工具支持翻转学习的实施　/234

第四节　微课的评价　/248

第五节　翻转学习的评价　/252

附　录　/257

附录1　微课设计模板　/257

附录2　自主学习任务单模板　/258

附录3　翻转学习整体设计模板　/259

附录4　学习活动设计模板　/261

附录5　微课评价表　/262

附录6　翻转学习整体教学设计评价　/264

附录7　翻转学习课堂学习过程评价　/266

参考文献　/268

第一章
认识翻转学习

什么是翻转学习？什么是翻转课堂？什么是微课？它们之间又是什么关系，有哪些异同？如何实践翻转学习，实践翻转学习的理想模式是什么？这是教师们接触到这些名词时感到比较困惑、最爱发问、最感兴趣的问题。本章主要针对教师们的这些困惑，分别介绍了翻转课堂的起源及发展、翻转学习概念的提出及其特点、微课的概念及其内涵与特点，以及微课的不同应用方式及其在中小学的适用性。在此基础上，本章还讨论了翻转课堂、翻转学习、微课三者之间的关系，重点阐述了中小学基于微课的翻转学习，并提出了翻转学习的两段式模式。

第一节 翻转课堂的起源

问题 翻转课堂是从哪儿来的？

在美国科罗拉多州落基山的一个山区学校——林地公园高中，教师们常常被一个问题困扰：有些学生由于各种原因，时常错过正常的学校活动，且学生将过多的时间花费在往返学校的巴士上，导致很多学生由于缺课而跟不上学习进度。2007年年初，学校的化学教师乔纳森·伯格曼（Jon Bergmann）和亚伦·萨姆斯（Aaron Sams）开始使用屏幕捕捉软件录制PowerPoint演示文稿（PPT）的播放和讲解。他们把结合实时讲解和PPT演示的视频上传到网络，以此为课堂缺席的学生补课。经过两年的试验,"学生的考试成绩不断提高,学生和家长的反馈非常好"。两位教师的实践引起越来越多人的关注,他们获得了"数学和科学卓越教学总统奖",林地公园高中由此被认为是翻转课堂的起源地。

2006 年,为了给不在同一城市的表妹讲课,美国的基金公司分析员萨尔曼·可汗（Salman Khan）通过应用涂鸦工具录制了许多在线视频教程并上传,其上传的视频教程大受欢迎。2007 年,可汗成立了非营利性的"可汗学院"网站,他发布的视频教程受到了网友们的热捧。2009 年,可汗学院被授予"微软技术奖"中的教育奖。2010 年,可汗学院先后收到了两笔重要捐助:一笔是比尔·盖茨夫妇的慈善基金捐助的 150 万美元,另一笔是谷歌公司赞助的 200 万美元。比尔·盖茨评价萨尔曼·可汗道:"他是一个先锋,他借助技术手段,帮助大众获取知识、认清自己的位置,这简直引领了一场革命!"

2011 年,萨尔曼·可汗在技术、娱乐和设计（Technology, Entertainment, Design, TED）大会——以传播新理念为宗旨的演讲会上做了一场著名的激情演讲,题目是"用视频再造教育",介绍了美国有很多中学生在家中观看可汗学院的数学教学视频后,第二天回到教室做作业,并针对遇到的问题向教师和同学请教。自此,翻转课堂成为全美教育者关注的热点。随后,美国很多地区和学校纷纷根据自己的经验和实际情况对翻转课堂进行实践探索和研究。翻转课堂成为影响课堂教学的重大技术改革。美国经过多年翻转课堂的实践和研究,已经形成了许多成功的案例,如明尼苏达州斯蒂尔沃特市石桥小学、克林顿戴尔高中、马里兰州波托马克市的布里斯学校、密歇根州东大急流城高中、得克萨斯州达拉斯地区生活学校、加州河畔联合学区等,这些学校的翻转课堂教学模式影响了全球的翻转课堂实践。

重庆市江津区聚奎中学 2011 年开始翻转课堂实验,是我国最早开展翻转课堂实验的学校。翻转课堂在国内实践的这几年,有很多学校加入了翻转课堂实验的行列并取得了显著的成绩,如深圳南山实验学校、山东昌乐一中等学校。深圳南山实验学校在 2012 年开始推行云计算环境下的翻转课堂实验,山东昌乐一中 2013 年开始开展翻转课堂实验。

重点

- 美国的林地公园高中——翻转课堂的起源地
- 可汗学院及萨尔曼·可汗在 TED 的演讲——"用视频再造教育"
- 重庆聚奎中学是我国最早开展翻转课堂的学校。
- 翻转课堂成为影响课堂教学的重大技术改革。

第二节　翻转课堂的发展和翻转学习的提出

> **问　题**　翻转课堂是什么？翻转学习又是什么？

翻转课堂译自"Flipped Classroom"或"Inverted Classroom"，也可译为"颠倒课堂"。从翻转课堂出现到今天，从美国到中国，翻转课堂的定义和内涵不断发生着变化，也反映了人们对翻转课堂认识的不断更新。

乔纳森·贝格曼和亚伦·萨姆斯在《翻转课堂与慕课教学：一场正在到来的教育变革》一书中这样写道，翻转课堂的概念大致是这样的：传统上在课堂上做的事情改为在家里做，传统上的家庭作业则在课堂完成。乔纳森·贝格曼和亚伦·萨姆斯还通过"翻转课堂不是什么"和"翻转课堂是什么"的问答让其他同行更加准确地厘清翻转课堂的含义。乔纳森·贝格曼和亚伦·萨姆斯提出，翻转课堂不是在线视频的代名词，翻转课堂除了教学视频外，还有面对面的互动时间，与同学和教师一起做有意义的学习活动。翻转课堂不是视频取代教师，不是在线课程，不是学生无序学习，不是让整个班的学生都盯着电脑屏幕，不是学生在孤立地学习；翻转课堂是一种手段，增加了学生和教师之间的互动和个性化的接触时间，是让学生对自己学习负责的环境，教师是学生身边的"教练"，不是在讲台上的"圣人"；翻转课堂是混合了直接讲解与建构主义学习，是学生即便课堂缺席也不会被甩在后面；翻转课堂是课堂的内容得到永久存档，可用于复习或补课，是所有的学生都积极学习的课堂，能够让所有学生都能得到个性化教育。

在"聚焦教育变革——2011中国教育信息化峰会"上，英特尔全球教育总监布莱恩·冈萨雷斯（Brian Gonzalez）发表了题为《教育变革——全球趋势和经验》的主题演讲，赢得了台下听众多次热烈的掌声。对于新的教育模式，布莱恩·冈萨雷斯表示："未来有个很大的趋势，我们把它称之为颠倒的教室。"颠倒的教室，是指教育者赋予学生更多的自由，把知识传授的过程放在教室外，让大家选择最适合自己的方式接受新知识；把知识内化的过程放在教室内，以便同学之间、同学和教师之间有更多的沟通和交流。布莱恩·冈萨雷斯说："通常，同学们在教室里并不能很好地接受教师传授的信息。这种现象我们小的时候有，现在的孩子有，未来数字时代的学生也一样有。知识内化的过程都是被放在教室外，那个时候没有教师和家长在场。但如果把这两个过程颠倒过来，就会有一个很大的提高。"

重庆市江津区聚奎中学2011年开始翻转课堂实验，是我国最早开展翻转课堂实验的学校。聚奎中学在《学习的革命：翻转课堂》一书中提出：翻转课堂是学生在课前通过教师分发的数字化材料（音视频、电子教材等）进行自主学习，回到课堂后与教师和同学互动交流并完成练习的一种教学形态。学生课前完成知识学习，课堂上独立做作业，遇到困难小组协商，组内不能解决的通过全班解决，全班学生不能解决的由教师来解决。在学生独立或互助学习时，教师巡视课堂，给学生以必要的个别指导。

翻转课堂在不同地点、不同时期、不同教师的认识和实践中不尽相同，以上是几种不同的有关翻转课堂的阐述，侧重不同，各有特点。林地高中翻转课堂的重点是课前自学和视频学习，课堂上关注完成作业和增加个别辅导时间。这种以"作业练习"为课堂核心的翻转课堂缺少对课堂学习活动的设计和实践，课堂缺少互动和探究过程。英特尔对翻转课堂的理解，离不开英特尔的"一对一"数字化学习模式，虽然强调生生、师生之间有更多的沟通和交流，但更多的还是强调通过数字化"一对一"学习，提供给学生更多的自主和自由，强调技术的参与。

乔纳森·伯格曼和亚伦·萨姆斯不断实践和反思翻转课堂，他们在《翻转学习》一书中提出，"翻转课堂一般指学生在家观看教学视频，然后在课堂上完成传统的家庭作业，如工作表、习题、章节练习等，我们将这个版本称为'翻转课堂'"。这是一个切入点，但不是目标或终点。把直接教学从集体学习空间转移到个人学习空间是一个很好的开端，但并不是最终目标。我们还要更进一步，最终实现翻转学习。乔纳森·伯格曼和亚伦·萨姆斯提出了翻转学习的概念，在书中他们表述了引自拉姆齐·穆塞莱姆的观点。具体表述为：翻转学习是一种教学方法，它把直接教学从集体学习空间转移到个人学习空间，从而把集体空间变成一种动态的、交互的学习环境,教师在学生运用概念和创造性地参与科目学习过程中给予指导。

重点

- 从翻转课堂出现到今天,从美国到中国,翻转课堂的定义和内涵不断发生着变化,人们对翻转课堂的认识不断更新。
- 翻转学习是一种教学方法,它把直接教学从集体学习空间转移到个人学习空间,从而把集体空间变成一种动态的、交互的学习环境,教师在学生运用概念和创造性地参与科目学习过程中给予指导。

第三节 认识微课

问题 微课的内涵、特点是什么?如何应用?

一提到微课这个名词,很多教师都不陌生,但是到底什么是微课?为什么我们见到的不同的微课从设计到内容再到应用差别很大?我们又该在自己的教学中如何应用微课?下面我们逐一弄明白。

一、人们对于微课的认识是不断发展的

(一)国内关于微课的研究及发展

在国内,微课的概念,最早由佛山市教育局的胡铁生老师于2011年提出。从2011年到2013年,胡铁生老师三次给出了微课的定义,下面是三个定义的详细内容。

"微课是根据新课程标准和课堂教学实际,以教学视频为主要载体,记录教师在课堂教学中针对某个知识点或教学环节而开展的精彩教与学活动中所需各

种教学资源的有机结合体。"

"微课又名微型课程，是基于学科知识点而构建、生成的新型网络课程资源。微课以'微视频'为核心，包含与教学相配套的'微教案''微练习''微课件''微反思'及'微点评'等支持性和扩展性资源，从而形成一个半结构化、网页化、开放性、情景化的资源动态生成与交互教学应用环境。"

"微课又名微课程，它是以微型教学视频为主要载体，针对某个学科知识点（如重点、难点、疑点、考点等）或教学环节（如学习活动、主题、实验、任务等）而设计开发的一种情景化、支持多种学习方式的新型在线网络视频课程。"❶

国内还有一些知名学者也给出了微课的定义。华南师范大学焦建利先生认为：微课是以阐释某一知识点为目标，以短小精悍的在线视频为表现形式，以学习或教学应用为目的的在线教学视频。南京师范大学张一春认为：微课是指为使学习者自主学习获得最佳效果，经过精心的信息化教学设计，以流媒体形式展示的围绕某个知识点或教学环节开展的简短、完整的教学活动。苏州市电化教育馆金陵教师给出的定义：微课程是云计算、移动互联环境下，有关单位课时教学活动的目标、任务、方法、资源、作业、互动、评价与反思等要素优化组合为一体的教学系统。金陵教师在《翻转课堂与微课程教学法》一书中还写道：苏州市的实验表明，只要教学视频时长不超过视觉驻留规律允许的限度，可以包含一个或数个相互联系的知识点。譬如，时长5~10分钟之内的教学视频，即使囊括若干知识点，也不会对可视化学习带来任何不利的影响。

在我国，"中国微课网"是国家教育部教育管理信息中心主办的首届"中国微课大赛"创办的资源平台，积累了大量微课作品，涉及中小学各学科内容。除此之外，还有很多大大小小的微课资源平台。

（二）国外关于微课的研究及发展

在国外的研究中，与微课程有关的名词有 Mini Course、Micro Lecture、Micro Lesson 等，但其对微型课程的研究取向不完全相同。例如，美国阿依华大学附属学校于1960年首先提出微型课程，也可称为短期课程或课程单元；新加坡南洋理工大学国立教育学院在1998年开展了微型课程项目。微型课程一般是一系列半独立性的专题或单元，持续时间比较短，教学目标单纯集中，重视学习情境、资源、活动的创设，为学生提供有效的学习支架，同时也为教师提供一系列支架帮助其进行具体的教学设计，教学的组织规模也比较小。2004年7月，英国启动教师电视频道（www.teacher.tv），每个节目视频时长15分钟，频道开播后得到教

---

❶ 胡铁生，黄明燕，李民. 我国微课发展的三个阶段及其启示[J]. 远程教育杂志，2013（4）：37.

师的普遍认可。

一般认为，微课程（Micro Lecture）这个概念，最早是由位于美国新墨西哥州圣胡安学院高级教学设计师、学院在线服务经理戴维·彭罗斯（David Penrose）于 2008 年秋提出的。戴维·彭罗斯把微课程称为"知识脉冲"，认为只要在相应的课外作业与课堂讨论的配合支持下，"知识脉冲"取得的学习效果完全可以与传统的长时间授课相媲美。戴维·彭罗斯不仅提出了微课程的概念，还系统地提出了建设微课程的五个步骤：罗列教学核心概念；写 15～30 秒的介绍和总结，为核心概念提供上下文背景；录制长为 1～3 分钟的视频；设计引导学生阅读或探索课程知识的课后任务，指导学生围绕微课核心概念展开自主学习；将教学视频与课程任务上传到课程管理系统。戴维·彭罗斯因首创了影响广泛的"一分钟的微视频"的微课程而声名远播，后来，戴维·彭罗斯被人们戏称为"一分钟教授"。

可汗学院称得上是微课应用的典范。可汗学院充分运用了网络传输的便捷与录影重复利用成本低的特性，每段课程长度约 10 分钟，从最基础的知识内容开始，以由易到难的进阶方式互相衔接。在可汗学院教学视频中，主讲人在一块触控面板上面用不一样颜色的彩笔边演示边录音，通过电脑软件将他所画所说的东西全部录制下来，最后再将录下的视频上传到网络上，供众多网友点击学习。可汗学院通过一段段短小简练的视频传授关键知识点，让网友能够在短时间内通过反复收看来学习掌握这些知识点，并且能解决自身学业中的实际问题，所以广受好评，获得众多网友的欢迎。"TED-Ed"是 TED 大会于 2011 年在其官方网站上开辟的专门针对教育者的频道，它关注如何将 TED 演讲应用到中小学教学中，其微课视频发布于 You Tube 平台，并希望为人们提供"值得分享的课程"。

（三）我们应该如何认识微课

微课概念的出现是基于实践的，随着社会实践的推进，人们对于原有概念的理解会不断得到修正，从而更加接近其本质。不同专家对同一事物观察、思考和研究的角度不同，他们会从不同的视角理解同一个概念，给出不同的定义。所以微课的定义是发展的，不是一成不变的；是多角度的、不是唯一的。在不同时期，不同专家从不同的视角给出了微课的不同定义，我们认识微课要抓住微课的基本内涵及其特点。

1. 微课的内涵

微课的基本内涵包括以下四个方面：第一，有明确的学习目标。第二，有必要的讲解和展示。既要有对知识及技能本身的讲解与展示，又要有对学习者的引导和启发以及对学习方法的渗透与指导。第三，一般有配套的学习任务单或其他学习记录、检测及反馈的途径，以便于引导学生学习微课，及时记录、检测、反馈学生学习过程及结果；既可以设计配套的自主学习任务单，作为学生学习微课的资源及支架，根据微课内容、学习对象、学习环境等不同方面具体内容的不同，也可以采取在线检测、在线交流、录制音视频作业提交等不同形式的检测及反馈方法。第四，一般用于支持个性化的自主学习。

2. 微课的特点

微课的具体特点可以用"短、小、精、撼"来概括。短，指视频长度短，一般在5～10分钟，根据学习对象及内容的不同来具体确定；小，指教学主题小，资源容量小，教学主题一般围绕一个（也可能是几个相关的、较小的）知识点，教学内容较少，微课资源容量小便于网络传输和在线观看；精，指微课设计精心、内容精彩；撼，指听视觉效果好、能激发学生主动学习。这四点是微课的基本特点，根据学习对象、选题内容的不同，还会有一些具体的要求和侧重。

微课的定义不是唯一的、一成不变的，我们对于微课的认识要在分析不同时期、不同专家所给定义的基础上，提取其本质特点。其实，不必纠结于它到底该如何定义，我们可以在认识和理解其基本内涵、特点及应用的基础上，立足于学生的需求，研究和实践如何利用微课丰富学生的学习方式，提高学生学习的兴趣以及主动性、自主性、参与度、目标达成度等。

二、通过实际案例解析微课的内涵、特点及其应用

认识了微课的发展、内涵和特点，有利于全面认识和理解微课的应用。微课的应用很灵活，可以用在课前、课中、课后，也可以不和面对面的课堂发生联系，而是应用于单纯的基于远程学习平台的自主学习。教师们在实际教学过程中，关于什么是微课及微课的应用还有一些误区，甚至是只要用了视频就称自己使用了微课，做了"翻转"。下面几个案例代表了中小学目前微课的实际应用状况。

（一）案例一：卢沟桥的狮子

该案例是北京出版社《语文》二年级下册中的内容。

1. 情境描述

教师备课时从网站上找到了一段纪录片视频，内容是介绍卢沟桥的狮子，于是下载并在上课时播放，学生在课上集体观看。

2. 案例分析

这个纪录片视频确实有观看价值，但是它本身没有明确的学习目标，讲解中没有对学习者的引导和启发及对学习方法的渗透与指导，也没有配套的记录和反

馈学习过程的学习任务单或者其他学习支架，严格说不能称其为微课。从应用特点上看，教师播放，学生统一观看，无法实现个性化的自主学习。所以从内容和应用两个方面都能看出，该案例并不属于微课及其应用的范畴。这种利用视频素材辅助教师教学的应用情境在现实教学中常见，是教师们多年来教学过程中经常使用的。这种应用情境中视频资源只要有其应用价值、用得合适就可以了，没必要给它冠以微课的名称。

（二）案例二：绘制封闭曲线

该案例是北京出版社《小学信息技术》第一册中的内容。

1. 情境描述

教师根据教材内容分析、学习者分析和以往的教学经验，预计学生在绘制封闭曲线时会有一些困难。于是，教师提前录制了如何绘制封闭曲线的短小视频，视频中进行了示范和讲解，关键环节有文字、标注的提示和细致的语言引导。课上发送到每个孩子的电脑上，孩子们自主观看、学习、模仿练习绘制，然后再去完成和绘制封闭曲线相关的不同难度的任务。

2. 案例分析

教师录制的这段小视频明确围绕绘制封闭曲线这一知识点，有清晰的讲解、示范，关键环节有文字、标注的提示和细致的语言引导，在课上学生可以进行自主学习，并进行模仿绘制练习，教师巡视、检查，了解学习过程及结果。这段视频可以称为微课，它被用于课堂教学过程中，虽然微课的学习时间总体上还是受限制，有一定的局限性，但是有学习终端支撑，学生可以根据所需相对自由地安排自己的观看和模仿练习，能实现个性化的自主学习。

（三）案例三：约分

该案例是人民教育出版社《数学》五年级下册的内容。

1. 情境描述

教师在上课一开始提问了 24 的因数、30 的因数，复习了分数的基本性质，并由此过渡到了本节课题，开始让大家统一观看大屏幕播放的微课，微课中教师讲解了如何进行约分。观看结束后，教师带领孩子们一起给 $\dfrac{24}{30}$ 约分。之后，教师继续其他教学内容。

2. 案例分析

在本案例中，且不说微课的设计是不是好、制作是不是精美、是不是吸引孩子，先思考一下用制作好的微课讲"如何约分"和教师现场直接讲有什么区别，或者说用微课比现场讲解有什么优势？如果说有区别，这种情形下恐怕也还是教师现场讲解的效果更好。这种应用难免让人感觉是为了用微课而用微课。课上统一观看无法实现自主学习，而且该部分内容不涉及不易直接展示、不易直接观看、必须提前拍摄等特殊内容，所以还不如不使用所谓的微课，而直接进行现场讲解或者通过其他现场学习活动来完成该部分的学习，或者是课前自主学习和课上学习活动相结合。在课前让孩子们通过在计算机、PAD、手机等任何一种终端自主学习这个微课，通过学习对约分的方法有所掌握，然后课上根据自主学习的反馈情况再进行不同层次的约分学习活动，这样就会发挥出微课的作用。这种情形下，孩子们进行的是自我安排、自我调整的一种自主学习，不太明白的地方可以反复观看，想不明白的地方可以反复思考，完全是自主的、按实际个体所需进行的一种学习。如果教室里有电脑或者 PAD 等学习终端的支撑，也可以把微课学习部分放到课堂上进行，就像案例二中一样。

（四）案例四：分数的初步认识

该案例是人民教育出版社《数学》三年级上册的内容。

1. 情境描述

学生们上课前一天自主学习了微课"分数的初步认识"，教师在上课一开始带领大家回顾通过微课学会了什么，还有什么疑问；然后展示了学生微课学习后在任务单上绘制的有关分数的各种表示；再接着继续进行不同层次的有关分数的学习活动。

2. 案例分析

学生们通过微课的自主学习，对分数有了基本的认识和理解，课上教师通过不同的学习活动用于知识点的纠偏、深化和拓展。这种微课的应用充分发挥了它不可替代的特殊价值，学生借助微课实现了自主学习的过程，达成了自主学习目标，为课堂学习活动做好了准备和铺垫。

（五）案例五：脊椎动物复习课

该案例是人民教育出版社《生物学》八年级上册的内容。

1. 情境描述

学生已学完脊椎动物五个门的形态结构和相关生理特征，有一定的知识背景，但通过练习，教师发现学生对基本知识概念的理解还不到位，对基础知识掌握不牢，动物类群的区分还存在混淆，识图能力有待加强。因此，针对学生存在的问题，教师制作了"脊椎动物复习"的微课，学生课后自主观看。

2. 案例分析

这是一节将学生学习后集中存在的问题进行专题梳理讲解的微课，放在课后，供学生复习时观看。

（六）案例六：远程学习平台上的微课

1. 情境描述

很多远程学习平台上都有微课资源，为学习者提供在线的远程学习。例如，微课网，是以中考、高考、小升初为目标，提供小学、初中、高中各学科的在线教育微课视频。不同远程学习平台上收费或者免费的微课资源，为学习者提供了一种可供选择的学习资源和学习方式。

2. 案例分析

这种微课的应用属于基于远程学习平台的单纯性自主学习，一般不与面对面的课堂学习相结合或只有少量结合。

（七）综合分析

关于微课，它最不可替代、最有价值之处就是它对于学生自主学习的支撑，它可以实现学生有效的自主学习。微课支撑的自主学习，其自主性体现在学生可以根据自己的学习需求来调整学习的进度。就某一个微课而言，对所有学生来说，微课视频的内容是相同的，但是学生可以根据自己的学习特点和学习需求按照不同的学习速度来学习知识，可以一次性学完，也可以分段学习，会的部分可以跳过，一遍学不会的也可以反复观看学习，学习微课的时间可以自主选择，时间长短也不同。如果面向学生提供多个相关微课，则学生可以根据自己的兴趣、需求来选择学什么，其自主性不仅体现在学习过程中，还体现在学习内容的自主选择上。微课支撑的自主学习，学生可以选择使用不同学习终端，在不同时间、不同地点，按照自己的学习进度自主地进行学习。

正像微课没有统一的定义一样，微课也没有一套唯一的标准，但是一般至少具备以下条件：有明确的学习目标，有必要的讲解和展示，有对学习者的引导和启发。到底需不需要自主学习任务单等学习支架或相关配套资源，还是要根据微课的学科特点、具体的微课内容及学生的特点等因素来确定。例如，学生在学习微课"分数的初步认识"时就有配套的自主学习任务单，学生要在任务单中用自己喜欢的事物表达什么是 $\frac{1}{2}$、$\frac{1}{4}$、$\frac{1}{12}$ 及其他任务。这样既促进了学生自主学习时的思考，又能将学生的思维过程展现出来，并且能很方便地反馈给教师，对于教师更好地分析学生的自主学习、更合理地设计完成课上的学习活动有很大的意义。也有很多小学英语教师要求孩子学习过微课之后，进行读单词、读句子或者读小短文的活动，尤其是低年级的英语微课由于学科内容特点、学生的年龄特点等因素，经常不设计自主学习任务单，而是采取录制朗读片段并上传到班级微信群的方法进行学习反馈，这样既便于展示学生的朗读能力，利于大家相互交流学习，也便于教师检查、纠正，了解孩子们自主学习的状况。

三、微课不同的应用方式在中小学的适用性

在实际应用中，微课有用在课前、课中、课后及基于远程学习平台的单纯性自主学习这些不同情况。但在中小学阶段，不同的微课应用方式和中小学生的联系密切度是不一样的。

中小学学生需要和教师面对面的交流，重点和难点的突破需要学生自身对学习的体验过程，需要教师的启发和点拨，需要和同伴面对面的讨论和辨析，需要学习成果的展示、交流和反馈。学生们周一到周五每天都到学校，有条件实现这些需求。基于远程学习平台的单纯性自主学习，缺少集体学习空间，与中小学的日常学习生活联系密切程度相对较低，与中小学生校内学习的需求相对较远，只能作为校内学习的一种补充和校外学习的一种选择。一般只有在极端情况下，才会在短期内采用这种基于远程学习平台的单纯性自主学习。

微课用于课前。教师根据课程内容选择需要学生自主学习的内容制作成微课，设计好面对面课堂学习活动的内容。学生利用课外时间自主学习微课内容，为面对面的课堂学习做好准备和铺垫。微课内容和课堂内容自然衔接，共同实现学生的学习体验、思维过程和对知识的辨识、理解和应用。这种应用符合学生的学习需求，既能有效地支撑学生个性化的自主学习，又能提供动态的、交互的集体学习空间，实现面对面的师生交流、生生交流、合作探究等必要的学习体验和过程。这种应用形式不仅有利于提高学生自主学习和主动思考的能力，也有利于学生对重难点的理解和突破，有利于知识的内化，有利于实现学生的深度学习。

微课用于课中。这种形式的应用一般要求每个学生都有一个电子学习终端，在课堂的某段时间内，学生利用学习终端自主学习。虽然因为课堂时长固定，自主学习时间也是在限定时间内，但是学生在这段时间内可以自主安排，微课学习过程中遇到困难可以反复观看，已经理解的可以一遍而过甚至跳过。这种形式下的微课，要求教师要更加了解学生和课程内容，微课内容的选取要更加精准，以保证微课课上自主学习的效果及微课内容和课堂内容的自然衔接。只要满足了以上软硬件条件，就能发挥出微课用于课前的优势。实际上，不同学校条件不同，不一定都能保证提供人手一个电子学习终端，如果教师统一播放微课，学生集体观看，就限制了微课作用的发挥，抹杀了学生的自主性。

这种情形下微课的应用会大打折扣，学生实现不了真正的自主学习，甚至不能称其为微课。

微课用于课后。这种方式一般以复习、解惑或者拓展为目标的居多，主要针对学生阶段学习内容及存在的问题的梳理和拓展学习需求进行录制。一般微课学习后不再有相关内容的面对面的课堂教学，而是作为一段学习的终结。实际应用中，教师们会选择阶段性知识梳理、学生典型问题解答、重点题型讲解、拓展知识等作为微课学习内容。这种形式的应用一般发生在新知识学习结束后，是面对面课堂学习的一个补充、拓展或总结，以满足学生复习和拓展学习的需求。

教师可以根据学校、学生和学习内容的具体情况，来选择恰当的微课学习内容，确定适宜的微课应用时机。但是，根据前面对每种微课应用的分析，可以看出在中小学里最为日常的、教师和学生面临最多的，应该是微课用于课前和课中的情况。如果再考虑到很多学校没有人手一个的学习终端作支撑，以弥补课上时间的局限性，那么和师生联系最密切的、和每天师生面对面的课堂联系最密切的，就是微课在课前的应用了。

明确了微课的内涵、特点和应用，教师们进行微课的设计和制作时目标就更明确了，更有利于设计、制作出学生需要和喜欢的微课，更有利于合理应用微课，以优化学生的学习过程、提高学习绩效。

重点

- 微课的内涵：明确的学习目标、必要的讲解和展示、配套的学习任务单或其他形式、支持个性化的自主学习
- 微课的特点：短、小、精、撼
- 微课的应用：课前、课中、课后、基于远程学习平台的单纯性自主学习
- 思考：结合实际教学环境，思考每种微课应用方式的适用性。

第四节 翻转课堂、翻转学习、微课三者的关系

问题 翻转课堂、翻转学习、微课，它们之间是什么关系？

翻转课堂、翻转学习、微课，这些新名词出现在我们的视野中，很多学校在进行着和这些名词相关的教学实践与研究。如何理解翻转课堂、翻转学习？翻转课堂、翻转学习、微课，它们之间有什么关系？翻转学习的本质特征有哪些？实践翻转学习的理想模式是什么？这几个是教师们最爱发问、最感兴趣的问题。

一、如何理解翻转学习与翻转课堂

翻转学习与翻转课堂这两个概念的出现都是源于实践的。只有事物的性状或属性得以充分展现的时候，才有可能产生能够反映概念本质的定义。随着社会实践的推进，人们对于原有概念的理解会不断得到修正，从而更加接近事物的本质。伯格曼和萨姆斯基于对自身翻转课堂实践的反思及在与其他翻转课堂实践者进行分享与交流的过程中发现，并不是所有翻转课堂都能够创建以学习者为中心的学习环境，也不是所有翻转课堂都能够最大化地利用面对面的课堂教学时间。因此，他们进一步提出了翻转学习的概念，以更准确地表达他们所真正想要推广的教学创新理念。

无论是翻转课堂还是翻转学习，当我们今天实践它时，给它一个什么名称并不重要，关键是理解它的内涵并实践符合学生需求的、以学生为中心的教学。我们可以继续使用"翻转课堂"这个概念，只不过我们在提到它、实践它时，一定是要具备它发展成熟期的要求和内涵，不再是早期的、存在缺憾的翻转课堂。翻转学习就是理想的、成熟的翻转课堂。所以只要我们面对的是成熟的翻转课堂，那么我们就既可以仍旧使用翻转课堂这个概念，也可以使用翻转学习这个概念。只不过，我们强调翻转学习，能更好地提醒自己实践时深刻理解其内涵，强调学生的"学"，避免翻转课堂早期实践中存在的一些问题。

我们从翻转课堂的发展历程和翻转学习概念的提出不难看出，翻转课堂在发展过程中不断得到完善，当发展到高级阶段、完善阶段，又给了它一个名称翻转

学习，所以现阶段再提翻转课堂就应该是其高级阶段，应该等同于翻转学习，所以后文不再区分这两个名词。

二、广义的翻转学习

我们现在一提到翻转学习、翻转课堂，一般都认为是近些年的新生事物。对照"翻转"的本质特点仔细想一想，其实很多教师早就进行过原始的翻转实践。在面对面的课堂学习活动之前，教师可能给过学生一张课前学习任务单，布置给学生课前需要自学的教材内容，让学生阅读教材自主学习并完成任务单上的任务；可能给学生复制了绘本内容要求学生回家先自己阅读，并给爸爸妈妈复述，第二天到语文课上再一起学习；可能是教师提出几个问题，让学生借助思维工具进行梳理、思考和表达；可能除了教材没有使用任何其他指定的学习资源及工具，仅仅是要求学生自学书上某某页内容……这些其实也是翻转学习，我们把它称为广义的翻转学习。翻转学习最本质的特征应该是教学从集体学习空间转移到个人学习空间，集体空间变成一种动态的、交互的学习环境。从翻转学习这些本质的特征看，我们以前进行的多形式的自主学习和集体学习相结合的教学过程也可以被称为翻转学习。因此翻转学习本身不算是新生事物，教师们早就做过这样的实践，只不过原来给学生的用以辅助他们自主学习的可能是一些复印的文字材料、绘本、音视频资源，甚至是课本的某页，而现在给学生的是微课视频；原来面对面的集体学习空间的动态性、交互性不一定体现到位，而现在一定要注重集体学习空间的动态性、交互性。

三、基于微课的翻转学习

从前面的分析我们看出，翻转学习究其本质不是一个新概念，其中学生自主学习环节的学习资源也有不同形式。那么为什么现在一提翻转学习，人们更多想到的是基于微课的翻转学习？为什么教师们也在尝试、研究这种基于微课的翻转学习？本书重点探讨的也是基于微课的翻转学习，具体可以概括为如下两个重要原因。

第一，信息技术的发展为基于微课的翻转学习提供了强大动力和技术保障。随着信息技术特别是互联网技术的发展和应用，人类早已进入信息社会。信息技术的发展带动和促进了各行各业的发展，教育也不例外，关于信息技术如何促进教育教学改革的实践和研究从没有停止过。信息技术特别是视频技术、网络技术为微课的制作和应用提供了技术保障，为基于微课的翻转学习提供了物质技术基础。

第二，基于微课的翻转学习符合人脑的特点。微课是视频形式，其本身集成了声音、图片、动画、文字等多种媒体。与单纯的教材、课前学习任务单等相比，其既易于激发学生的兴趣、吸引学生，又有利于保证学生的学习效果，因为大脑喜欢"多媒体"。人的大脑皮层的各个部位在功能上各有分工，但又相互联系、互相补充、互相影响。在学习过程中，仅仅使用大脑皮层的某一部分是不可能取得良好的学习效果的。心理学研究表明，人们只靠听觉获得的知识信息，能够记忆15%，只靠视觉获得的知识信息，能够记忆25%，但如果把视听结合起来，能够记忆的信息量就不仅仅是15%+25%=40%，而是65%。所以尽可能地充分运用眼、耳、口、鼻、手等多种感官，才能最大限度地发挥大脑的整体功能，以提高学习的效率，取得更好的学习效果。微课的形式比单纯的教材、任务单等更有可能调动更多感官参与学习、理解和记忆。这是基于微课的翻转学习比基于教材等纸质材料的翻转学习所具有的优势，是当前我们更多选择基于微课的翻转学习的原因。

重点

- 翻转学习就是理想的、成熟的翻转课堂。
  - 伯格曼和萨姆斯基于对已有翻转课堂实践的反思，进一步提出了翻转学习的概念，以更准确地表达他们所真正想要推广的教学创新理念。
- 广义的翻转学习
- 基于微课的翻转学习
  - 信息技术的发展为基于微课的翻转学习提供了强大动力和技术保障。
  - 基于微课的翻转学习符合人脑的特点，大脑喜欢"多媒体"。

第五节　中小学的翻转学习

问题　中小学如何实践翻转学习？

了解了翻转课堂、翻转学习和微课三者的关系及基于微课的翻转学习后，本节主要讨论中小学翻转学习的特点，及其主要的实践模式。

一、翻转学习的两段式模式

基于微课的翻转学习，自然有"如何翻"的问题，也就是我们常听到的"课前翻""课中翻""课后翻"。这三种翻转其实对应了微课的三种应用，分别和微课用在课前、课中和课后相对应。通过前面关于微课应用的分析，我们知道在中小学阶段教师和学生面临最多的是微课用于课前和课中。如果再考虑到学习终端和课上时间的限制，那么和师生联系最密切的就是微课在课前的应用了。与此对应，那自然基于微课的课前翻转是和师生联系最密切的，是和师生面对面的课堂联系最密切的。

翻转学习强调教学从集体学习空间转移到个人学习空间，集体空间变成一种动态的、交互的学习环境，教师在学生运用概念和创造性地参与科目学习过程中给予指导。翻转学习提到了个人和集体两种学习空间，基于微课的翻转学习选择了微课这种形式的学习资源支撑翻转学习中个人学习空间的个性化学习活动。翻转学习涉及两个学习空间，自然中小学"基于微课的翻转学习"也要围绕这两个学习空间。经过实践探索，我们发现在中小学阶段，微课支撑的课前个性化的自主学习活动和课堂上以探究、交流、展示、反馈为主的面对面学习活动相结合的"两段式模式"，是实践翻转学习的一种理想模式。

翻转学习的两段式模式，即微课支撑的课前个性化的自主学习活动和课堂上以探究、交流、展示、反馈为主的面对面学习活动相结合的模式。该模式中，学生利用课外时间自主学习微课内容，为面对面的课堂学习做好准备和铺垫。微课内容和课堂内容自然衔接，共同实现学生的学习体验、思维过程和对知识的辨识、理解和应用。翻转学习的两个学习阶段前后衔接、浑然一体。在翻转学习的实践中，既要重视微课及微课支撑的个性化的自主学习活动阶段，又要重视课堂上以探究、交流、展示、反馈为主的面对面学习活动阶段。任何关于翻转学习只重视微课及自主学习活动，而忽视课堂学习活动的认识和行为都是错误的。实施翻转学习的教师，需要根据课程内容和具体学情，选择需要学生自主学习的内容，制作成微课，并且设计好面对面课堂学习活动的内容。

因此，本书提到翻转学习（翻转课堂），一般情形下就是指基于微课的课前翻转学习，即翻转学习的两段式模式，不再进行单独标注强调。

二、翻转学习的有效性

国内外成功的翻转学习实践充分证明了翻转学习的有效性。翻转学习两阶段自然衔接、个性化学习空间和集体学习空间有机结合等其自身的特点决定了它的有效性。翻转学习和有意义学习、学习科学等理论的一致性和吻合性也给出了翻转学习有效性的有力支撑。下面主要从调节基础认知加工和认知负荷两方面看翻转学习的有效性。

（一）从调节基础认知加工看翻转学习的有效性

心理学大师理查德·E.梅耶经过实证研究提出了"调节基础认知加工的实证教学原则"，即切块呈现、提前准备、调整通道三条具体原则。切块呈现原则，是将整课堂分割成几个小部分，当一堂艰涩难懂的课被分割成学生可以掌握的若干小段时，学习效果会更好；提前准备原则，即提供相关的原有知识，是指如果学生能够在学习一堂艰涩难懂的课前，提前了解核心概念的名称和特征，那么学习效果会更好；调整通道原则，即将一部分视觉信息从视觉通道转移到听觉通道，是指多媒体学习使用语音而非书面形式呈现文本时学习效果会更好。❶翻转学习的两段式模式正好符合以上经过实际考证非常有效的调节基础认知加工的三条原则。

（二）从认知负荷看翻转学习的有效性

拉姆齐·穆塞莱姆在圣弗朗西斯科大学攻读博士学位时，研究用屏幕录像作为课前训练工具去管理内在认知负荷的效果。研究中，将学生分为两组，一组为接受课前训练的学生，另一组为不接受课前训练的学生。在这个研究中，课前训练是作为教学的一个阶段。这个阶段不仅向学习者介绍概念的名称和基本定义，而且也会对最基本的现象进行整体介绍。通过对比两组学生的心理努力程度，拉姆齐·穆塞莱姆发现，接受课前训练的学生相对于没有接受课前训练的学生心理努力明显减少。心理努力是指认知负荷中实际分配的用于容纳任务所需求的认知

---

❶ 理查德·E.梅耶.应用学习科学[M].盛群力，丁旭，钟丽佳，译.北京：中国轻工业出版社，2019：68.

容量方面，心理努力在学习者学习时测量。而学习者的努力程度是评测认知负荷估计的重要因素，进而可以推测课前训练有助于降低内在认知负荷。经过对比两组学生的成绩表现，课前训练组的学生成绩提高幅度明显比无课前训练组大。并且，拉姆齐·穆塞莱姆通过数据分析发现，内在认知负荷和绩效之间有着明显的反比关系，课前训练对学生的内在认知负荷和绩效有着明显影响。参与课前训练的学生与没有参与课前训练的学生相比，心理努力程度明显下降，绩效明显提高，从而得出结论：课前训练有助于降低内在认知负荷。依据哈佛大学物理学教授埃里克·马祖尔提出的观点，学习分为两部分：知识的传递与知识的内化。拉姆齐·穆塞莱姆将翻转课堂（翻转学习）的学习者学习过程描述如图 1-1❶所示。

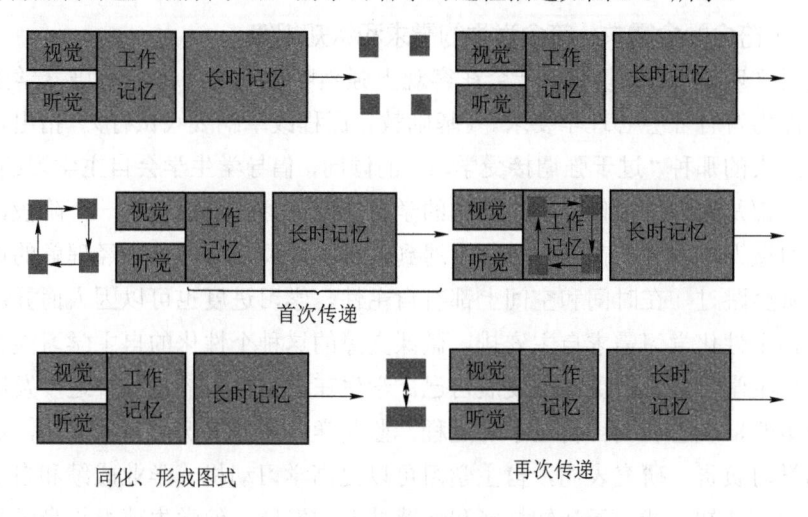

图 1-1 拉姆齐·穆塞莱姆描述的翻转课堂学习过程

在翻转课堂的知识内化阶段里，即翻转学习的第二阶段——面对面的课堂学习阶段，课前训练的作用得以最大化，第二次知识传递的时候就为学习元素组块和管理信息的复杂性留下了空间。翻转课堂（翻转学习）的教学模式把时间还给了学生，让学生自主掌握学习的方式，满足自身需求，并且增加了学生和教师、学生和学生的互动时间。在传统教学中，知识传递阶段几乎占用了所有课堂时间，成了整个教学过程的重中之重，这样，宝贵的课堂时间主要用于工作记忆对知识的加工阶段，图式形成阶段被放到了课后，课后学习没有教师在场，学生遇到问题时无从下手，容易产生挫折感，影响学习动机。相反的是，在翻转课堂（翻转学习）这种教学模式中，课堂时间主要用于解决学生在形成图式过程中存在的问

---

❶ 宋艳玲，孟昭鹏，闫雅娟. 从认知负荷视角探究翻转课堂：兼及翻转课堂的典型模式分析[J]. 远程教育杂志，2014（1）：107.

题，教学重心是图式形成，翻转课堂（翻转学习）的这一特征反而提高了学生的学习效果。

拉姆齐·穆塞莱姆对翻转课堂学习过程的描述与翻转学习的两段式模式是一致的，拉姆齐·穆塞莱姆的实验情境与翻转学习的两段式模式本质上是一样的，所以其实验结论"课前训练有助于降低内在认知负荷；课前训练组的学生成绩提高幅度明显比无课前训练组大"，无疑也是对翻转学习的两段式模式有效性的有力证明。

三、如何认识中小学的翻转学习

（一）符合社会需求，符合学生的需求和认知规律

人类文明进入 21 世纪，社会在客观上强烈呼唤人的自主性，培养学生的自主学习能力符合社会心理学要求。《基础教育课程改革纲要（试行）》指出，我们要改变过去的那种"过于强调接受学习"的倾向，倡导学生学会自主学习的方式。每个学生都是独立的个体，有个性化的学习需要。翻转学习的第一个阶段，学生自主学习微课的内容，在学习过程中遇到困难可以反复观看，已经理解的可以一遍而过甚至跳过，在时间和空间上都有自主性，学习进度也可以因人而异。学生可以根据个性化学习需求自主安排。微课支撑的这种个性化的自主学习能帮助学生提高自主学习能力，更好地发展自己。学生在自主学习的过程中逐步发展自己的学习策略，反思和调试自己学习过程，监测学习进展情况，自我评估，从而为自己的学习负责。研究表明，自主学习可以提高学习动机、学业成绩和自信心，有利于学生认知技能、元认知技能和情感技能的发展，使学生获得终身学习能力和职业发展上的高成就。❶

同时，中小学学生的学习过程也需要和教师面对面的交流，对于重难点的突破需要自身有学习的体验过程，需要教师的启发和点拨，需要和同伴面对面的讨论和辨析，需要学习成果的展示、交流和反馈。学生们周一到周五每天都到学校，有条件实现这些需求。翻转学习的第二阶段，即课堂上以探究、交流、展示、反馈为主的面对面学习活动正是基于这些需求的必经阶段。为了充分做到尊重学生特点、满足学生需求，这种动态、交互学习环境的创建是非常必要的。

翻转学习的两个阶段自然衔接，通过课前微课的学习，学生有了关于本课内容相对统一的认知起点，对于课堂上学生的学习探究、体验、思考、交流、辨识、理解和应用等过程做了有力的铺垫和支撑，更利于课上难点的突破和知识的内

---

❶ 张萍. 基于翻转课堂的同伴教学法[M]. 北京：人民邮电出版社，2017：66.

化，符合学生的认知特点，遵循学生认知发展的逻辑规律。两段式模式有利于提高学生自主学习和主动思考的能力，有利于学生对重难点的理解和突破，有利于知识的内化，有利于实现学生的深度学习。

（二）实现了"以学生为中心"的学习

现在教学中强调"以学生为中心"，以学生为中心的学习体系能促使深度学习的发生，这也是我国基础教育改革的方向。但是什么样的学习是"以学生为中心"的学习呢？

"以学生为中心"的学习本质上是由两个相关的理念组合而成的，即个性化学习和基于能力的学习。❶个性化学习是指根据学生的个体特点、需求和发展潜能，采取灵活、适合的方式进行量体裁衣式的教学活动。也就是说，学生在需要的时候可以获得一对一的学习体验，也可以通过参与小组学习等教学活动获得最佳的学习效果。另外，教师可以根据学生的个体情况对教学进度或教学内容的解释进行调整。这种学习是定制的、个性化的，其目的是帮助个体达成目标。❷有研究显示，这种个性化学习的力量可以使学生成就最大化。基于能力的学习是指学生必须显示出他们在进入下一个教学内容之前已经掌握了特定的内容，包括知识或技能的掌握、运用或创造。如果学生没有充分理解之前的概念就继续下一个概念的学习，这会使他们的学习产生漏洞。❸基于能力的学习产生的效果比基于时间的学习好得多。

"以学生为中心"的学习是学生所需要的，有利于学生发展的，但如何落实呢？翻转学习无疑是实现"以学生为中心"的学习的一种方式，或者说翻转学习就是一种"以学生为中心"的学习。翻转学习中"个人学习空间"及动态的、交互的学习环境为特征的"集体空间"保证了学生的"个性化学习"和"基于能力的学习"。翻转学习两段式模式中课前自主学习微课的过程，保证了学生很大程度上的学习自主性，让学生在进入课堂面对面学习活动前先掌握必备的知识与技能，对保证课堂学习内容的学习效果有着重要的意义。面对面的课堂学习注重以探究、交流、展示、反馈为主的学习活动过程，强调学生的参与和体验过程，关注学生的独特感受、体验、理解和循序渐进的学习经历。因此，我们说翻转学习实现了"以学生为中心"的学习。"以学生为中心"的学习可以提高学生学习的

---

❶ 迈克尔·霍恩, 希瑟·斯特尔. 混合式学习：用颠覆式创新推动教育革命[M]. 聂凤华, 徐铁英, 译. 北京：机械工业出版社, 2016：9.

❷ 张宙. 美国K12混合式学习的探究和启示[J]. 外国中小学教育, 2019（5）：79.

❸ 高士武, 杨晓林, 杨亚平, 赵伟东, 郭晓菊, 万朔. 工程力学课程建设的认识与实践[J]. 教育教学论坛, 2019（7）：141.

兴趣、自主性、主动性和参与度，可以增强学生的自我效能感，有利于保持和形成持续学习的动力和能力。这种能力能使学生成为一个终身学习者，使学生跟得上这个快速发展变化的世界。

（三）是一场教学模式改革

2017年9月8日，时任教育部党组书记、部长陈宝生在《人民日报》撰文，就"努力办好人民满意的教育"做了深入阐释，吹响了"课堂革命"的号角。陈宝生部长指出，"始终坚持以学习者为中心，为不同层次、不同类型的受教育者提供个性化、多样化、高质量的教育服务，促进学习者主动学习、释放潜能、全面发展。"这就是我们发起课堂革命的总原则。在关于"课改是一场观念的革命"的阐述中，陈部长指出，"我们提倡这样的教育观：解放学生，发展学生；不唯师，只唯生；不唯教，只唯学；最终实现师生共同发展。我们提倡这样的学生观：学生是教育的主体，不放弃任何一个学生，从最后一名学生抓起，让每个学生都成为最好的自我。我们提倡这样的课堂观：学习必须变成学生自己的事情，学习必须发生在学生身上，学习必须按照学生的方式进行"。陈部长还强调，"我们必须遵循学生人性发展的需要，遵循学生身心发展规律，遵循知识发展的逻辑规律，探索有效的教学模式"。文中列举了当前在教学模式改革方面进行了积极探索的学校，指出虽然不同学校方法不同、各有特色，但这些模式的共同特点是都遵循了预习、展示、反馈三个基本的教学流程和教学模块，并号召大家要根据各地的实际和自身的文化背景认真学习研究和借鉴，要积极引导教师掌握课改的核心技术。

2018年4月13日，教育部印发了《教育信息化2.0行动计划》（以下简称《计划》）。《计划》要求到2022年基本实现"三全两高一大"的发展目标，信息化应用水平和师生信息素养普遍提高，从提升师生信息技术应用能力向全面提升其信息素养转变、从融合应用向创新发展转变。

2019年3月21日，教育部印发《关于实施全国中小学教师信息技术应用能力提升工程2.0的意见》（以下简称《意见》）。《意见》提出，到2022年，构建以校为本、基于课堂、应用驱动、注重创新、精准测评的教师信息素养发展新机制，通过示范项目带动各地开展教师信息技术应用能力培训，基本实现"三提升一全面"的总体发展目标：校长信息化领导力、教师信息化教学能力、培训团队信息化指导能力显著提升，全面促进信息技术与教育教学融合创新发展。

课堂是实施教育信息化2.0行动计划及信息技术应用能力提升工程的重要阵地，课堂革命是落实《计划》及《意见》的重要途径。中小学两段式翻转学习无论是微课支撑的个性化的自主学习阶段，还是课堂上以探究、交流、展示、反馈为主的面对面学习活动阶段都坚持以学习者为中心，坚持促进学习者主动学习，符合课堂革命的原则。中小学两段式翻转学习，课前的自主学习和课堂的学习活动相结合，符合陈宝生部长讲话中肯定的基本教学流程，既注重对人的尊重，也注意对规律的遵循，打破了常规的教学流程，是一场教学模式的改革。

对以上内容的理解是教师们能够灵活设计和实践翻转学习的基础，是设计制作出学生喜欢的微课、设计实施符合学生需求的课堂学习活动、实现微课自主学习和课堂学习活动自然衔接、充分发挥翻转学习的特色及作用的基础。

重点

- 翻转学习的两段式模式
  - 即微课支撑的个性化的自主学习活动和课堂上以探究、交流、展示、反馈为主的面对面学习活动相结合的模式。
- 调节基础认知加工的实证教学原则
  - 切块呈现、提前准备、调整通道
- 拉姆齐·穆塞莱姆的实验结论
  - 课前训练有助于降低内在认知负荷；课前训练组的学生成绩提高幅度明显比无课前训练组大。

第二章
翻转学习的相关理论

课程标准规定了教师教学和学生学习所要达到的标准。然而，这些标准只有在被教师接受、理解和执行之后，它们才能变成课堂现实。教师要想真正读懂标准、理解标准，并且将标准扎扎实实地落实到教学过程中，就要理解标准所渗透出的教育教学理念，并理解标准背后的理论支撑。教师们忙于教学和管理，以至于他们很少有时间了解教育教学理论的本源信息，只能获得一些"第二手"的信息。这些"二手信息"经常是片断的，甚至不同的"二手信息"之间表面上看还可能是不一致的、有冲突的。为了更好地理解和落实好课标要求，掌握一些必要的教育教学理论是一条好的路径。本章集中阐述和翻转学习密切相关的理论，掌握这些理论对设计和实施好翻转学习有着重要意义。

第一节 学习内容分类理论及其对翻转学习的意义

问题 加涅基于学习结果对学习内容如何分类？每类有哪些特点？对翻转学习的设计和实施有哪些启发？

美国当代著名教育心理学家加涅基于学习结果对学习内容进行了分类，共分为三类：认知类学习内容、动作技能学习内容、态度类学习内容。了解学习内容分类，对教师确定科学的学习目标、设计合理的学习过程和选择适当的教学策略有着积极的作用。加涅基于学习结果对学习内容的分类理论对于翻转学习的整体设计有着积极的指导意义。

一、认知类学习内容

（一）认知类学习内容简介

认知学习是对言语信息、智力技能（如概念、原理及其应用）和认知策略的学习，主要特点是知识的获得与应用。加涅把认知学习分为言语信息、智力技能和认知策略三类。

言语信息作为一种学习结果，是指学习者通过学习，能记忆诸如事物的名称、符号、地点、时间、定义、对事物的描述等具体的事实，能够在需要时将这些事实表述出来。之所以称为"言语"，主要是就表述方式而言的。智力技能作为一类学习的结果，指学习者通过学习获得了使用符号与环境相互作用的能力。智力技能与言语信息不同，言语信息与知道"什么"有关，而智力技能则与知道"怎样"有关。认知策略是学习者借以调节他们自己的注意力、学习、记忆和思维等内部过程的技能。智力技能是运用符号办事的能力，是处理外部世界的技能，而认知策略是自我控制与调节的能力，是处理内部世界的能力。

了解了认知类学习内容的三类划分，对于改变实际教学中一些教师只重视"知道'什么'"，而忽视"知道'怎样'"及忽视学生自我控制与调节处理"内部世界"的认知策略的现象，有积极的意义，并能从根本上让教师具备改变的原动力和改变的能力，从而发挥重要作用。

（二）认知类学习内容分析

言语信息的学习是从不知到知、由知之甚少到知之甚多的过程；智力技能的发展则是从简单到复杂、从低级到高级的过程。智力技能可以细分为若干小类，较简单的是辨别技能，进一步是形成概念，在形成概念的基础上学会使用规则。智力技能的最高形式是高级规则的获得，这与解决问题的能力有关。具体的智力技能的层次关系如图 2-1 所示。辨别是将刺激物的一个特征和另一个特征，或者将一个符号与另一个符号加以区别的一种习得能力，包括视觉、听觉、嗅觉、触觉、味觉等方面的辨别，如儿童能辨别三角形和正方形等几何图形。学习辨别技能的重要性主要在于它是学习其他技能的一个必要前提。形成概念是在一系列事物中找出共同特征并给同类事物赋予同一名称的一种习得技能，如能在一组词汇中，将同义词和反义词归类。掌握辨别技能是形成概念的基础，因为只有区别事物的不同特征，才能发现事物的共同属性。概念又分为具体概念和抽象概念：反映具体事物的概念是具体概念，如汽车、水果等；反映对象的各种属性的概念是抽象概念，被加涅称为定义概念，如安全、教育、正义、勇敢等。这些事物、事物的性质及其关系的概念，在识别时需要下定义，需要用句子（或命题）的形式认识。在学校里，我们学习的概念大多是定义概念。规则是揭示两个或更多概念之间关系的一种言语表述。它可以是一个定律、一条原理或一套已确定的程序。我们说学习者学会了某条规则，那是指他能在作业中按这条规则行事。规则的学习以概念的学习为基础。在多数教学情境中，规则的学习往往不是逐条、孤立地进行的。一个课题中许多有关规则或原理有机地结合为一个体系，因此，有时学习者所学的是"一套有组织的智力技能"，其中某些简单规则的学习构成另一较复杂规则的学习的先决条件。规则可组合在一起，形成更复杂的规则，称为高级规则。

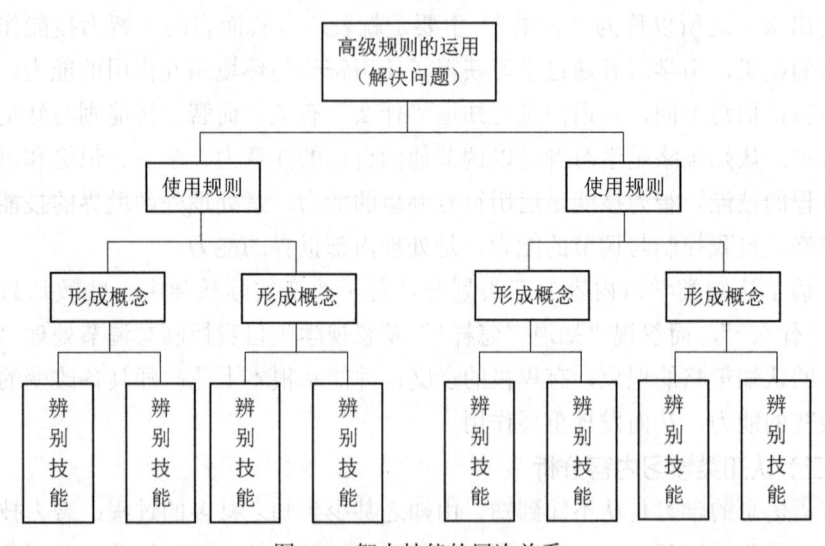

图 2-1　智力技能的层次关系

教师在翻转学习设计过程中，应该基于对智力技能层级关系的理解，合理安排学习顺序。解决问题的过程是循序渐进的，对过程认识的不清晰或者不合理的跳步安排，都可能达不到预期的效果。

学习者的认知策略指挥他自身对环境中刺激物的一定特点给予注意，对学习的事物进行选择和编码，对学习所得进行检索。学习者的认知策略还影响他对已掌握的言语信息和智力技能的综合思考，以提出解决问题的高级规则。可以说，认知策略是学习者"使用脑子"管理或操作自己学习过程和解决问题的方式。认知策略虽与具体的学科内容无关，但它的培养却以具体学科内容的学习为基础。也就是说，认知策略这些心理操作必须以某事作为工作对象，它们不能在真空中得到练习。教师在翻转学习设计中要注意进行情境创设，为学生多创造使用认知策略的问题情境，设计相应的练习，增加学生对认知策略的调动和应用，有意识地促进学生认知策略的发展，帮助学生学会如何学习、如何思维，提高学生在真实情境中解决问题的能力。

通过比较以上三方面的认知学习，可以了解到，在感知觉基础上通过记忆使学生获得大量的言语信息是较简单的认知学习；在感知觉基础上，通过思维获得有关外部事物的概念、规则乃至高级规则，并将这些概念、规则应用于实践，解决实际问题，这是比较复杂的认知学习；在上述学习的同时，学生还要学会如何控制自己的学习与认知过程的知识，学会如何学习、如何思维，这是更高级的认知学习，是形成学生创造能力的核心。教师在翻转学习设计中既要有简单的认知学习，也要有复杂的、高级的认知学习，这样才能将培养学生的创造能力落在实处，使之成为可能。

二、动作技能学习内容

动作技能亦称为运动技能，是一种习得能力，以此为基础的行为结果表现为身体运动的迅速、精确、力量或连贯等方面，如乐器演奏、绘图、实验操作、打球等。动作技能也存在于不使用装置的活动中，如竞走、练拳、唱歌、舞蹈等活动。

在学生的学习中，动作技能的学习往往与认知学习交织在一起。例如，学习英文打字，除学习打字动作外，学习者还必须了解有关英文字母、单词拼写、标点、文件格式、移行规则，以及打字机的组成、各部分的作用和键盘上字符的位置等知识。如果没有这些知识结构，动作技能是不能学好的。同时，我们也看到动作技能学习中学习者知觉因素的重要性和协调能力的关键作用。例如，初学英文打字的人是在稿子上看到一个字母，然后用眼睛在键盘上找到相应的字母，若离开这一视觉反应便打不出字来，而熟练的打字者几乎不看键盘，凭动觉（肌肉线索）来指导自己的按键反应，并且准确无误；又如初学者左右手和十根手指的操作很笨拙，断断续续地被分解成许多小步，而熟练者的动作却是连续顺畅，协调得如同钢琴家的演奏一般。所以，这里指的动作技能不是简单的外显反应，而是受内部心理过程控制的，故又称为"心理技能训练"。

根据动作技能的这一特点，在翻转学习教学设计中对这个领域学习内容的分析，不仅要剖析学习目标所要求掌握的各项从属动作技能，揭示它们之间的联系，还要列出学习这些动作技能所需要掌握的相应的知识，包括某种技能的性质、功用、动作的难度、要领、注意事项及进程等。对学习有关动作技能所必须掌握的认知内容，可在有关技能步骤上表示。动作技能学习内容经过如此分析后，变得具体化；较难的动作被分解为一系列较小的学习步骤，并安排合适的顺序，便于学习者循序渐进地学习。

三、态度类学习内容

态度是对于事情的看法和采取的行动，作为一种学习结果，在教育心理学中被如此定义：习得的、影响个人对特定对象做出行为选择的有组织的内部准备状态。特定对象包括事物、人和活动。当学习目标是使学习者形成先前未有的态度或改变现存的积极的或消极的态度时，这意味着我们要求学习者从事一项关于态度的学习任务。从学习内容分析的角度来看，要研究的内容是为了达到使学习者形成或改变一定态度的教学目标，学习者应学习什么？心理学研究已揭示：态度包括认知成分、情感成分和行为倾向成分。

翻转学习教学设计一般从两方面分析态度学习内容：一是当学习者形成或改变态度后（表现出教学目标所要求的态度时），能做什么？二是学习者为什么要培养这种态度？对第一个问题的考虑，实质是智力技能或动作技能学习内容的分析。以培养小学生某些行为规范的教学目标为例，当学生表现出有关的态度时，应能做到相应的行动。例如，升国旗时要肃立，正确行队礼；用正确的方法刷牙、漱口；遵守交通规则；保护有益动物等。这些就构成学习内容的一部分。只有学会做这些，"遵守行为规范"的态度才落到实处。第二个问题则要求学生了解培养某种特定态度的意义。显然，这涉及言语信息的学习。例如，在上例中，应让学生学习有关国旗的知识；学习保护牙齿有益健康的道理；了解有关交通及交通规则的知识，了解有益动物在保护庄稼、消灭害虫方面的作用等。综上所述，态度学习内容分析可从认知学习内容和动作技能学习内容的分析着手。

四、对设计和实施翻转学习的指导意义

在前面进行的认知类、动作技能、态度类学习内容分析中，已经对翻转学习如何针对不同的认知类学习内容及动作技能和态度类学习内容的特点进行设计展开了分析和阐述。对认知类、动作技能、态度类三类学习内容的认知，可以帮助教师科学、全面地分析学习内容。而学习内容分析是翻转学习教学设计中的一项重要内容，是确定翻转学习整体学习目标的基础，是设计翻转学习两个学习阶段如何划分、如何衔接的基础，是学习活动策划和教学策略选择的基础。

加涅基于学习结果对学习内容的分类理论，可以帮助教师在进行翻转学习教学设计时，科学、全面地分析学习内容，从而在学习内容分析的基础上确定科学

的整体学习目标，合理划分微课学习目标和课堂学习目标，策划对应的学习活动，选择恰当的教学策略，合理安排学习顺序。基于学习结果对学习内容的分类理论使教师在进行翻转学习教学设计时，更加重视情境创设，通过情境创设有意识地促进学生认知策略的发展，提高学生真实情境中解决问题的能力。基于学习结果对学习内容的分类理论能从根本上增强教师改变的原动力和改变的能力，以助于改变一些教师只重视"知道'什么'"，而忽视"知道'怎样'"，严重忽视学生自我控制与调节处理"内部世界"的认知策略的现象，从而提高教师翻转学习设计和实施的质量，尤其是有利于保证学习内容、学习目标、学习活动的层次性和合理性。

重点

- 加涅基于学习结果对学习内容的分类
  - 认知类学习内容
    - ◆ 言语信息
    - ◆ 智力技能
    - ◆ 认知策略
  - 动作技能学习内容
  - 态度类学习内容
- 对设计和实施翻转学习的指导意义
  - 科学、全面地分析学习内容
  - 重视情境创设，有意识地促进学生认知策略的发展。
  - 从根本上增强教师改变的原动力和改变的能力，以助于改变一些教师只重视"知道'什么'"的现象。

第二节 布卢姆教育目标分类及其对翻转学习的意义

问题 修订后的布卢姆教育目标分类的具体内容是什么？对翻转学习的设计和实施有哪些启发？

布卢姆主编的《教育目标分类学，教育目的分类法，手册Ⅰ：认知领域》（以下简称《手册》）自 1956 年出版后，已被翻译成 20 多种文字。书中提出的教育目标的分类体系，不仅在美国，在全世界都为测验设计和课程开发提供了基本的依据。从 1994 年开始，《手册》的修订工作开始启动。2001 年出版的《为学习、教学和评量而分类：布卢姆教育目标分类之修订》一书中分类框架具有两个维度：认知过程维度、知识维度。

一、认知过程分类

修订后的认知过程分为六个主类别：记忆/回忆、理解、应用、分析、评价、创造。记忆/回忆，指从长时记忆中提取相关的知识，可细分为识别（辨认）和回忆（提取）；理解，指从口头、书面和图像等交流形式的教学信息中构建意义，可细分为解释、举例、分类、总结、推断、比较、说明；应用，指在给定的情景中执行或使用程序，可细分为执行和实施；分析，指将材料分解为它的组成部分，确定部分之间的相互关系及各部分与总体结构或总目的之间的关系，可细分为区别、组织、归因；评价，指基于准则和标准作出判断，可细分为检查和评论；创造，指将要素组成内在一致的整体或功能性整体，将要素重新组织成新的模型或结构，可细分为产生、计划和生成。❶

二、知识分类

修订后的分类框架增加了知识维度。主要包括四个类别：事实性知识、概念性知识、程序性知识、元认知知识。

---

❶ 洛林·W. 安德森. 布卢姆教育目标分类学[M]. 北京：外语教学与研究出版社，2009：51-52.

事实性知识包括学生通晓一门学科或解决其中的问题所必须了解的基本要素，分为术语知识、具体细节和要素的知识两个亚类。大部分事实性知识处于相对较低的抽象水平上。我们可以依据事实性知识，非常具体地将这一特征与概念性知识分开。事实性知识是具有某种价值的要素和信息片段，能够独立存在，是相互分离的、孤立的。这些基本要素的数量极为庞大，学生弄清楚与某一学科相关的全部要素几乎是不可能的。教师教学设计时有必要分析哪些是基础的，哪些是重要的或次要的，以及考虑对于不同的事实学生需要了解到怎样的精确程度。此外，还应该考虑不同的事实性知识应该启发学生采用怎样的学习方法。

概念性知识包括关于分类和类别及它们之间的关系的知识，是更为复杂的、结构化的知识形式，包括分类和类别的知识，原则和通则的知识，理论、模型和结构的知识，共三个亚类。事实性知识和概念性知识都是涉及"什么"的知识，但是概念性知识比术语和孤立的事实的知识更深刻、更有条理、更具综合性及更加系统化。

程序性知识是关于如何做某事的知识。通常，程序性知识以需要遵循的一系列或序列步骤的形式出现。它既包括技能和算法的知识，也包括技术和方法的知识，还包括用来决定和判断在特定领域或学科中"何时做何事"的准则知识。如果说事实性知识和概念性知识表示的是知识的"什么"方面，那么，程序性知识反映的是知识的"如何"方面。也就是说，程序性知识反映的是各种"过程"的知识，而事实性知识和概念性知识则涉及可以被称为"成果"的那些知识。程序性知识分为具体学科的技能和算法的知识、具体学科的技术和方法的知识、确定何时使用适当程序的准则知识三个亚类。

元认知知识是关于一般认知的知识及自我认知的意识和知识，包括三个亚类。一是策略性知识，即关于学习、思维和解决问题的一般性策略的知识。其中，学习策略可以分成三类，即复述策略、精加工策略和组织策略。精加工策略，既包括对记忆任务使用的各种记忆方法，又包括总结、释义及选择教科书中的主要观点等技巧；组织策略包括各种形式的概述、绘制"认知地图"或概念图及做笔记等，学生将材料从一种形式转变为另一种形式。这两种策略能够促使学生对学习材料进行深加工，从而产生比复述策略更好的理解和学习效果。二是关于认知任务的知识，包括情境性知识和条件性知识。学生不只需要具备策略性知识，还要积累关于认知任务的知识，知道不同任务可能难度不同、可能对认知系统有不同的要求、可能要求不同的认知策略，以及需要发展关于对各种策略最适合的不同的任务和条件的若干知识。三是关于自我的知识，关于自我的知识包括对自己在认知和学习方面的强项和弱项的了解；对自己掌握知识的广度与深度的自我意识；以及个人应用策略的偏好，当存在其他对任务更为合适的策略时，如果意识到自己过度依赖某一策略，这可能促使人们改变所使用的的策略。除了关于自己的一般认知的知识外，个体还有关于自我动机的信念。围绕着动机的一般社会认知模型显现出一种共识，这些模型提出了三组动机信念：第一组动机信念包括自我效能，是学生对其完成某一任务的能力的判断；第二组动机信念包括学生完成某一任务的目的和原因；第三组动机信念包括价值和兴趣，描述学生对任务的个人兴趣爱好的认识，以及他们对该任务对自己的重要性和有用性所作的判断。学生需要发展的关于自我的知识和意识，不仅包含知识和认知方面，而且还应该包含动机方面。这些不同的动机信念能够使学习者以更合适的方式监控和调节自己的学习行为。自我知识是元认知知识的一个重要方面。只有准确恰当的自我认知，对学习才有积极作用。❶

三、分类框架结构

修订后的布卢姆教育目标分类框架，具有认知过程维度和知识维度两个维度。认知过程维度作为分类表的列、知识维度作为分类表的行。认知过程维度背后的连续体被假定为认知的复杂程度，假定知识按照从具体（事实性知识）到抽象（元认知知识）的顺序排列在一个连续体上。概念性知识和程序性知识两个类别在抽象程度上有重叠。有些程序性知识可能比大部分抽象的概念性知识更为具体，具体分类框架结构如表 2-1❷所示。我们根据每个认知目标对应的认知过程和知识的维度，可以将其归放到分类表的方格之中。

表 2-1　分类表

知识维度	认知过程维度					
	1. 记忆	2. 理解	3. 应用	4. 分析	5. 评价	6. 创造
A.事实性知识						
B.概念性知识						
C.程序性知识						
D.元认知知识						

分类表可以作为教师的一个好帮手。第一，它能够帮助教师更加全面地理解

---

❶ 洛林·W. 安德森. 布卢姆教育目标分类学[M]. 北京：外语教学与研究出版社，2009：35-36.
❷ 同❶.

目标；第二，基于对目标的理解，教师能够使用分类表更好地决定如何针对目标进行教学和测评；第三，分类表有助于教师在确定目标、测评和学习活动时彼此一致。

四、对设计和实施翻转学习的指导意义

布卢姆教育目标分类理论让教师明确了四种知识、六种认知过程，对于设计和实施翻转学习具体有以下指导意义。

第一，有利于教师做到科学、准确地确定和描述整体学习目标；合理划分、确定翻转学习两段式模式中课前和课上两个学习阶段各自的学习目标；并且在实际教学过程中进行目标的合理分解，逐步落实。

第二，有利于教师学会针对不同类型的目标，设计安排不同的学习活动，以促进学习目标的达成。因为不同类型的目标要求不同的教学方式，即不同的学习活动、不同的学习材料、不同的教师和学生角色。不同类型的目标包括知识和认知两个维度，可能是不同类型的知识、不同的认知程度，或者二者都不相同。

第三，有利于教师学会针对不同类型的目标，设计安排不同的测试方式，以反馈学生的学习结果、了解目标的达成情况。

第四，对元认知知识的分析，促使教师更加认识到在翻转学习设计及实施过程中应该有意识地从自我效能、目的和原因、价值和兴趣三个方面进行分析，激发、强化学生的动机，启发、指导学生形成、掌握、应用一些策略性知识，促进学生任务认知和自我认知的形成。

重点

- 新修订布卢姆教育目标分类框架的两个维度
    - 认知过程维度
        - 记忆/回忆
        - 理解
        - 应用
        - 分析
        - 评价
        - 创造

> 知识维度
◆ 事实性知识
◆ 概念性知识
◆ 程序性知识
◆ 元认知知识
● 对设计和实施翻转学习的指导意义
> 科学、准确地确定、描述、划分、分解学习目标
> 对不同类型的目标，设计安排不同的学习活动
> 对不同类型的目标，设计安排不同的测试方式
> 注重分析、激发、强化学生的动机，启发、指导学生形成、掌握、应用一些策略性知识，促进学生任务认知和自我认知的形成

第三节　认知负荷理论及其对翻转学习的意义

问题　认知负荷理论的具体内容是什么？它对翻转学习的设计和实施有哪些启发？

本节主要阐述认知负荷理论的提出及其概念、图式理论、人类的认知结构及认知负荷的分类，以启发教师在翻转学习的设计和实施过程中，合理调整课前自主学习和课上面对面学习过程中学生的内在认知负荷，注重减少外在认知负荷，增加关联认知负荷，保持认知负荷总量的平衡。

一、认知负荷理论的提出及其概念

认知负荷理论（Cognitive Load Theory，CLT）的研究是以美国心理学家米勒（Miller）于1956年的脑力负荷或心理负荷研究为基础，由澳大利亚新南威尔士大学的认知心理学家约翰·斯威勒（John Sweller）于1988年首先提出来的。

以约翰·斯威勒等人为代表的研究者，是在关于问题解决的过程中，对专家和新手在解决问题之间的差异中逐步提出来的。随着研究的深入，研究者们开始对如何促进问题解决与学习感兴趣，并围绕这一问题，从人类认知的信息加工的角度，以工作记忆理论、图式理论和与其有关的认知资源有限理论为基础，来考察认知负荷，并较为完整、系统地论述了认知负荷理论。

认知负荷理论主要从认知资源分配的角度考察学习和问题解决。约翰·斯威勒等人认为，问题解决和学习过程中的各种认知加工活动均需消耗认知资源，若所有活动所需的资源总量超过个体拥有的资源总量，就会引起资源的分配不足，从而影响个体学习或问题解决的效率，这种情况被称为认知超载。

约翰·斯威勒认为，"认知负荷是处理被给信息所需要的心智能量的水平"。国内外还有很多学者对此给出了不同的阐述。

二、图式理论

现代认知心理学家鲁姆哈特（Rumelhart）认为，图式是针对某一类知识或认知进行表征和理解的单元式智力结构，对于学习者来说所学的知识是分类有序的，围绕某一类知识形成的单元式结构就是图式，这些零碎的单元式结构（即图式）就组成了人的认知基础。图式即知识单元，图式理论就是对这些知识单元进行表征和认知。这种认知不一定是对具体事物的认知，还包含着对复杂、抽象事物的认知。图式理论在促进人与人知识传播过程中起着非常重要的作用。在很多情况下，知识不能在文字和简单的符号中被认知和理解。而在这种情况下，知识的可视化表征就成了认知的有力武器。图式理论包含着以下几个特点：一是图式是把某一类知识建构成一个单元的组织；二是单元图式具有包容性，一个图式单元会对新旧知识整合，形成紧密联系的更加完整的单元；三是每个图式单元相互独立却又相互联系，这些相互联系的单元图式网就构成了人的认知基石。因此，图式理论认为，在学习认知的过程中，图式单元的内在关联越多，触发的图式单元越多，那么对于学习认知的效率就越高，更容易把短时记忆转化为长时记忆，从而形成更加完整的图式单元。

三、人类的认知结构

所谓认知，是指人类对客观事物的感知、记忆、思维、想象、注意等心理活动的过程，并有着相应的心理机制，其心理机制是认知结构。所谓认知结构，是指由记忆系统合成并提取各种信息单元（图式）的心理系统，而记忆系统的基本心理成分是工作记忆与长时记忆。[1]

工作记忆是认知系统的基本心理成分，它有相对独立的视觉、听觉信息加工单元，其容量有限。工作记忆除了对输入的信息有暂时储存、主动记忆的作用之外，还参与长时记忆共同对当前信息进行加工和暂时存储，共同完成建构一个完整而有意义的认知图式。它的容量有限，一次只能存储5~9条基本信息或信息块。当要求处理信息时，工作记忆一次只能处理2~3条信息，因为存储在其中的元素之间的交互也需要工作记忆空间，这就减少了能同时处理的信息数。

长时记忆是对工作记忆加工过的信息赋予意义和储存的心理结构。它是储存永久性知识与技能的"仓库"。其容量很大，且能维持很长时间。其中，存储的信息既可以是小的、零碎的一些事实，也可以是大的、复杂交互、序列化的信息。长时记忆是学习的中心，如果长时记忆中的内容没有发生变化，则不可能发生持久意义上的学习。

认知负荷理论认为，教学的主要功能是在长时记忆中存储信息，知识以图式的形式存储于长时记忆中。图式可以是任何所学的内容，不管大小，在记忆中都被当作一个实体来看待。子元素或者低级图式可以被整合到高一级的图式，不再需要工作记忆空间。在信息以图式形式存储到长时记忆中之前，信息的相关部分必须在工作记忆中提取出来并进行操作。工作记忆的负荷受来自材料的内在本质、材料的呈现形式及学生的活动的影响。

新手和专家的区别就在于，如果材料包含较多的元素或元素间关系复杂，在新手的工作记忆中将每个元素作为一个组块，并且还要在工作记忆中建立每个元素间的联系，所以会占用工作记忆容量，增加学习者内在认知负荷；而专家头脑中已经具有相关的图式，即使材料包含的元素多或元素间关系复杂，专家也会将这些元素纳入已有的图式中，这样在工作记忆中所要加工的元素就会减少，大大降低了工作记忆负荷。

四、认知负荷的分类

依据认知负荷的来源，以约翰·斯威勒等人为代表的研究者，划分了三种类型的认知负荷：内在认知负荷、外在认知负荷、关联认知负荷。

内在认知负荷由学习材料本身的复杂程度与学习者原有知识水平决定。学习材料的要素越简单，学习材料越丰富，学习者长时记忆中具有与图式建构相关的知识越多，加工学习任务所需要占用的认知资源就越小，对于学习者来说，内在

---

[1] 常欣，王沛. 认知负荷理论在教学设计中的应用及其启示[J]. 心理科学，2005，28（5）：1115.

认知负荷就越小。相反，当学习材料越复杂，学习者所具备的知识经验越少，则个体加工图式所需要的认知资源就越多，学习者的内在认知负荷就越大。由于学习材料具有的元素数量、种类、复杂性是确定的，所以，学习材料本身需要的内在认知负荷是无法改变的。

外在认知负荷是由信息呈现的方式和学习者的学习活动所引起的。当学习任务呈现方式或学习活动不利于学习者的图式加工及构建时，学习者加工与建构知识就会受到一定阻碍，就会感受到高的外在认知负荷，反之就低。外在认知负荷是不利于学习者学习的。

关联认知负荷是由学习过程中图式的构建与自动化而引发的，是促进学习者学习的有效认知负荷。比如，学习者会对学习材料进行重组、比较、推理等，它能促进学习者更好地把认知资源分配到有效的活动中去。

三种类型的认知负荷是相互叠加的。为了增加学习的有效性，在学习过程中应尽可能减少外部认知负荷，增加关联认知负荷，并且使总的认知负荷不超出学习者个体能承受的认知负荷。

五、对设计和实施翻转学习的指导意义

从认知负荷理论看翻转学习整体教学设计，其本质就是把外在认知负荷向关联认知负荷转变，即减少学生的外在认知负荷，增加关联认知负荷，促进学生图式的形成，保持总的认知负荷的平衡，避免认识超载。新知和旧知的关联，能促进学生整合形成更加完整的图式单元。学习内容恰当的呈现方式、学习过程中合理的学习活动安排，不但可以降低外在认知负荷，还可以吸引学习者专注于学习的内容，增加关联认知负荷。因此，新知和旧知如何关联、学习内容如何呈现、学习活动如何设计实施等，都是翻转学习务必要抓住的关键点。学习内容的呈现主要体现在微课的设计和制作、课上多媒体课件的设计制作和使用等重要环节。这些都是具体落实减少学生的外在认知负荷、增加关联认知负荷的关键之处。

根据认知负荷理论，翻转学习的第一阶段即课前自主学习微课，有助于降低学生课上的内在认知负荷，但是课前自主学习任务太重，又会造成学生课前负担过重，甚至适得其反，以至于学生根本无法实现课前自主学习的目标。因此，选择确定恰当的微课学习内容和学习目标、保持翻转学习课前和课上两个阶段的动态平衡，是非常重要的，关乎翻转学习整个过程的实施效果。

因此，认知负荷理论对设计和实施"翻转学习"的指导意义：一是有助于教师确定适当的翻转学习整体学习目标，合理选择用于自主学习的微课的内容和微课学习目标；二是重视翻转学习设计和实施过程中如何建立新知和旧知的关联、

翻转学习的设计与实现

恰当呈现学习内容、合理安排和组织学习活动。其中，恰当呈现学习内容又主要体现在微课的设计和制作、课上多媒体课件的设计制作和使用等重要环节。只有做好这些，才能具体落实减少学生的外在认知负荷、增加其关联认知负荷。

重点

- 认知负荷
  - 认知负荷是处理被给信息所需要的心智能量的水平。
  - 三种类型：内在认知负荷、外在认知负荷、关联认知负荷。
- 图式理论
  - 围绕某一类知识形成的单元式结构就是图式。图式理论就是对这些知识单元进行表征和认知。
- 认知结构
  - 工作记忆、长时记忆
- 对设计和实施翻转学习的指导意义
  - 确定适当的翻转学习整体学习目标，合理选择微课的内容和学习目标。
  - 建立新知和旧知的关联、恰当呈现学习内容、合理安排和组织学习活动。抓住微课的设计和制作、课上多媒体课件的设计制作和使用等重要环节恰当呈现学习内容。

第四节　多媒体学习认知理论及其对翻转学习的意义

问题　多媒体学习认知理论的具体内容是什么？它对翻转学习的设计和实施有哪些启发？

多媒体学习认知理论是由美国当代著名教育心理学家、认知心理学家与实验心理学家理查德·E. 梅耶（Richard E. Mayer）在其所著的《多媒体学习》一书中提出的。迈耶认为，"按照人的心理工作方式设计的多媒体信息，比没有按照人的心理工作方式设计的多媒体信息，更可能产生有意义的学习"。基于此认识，梅耶研究了多媒体学习的认知规律，提出了双通道假设、容量有限假设、主动加工假设，并根据三个假设的的心理学原理提出了多媒体学习的五个步骤和多媒体认知模型，还提出了多媒体设计的七个原则。

一、多媒体学习认知理论的三个假设

双通道假设：指人们进行认知加工时，对视觉表征和听觉表征的材料都有相应的信息加工通道，即人们拥有单独加工视觉和听觉信息的通道。

容量有限假设：指人们进行认知加工时，是需要消耗认知资源的，而认知资源是有限的，因此在每个信息加工通道上一次加工的信息数量是也有限的，即人们在每一通道中同时加工的信息数量是有限的。

主动加工假设：指人们为了对呈现的材料与他们的经验建立起一致的心理表征会主动参与认知加工。主动的认知加工过程包括形成注意、组织新进入的信息和将新进入的信息与其他知识整合。

二、多媒体学习的认知模型及多媒体学习的五个步骤

感觉记忆、工作记忆、长时记忆是意义学习的三种记忆模式。感觉记忆是以原有的感知的方式表征信息，这种记忆模式容量很大，维持时间非常短，大概只有 0.25 秒。语音信息进入耳朵，会在听觉记忆系统（听觉/言语通道）中表征为声音；而印刷文字或图像进入眼睛，会在视觉记忆系统（视觉/图示通道）中表征为图像。工作记忆是以经过组织的方式表征信息，这种记忆模式容量很小，除非及时进行主动加工，否则其维持的时间是很短暂的，不到半分钟。长时记忆和工作记忆一样，以经过组织的方式表征信息，容量很大，且能维持很长一段时间。

多媒体学习认知模型也代表信息加工系统，该模型形象地反映了人类进行多媒体学习时的学习原理，具体内容如图 2-2 所示。以语词和画面呈现的多媒体材料，分别通过听觉通道和视觉通道进入人的感觉记忆中心。需要指出的是，以文本呈现的语词材料，是由眼睛感觉通过视觉通道进入感觉记忆中心的，进入感觉记忆中心的视觉表象和听觉表象能作短暂停留，之后需要进行选择。视觉和听觉表象的选择是基于容量有限假设，在感觉记忆中心在相应的通道只能选择有限的信息进入工作记忆中心。多媒体学习的主要过程发生在工作记忆中，在积极主动

的意识状态下，工作记忆被用于暂时性地储存知识和操作加工知识。工作记忆是以双通道为基础的，在完成相应通道中信息的信息模型建构后，还需要在两种通道之间建立关联。

多媒体学习的五个步骤：选择相关的语词、选择相关的图像、组织所选择的语词、组织所选择的图像、整合以文字为基础和以图像为基础的表征。具体来说，就是选择相关的语词，在言语工作记忆中加工；选择相关的画面，在视觉工作记忆中加工；将所选择的语词组织到一个言语心理模型中；将所选择的图像组织到一个视觉心理模型中；将言语和视觉表征与先前知识整合。

理查德·E. 梅耶在他所著的《应用学习科学》一书中，对多媒体学习的认知理论进行了补充和完善。在图 2-2 所示的已有多媒体学习认知模型图中，又增加了从长时记忆出发，返回指向选择、组织和整合加工过程的箭头。这些箭头从图的右侧指向左侧，从内部心理世界指向外部世界（由内向外）。这些新增的箭头旨在突出动机和元认知在学习过程中的作用。❶

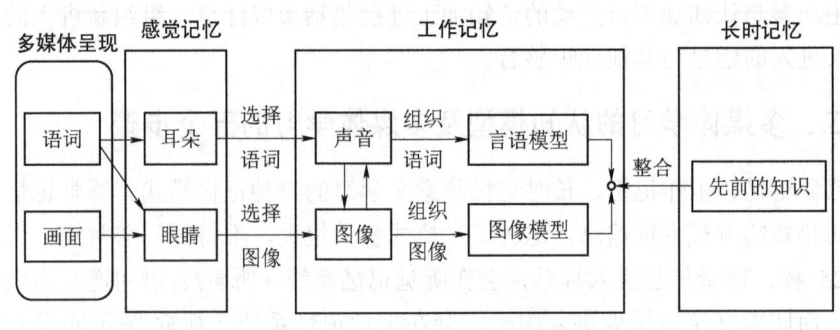

图 2-2 多媒体学习认知模型

三、多媒体教学信息设计的七个原则

多媒体教学信息设计的七个原则：多媒体认知原则；空间接近原则；时间接近原则；一致性原则；通道原则；冗余原则；个体差异原则。

多媒体认知原则：学生学习语词和画面组成的信息呈现，比学习只有语词的呈现效果更好。

空间接近原则：书页或屏幕上对应的语词与画面邻近呈现，比隔开呈现能够使学生学得更好。

---

❶ 理查德·E. 梅耶. 应用学习科学[M]. 盛群力，丁旭，钟丽佳，译. 北京：中国轻工业出版社，2019：38.

时间接近原则：相对应的语词与画面同时呈现，比继时呈现能够使学生学得更好。

一致性原则：当语词、画面和声音相互关联，不包含无关信息时，学生学得更好。

通道原则：由动画和解说组成的呈现，比由动画和屏幕文本组成的呈现使学生学得更好。因为当画面和语词材料都是以视觉形式呈现时，将会增加视觉通道的认知负荷，而听觉通道的认知负荷处于闲置状态，认知资源得不到有效的利用；当语词材料以声音的形式呈现时，人们可以在视觉通道加工图像信息，同时可以在听觉通道加工语词信息，认知资源尽可能得到了利用。

冗余原则：学生学习由动画加解说组成的呈现材料，比学习由动画、解说加屏幕文本组成的呈现材料能取得更好的效果。这里的解说和屏幕文本所呈现的是同样的语词信息。

个体差异原则：设计效果对于知识水平低的学习者，要强于对知识水平高的学习者；对空间能力高的学习者，要好于对空间能力低的学习者。这主要是因为，知识水平高的学习者能够利用他们先前的知识补偿呈现中引导的不足，当呈现中缺乏引导性信息时，知识水平低的学习者不太可能从事有效的认知加工。空间能力高的学习者，在心理上具有从有效的多媒体呈现中整合视觉和言语表征的认知能力；相比之下，空间能力低的学习者，必须耗费很多的认知容量将呈现的图像保存在记忆中，这使他们不太可能留有足够的容量进行视觉表征和言语表征的心理整合。

四、对设计和实施翻转学习的指导意义

多媒体学习认知理论的三个假设，多媒体学习的五个步骤和多媒体认知模型、多媒体设计的七个原则等具体内容，给教师进行多媒体设计既提供了理论依据，又给出了具体的操作规则。翻转学习中，无论是第一阶段的微课，还是第二阶段的面对面课堂，都涉及多媒体的设计和使用，因此多媒体学习认知理论对设计和实施翻转学习意义重大。

有了多媒体学习认知理论的武装，教师心中关于多媒体设计和应用的理想目标更清晰，行动方向更明确，动手实践时更得法，多媒体学习的设计和实施效果会更好。多媒体学习认知理论，可以帮助教师从多媒体设计和应用的角度落实"减少外在认知负荷、增加关联认知负荷"。下文关于如何设计微课、只会 PPT 如何生成微课的章节，主要是基于多媒体学习认知理论进行的。

重点

- 多媒体学习认知理论
  - 三个假设
  - 五个步骤
  - 七个原则
  - 多媒体认知模型
- 对设计和实施翻转学习的指导意义
  - 为第一阶段微课的设计、制作和应用，第二阶段面对面课堂中多媒体资源选择、设计、制作和应用，既提供了理论依据，又给出了具体的操作规则。

第三章
如何设计翻转学习

要想成功实施翻转学习，设计是其重要开端。本章将从翻转学习整体教学设计基础知识、学习流程的重构、翻转学习的全过程、如何进行翻转学习整体教学设计进行阐述，并通过学习目标和重难点的确定、三类学习目标、学习活动的设计、评价设计等方面，具体讨论如何进行翻转学习整体教学设计。

第一节 翻转学习整体教学设计基础知识

> **问题** 为何翻转学习也要进行教学设计？教学设计模板不一样，怎么选？

本节主要介绍教师应该了解的翻转学习整体教学设计基础知识，具体包括学习需要分析、学习内容分析、学习目标阐明、学习者分析、教学策略制定、教学媒体选择和利用、教学评价。本节内容主要源于以上两个问题，能够解决关于这两个问题的疑惑。这部分内容不仅对翻转学习整体教学设计有启示，而且对教师完成任何类型的教学设计也有指导意义。

何克抗认为，教学设计主要是运用系统方法，将学习理论与教学理论的原理转换成对教学目标、教学内容、教学方法和教学策略、教学评价等环节进行具体计划、创设教与学的系统"过程"和"程序",而创设教与学系统的根本目的是促进学习者的学。翻转学习涉及课前学习和课上学习两部分,同样涉及教与学的系统"过程"和"程序"。为了能更好地促进学习者的学,教师必须要先做如何进行翻转学习的具体过程设计,也就是翻转学习整体教学设计。

不同的专家学者给出了教学设计的不同定义、分类、过程模式,也给出了一些不同的教学设计模板。但无论有哪些不同,教学设计涉及的核心内容都有着高度的一致性。教师们接触教学设计最多的情形是填写区里、学校或者某课题给的教学设计模板,很大的一个感触是每个模板总是不太一样,甚至有时候对于模板中的填写项不明所以。我们应该如何选择模板,又如何做教学设计呢?其实,这些模板仅仅是要实施好教学的一个支架而已,无论使用哪个模板,目的都是把一节课的教学过程提前科学、合理地设计和预呈现出来。如果我们学习掌握了翻转学习整体教学设计的基本知识,看到的不再仅仅是各模板的"长相"不同,还会看到它们实质上的共同和不同之处,结合自己教学内容和教学对象的特点,自然就会形成选择的倾向性。下面逐一说明翻转学习整体教学设计中的核心要素,这也是设计与实施翻转学习之前,首先需要了解的一些基础知识。

乌美娜教授在《教学设计》一书中,列出了不同教学设计过程模式的基本组成部分,并指出它们是教学设计过程的共同特征要素。具体内容:学习需要分析、学习内容分析、学习者分析、学习目标的阐明、教学策略的制定、教学媒体的选择和利用、教学评价。下面逐一解读每个特征,并且结合实际翻转学习整体教学设计模板中的对应项,讨论实际翻转学习整体教学设计中如何做好这些共同特征要素的分析与设计。

一、学习需要分析

学习需要在教学设计中是一个特定概念,是指学习者学习方面目前的状况与所期望达到的状态之间的差距,也就是学习者目前水平与期望学习者达到的水平之间的差距。学习需要分析的结果是提供"差距"的有效资料和数据,从而帮助形成教学设计项目的总的学习目标(教学目标),避免学习目标与学习需要脱节。教学设计既要使教育、教学真正有效,也必须能发现教学中的真正需要和存在的问题。所以,学习需要分析是教学设计过程的重要开端。

二、学习内容分析

学习内容是指为实现学习目标(教学目标),要求学习者系统学习的知识、能力和行为经验的总和。分析学习内容的工作以总的学习目标为基础，旨在规定学习内容的范围、深度和揭示学习内容各组成部分的联系，以保证达到教学最优化的内容效度。学习内容的范围指学习者必须达到的知识和能力的广度，学习内容的深度则规定了学习者必须达到的知识深浅程度和能力的质量水平。明确学习内容各组成部分的联系，为教学（学习）顺序的安排奠定了基础。所谓教学顺序，是指把这些规定了广度和深度的知识与技能，用学习者所理解和能接受的展开形式加以序列化。所以，学习内容的分析既与"学什么"有关，又与"如何学"有关。教师了解了加涅对学习内容的分类、布卢姆对于知识和认知过程的分类，能更好地做好学习内容分析，更科学地设计整个学习（教学）过程。

在实际应用的教学设计模板中，可能没有"学习内容分析"这一项。有的模板中有写作"教材分析"、有"教材分析"等类似项时，教师们可以在此项中体现关于学习内容的分析。即使使用的是没有任何有关内容分析项的教学设计模板，也一定要重视该环节，不可缺省学习内容的分析过程。学习内容的分析结果影响着整个学习（教学）过程的设计和组织，如具体包括哪些学习内容、前后什么顺序、采用什么样的教学策略和组织形式、预设进行哪些学习（教学）活动等。只有对学习内容的范围、深度和学习内容各组成部分的联系分析清楚了，才能做好整个翻转学习过程的设计。

三、学习者分析

学习者分析的目的是了解学习者的学习准备情况及其学习风格，为学习内容的选择和组织、学习目标的确定和阐明、学习活动的设计、教学方法与媒体的选择等教学外因条件适合于学习者的内因条件提供依据，从而使教学真正促进学习者智力和能力的发展。

对学习者学习准备的分析将从两个方面讨论，一是分析学习者从事该学习产生影响的心理、生理和社会的特点，一般只讨论心理发展的年龄特征、在校学生智能、情感发展的一般特征。二是分析学习者对从事特定的学科内容的学习已经具备的有关知识与技能的基础，即确定学习者的初始能力和教学起点及分析学习者对有关学习内容的认识与态度。具体包括下述三方面：对预备技能的分析，即了解学习者是否具备了进行新的学习所必须掌握的知识与技能，这是从事新学习的基础；对目标技能的分析，即了解学习者是否已经掌握或部分掌握了学习目标中要求学会的知识与技能；对学习者对所学内容的态度的分析，如是否存在偏爱或误解等。

教学设计的一切活动都是为了学习者的学习目标是否实现,要在学习者自己的认识和发展的学习活动中体现出来,而作为学习活动主体的学习者在学习过程中,又都是以自己的特点来进行学习的。因此,要取得教学设计的成功,必须重视对学习者的分析。这项内容一般在教学设计模板中都有体现,教师们在实际教学设计过程中,要提高对该项内容的分析重视程度,注意分析的全面性、精准性。

四、学习目标的阐明

(一)学习目标的概念

学习目标(对教师或教学人员而言,也常被称作教学目标)也称行为目标,是对学习者通过教学以后将能做什么的一种明确、具体的表述。我们应从两个方面理解这一概念:学习目标表述的是学习者的学习结果;学习目标的表述应力求明确具体,可以观察和测量,避免用含糊的和不切实际的语言表述。阐明学习目标包括两个方面:编写一系列明确、具体的学习目标;把这些学习目标组织成一个层次分明的体系。西方教育心理学界认为,布卢姆的教育目标分类系统和加涅的学习结果分类系统,都是指导学习目标设计的很有实用价值的学说。在阐明学习目标时,应综合运用布卢姆和加涅的分类理论。

(二)学习目标的层次

任何一个学习目标都不是孤立的,它应该成为一系列学习目标群中的有机组成部分。学习目标之间的关联性则与学习目标的层次有关,所以,阐明学习目标还要求学习目标的表述应反映学习结果的层次性。布卢姆等人把教育目标分为认知、动作技能和情感三个领域,而每一个领域的目标又由低级到高级分成若干层次。布卢姆认知目标的分类前面已作介绍。下面主要介绍动作技能、情感领域的教育目标分类。

动作技能涉及骨骼和肌肉的使用、发展和协调。在实验课、体育课、劳动技能等科目中,这常是主要的学习目标。动作技能领域的教育目标分类,比认知和情感领域的教育目标分类公布得晚,而且出现了好几种分类法。辛普森等人提出的动作技能教育目标七级分类法,是最早提出也是应用较广泛的一种分类体系。辛普森等人把动作技能教育目标分为知觉、准备、有指导的反应、机械动作、复杂的外显反应、适应、创新,共七级。知觉指运用感官获得信息以指导动作,主要了解某动作技能的有关知识、性质、功用等;准备指对固定的动作的准备,包括心理定向、生理定向和情绪准备(愿意活动);知觉是其先决条件,我国有学者把知觉和准备阶段统称为动作技能学习的认知阶段;有指导的反应指复杂动作技能学习的早期阶段，包括模仿和尝试错误，通过教师或一套适当的标准可判断操作的适当性；机械动作指学习者的反应已成习惯，能以某种熟练和自信水平完成动作，这一阶段的学习结果涉及各种形式的操作技能，但动作模式并不复杂；复杂的外显反应指包含复杂动作模式的熟练动作操作，操作的熟练性以精确、迅速、连贯协调和轻松稳定为指标；适应指技能的高度发展水平，学习者能修正自己的动作模式以适应特殊的装置或满足具体情境的需要；创新指创造新的动作模式以适合具体情境，强调以高度发展的技能为基础进行创造。

情感学习与形成或改变态度、提高鉴赏能力、更新价值观念、培养感情等有关，这是教育的一个重要方面。然而，这方面的学习目标却不容易编写。克拉斯伍等制定的情感领域的教育目标分类，共分接受或注意、反应、评价、组织、价值与价值体系的性格化五级。接受或注意，指学习者愿意注意某特定的现象或刺激；反应指学习者主动参与、积极反应，表示较高的兴趣；评价指学习者用一定的价值标准对特定的现象、行为或事物进行判断；组织指学习者在遇到多种价值观念呈现的复杂情境时，将价值观组织成一个体系，对各种价值观加以比较，确定它们的相互关系及它们的相对重要性，接受自己认为重要的价值观，形成个人的价值观体系；价值与价值体系的性格化指学习者通过对价值观体系的组织，逐渐形成个人的品性。克拉斯伍等人的分类法启示我们，情感或态度的教学是一个价值标准不断内化的过程。教师或教科书上所介绍的价值标准，对学生来说是外来的，学生只有经历接受、反应和评价等连续内化的过程，才能将它们转化为自己信奉的内在价值。同时，情感或态度的教学不只是政治课或思想品德课的任务，各门学科也都包含这方面的任务，因为任何知识、技能或行为习惯都不能离开一定的价值标准。

三种类别各自不同的分类系统，为我们确定学习目标提供了一个很好的思考框架。学习目标中，每一类别可能都不止一个目标，也不止涉及本分类目标中的一个层次。在编写学习目标的过程中，可以运用布卢姆、辛普森、克拉斯伍等人的学习目标分类作为框架，把各类学习目标分别形成各自不同的层次，组织成一个完整的学习目标体系。

（三）学习目标的阐明

如何具体描述学习目标呢？对此大致有认知心理学与行为主义心理学两种不同的观点。行为主义强调通过可以观察或可以测量的行为来描述教学目标，而认知观则强调通过内部心理过程来描述。尽管两种观点不同，但教育心理学家一致认为，教学目标的重点应说明学习者行为或能力的变化。

以研究行为目标著名的马杰，在1962年出版的《程序教学目标的编写》这部著作中提出，一个学习目标应包括三个基本要素：行为、条件、标准。行为，说明学习者通过学习以后将能做什么，以便教师能观察学习者的行为，了解目标是否达到。例如，学生能将文章中陈述事实与发表议论的句子分类。条件，说明上述行为在什么条件下产生，如提供报刊上的一篇文章。标准，指出合格行为的最低标准，如至少有80%的句子分类正确。马杰的"行为""条件"和"标准"的三要素模式，至今仍为教育界所接受。在教学设计的实践中，有的教育研究者认为，有必要在马杰的三要素的基础上，加上对教学对象的描述。这样，一个规范的学习目标就包括四个要素。为了便于记忆，他们把编写学习目标的基本要求简称ABCD模式，即A——对象（audience）；B——行为（behaviour）；C——条件（condition）；D——标准（degree）。

需要指出，在实际运用中，往往不需要也不可能完全机械地按上述要求编写学习目标。在一个学习目标中，行为的表述是基本部分，不能省略。相对而言，条件和标准是两个可选择的部分。此外，还可以采取内外结合的表述方式。行为目标只强调了行为结果，而未注意内在的心理过程，因而可能引导人们只注意学习者外在行为变化，而忽视其内在的能力和情感的变化。在具体的教学实践中，根据目前已有的研究成果，还有许多心理过程无法行为化。因此，描述内部心理过程的术语不能完全避免。我们还须运用内外结合表述学习目标的编写方法。例如，领会本单元专门术语的含义，将专门术语与它们所代表的概念联系起来；在造句中使用某些专门术语；指出术语之间的异同。这个例子中后面表述的行为是代表"领会"的种种表现的例子，我们愿意把它们作为教学目标已达到的证据而加以接受。"领会"是一个内部心理过程，无法观察和测量，但有后面这些能证明"领会"能力的行为实例，目标就具体化了。这种方法由格朗伦提出，强调列举能力的例证，既避免了用内部心理特征表述目标的抽象性，又防止了行为目标的机械性与局限性。

《为学习、教学和评量而分类：布卢姆教育目标分类之修订》一书，采用"学生将能够或学会+动词+名词"的形式来陈述认知目标。其中，动词指明认知过程，名词一般指明知识。动词对应19种具体的认知过程，名词对应11种具体的知识亚类。无论目标是外显的还是内隐的，它们都包含了能够在布卢姆分类框架中的知识部分和认知过程部分。任何一个强调认知的目标，都应该能够被归入知识和认知组成的二维表的一个或多个方格之中（详见本书第二章第二节）。实际阐述认知目标时，教师们很难按上述标准进行：一是不了解这个阐述标准和教育目标分类的知识；二是对目标分析和描述的精准度还不够。教师要首先熟悉目标阐述标准和教育目标分类的知识，然后在此基础上不断实践，对目标分析和描述的精准度就会大大提高。

五、教学策略的制定

教学策略是对完成特定的教学目标而采用的教学活动的程序、方法、形式和媒体等因素的总体考虑。对于教学来说，没有任何单一的策略能够适用于所有的情况。有效的教学需要有可供选择的各种策略因素来达到不同的教学目标。最好的教学策略，就是在一定的情况下达到特定目标的最有效的方法论体系。教师只有掌握了较多不同的策略，才能根据实际情况制定出良好的教学方案。

（一）教学程序

我国常用的教学程序，主要有传递—接受程序、引导—发现程序、示范—模仿程序、情境—陶冶程序。国外有影响的教学程序有概念获得、先行组织者、掌握学习、指导学习。以下主要介绍我国常用的教学程序。

传递—接受程序是我国学校教育实践中普遍采用、广为人知的一种教学程序，主要适用于认知领域的教育目标。它的基本过程：激发学习动机→复习旧课→讲授新课→巩固运用→检查。这种程序由教师直接控制教学过程，按照学生认识活动规律加以规划，通过教师的传授使学生对所学习的内容由感知到理解，达到领会；然后，再组织学生练习，巩固运用所学的内容；最后，检查或组织学生自我检查学习的效果。这种程序的特点是，能使学生迅速有效地在单位时间内掌握较多的知识。但由于采用这种程序时，学生客观上处于接受教师所提供信息的地位，因此不利于学生学习主动性的充分发挥。

引导—发现程序是一种以问题解决为中心，注重学生独立活动，着眼于创造性思维能力培养的教学程序，也比较适用于认知领域的教育目标。它主要是根据杜威、布鲁纳等人先后倡导的"问题→假设→推理→验证→结论"的过程而提出的。在"问题"阶段，提出的问题一定要难易适度，并能使学生明确这个问题的指向性；在"假设"阶段，教师应尽量在诱发性的问题情境中，引导学生通过分析、综合、比较、类推等不断产生假设，并围绕假设进行推理，引导他们将原有的各种片面知识从各个不同的角度加以改组，从中发现必然的联系，逐步形成比较确切的概念；在"验证"阶段，教师通过进一步提供具体事例，要求学生去辨认，或由学生自己提出事实来说明所获得的概念；在"结论"阶段，教师引导学生回顾学习活动，分析自己思维的过程和方法，使之对学习结果感到满意。这一程序要求教师能为学生创设一个认识上的困难情境，使学生产生想解决这一困难的欲望，从而认真思考面临的问题，独立地运用各种思维操作。随着问题情境的产生，学生在教师引导下需要提出解决问题的可能方案，即进行假设，并能验证其正误，做出认识上的结论。这种程序的一大功能在于使学生学会如何学习，如怎样发现问题和加工信息，怎样推理和验证所提出的假设，因而有利于培养学生的探究能力。

示范—模仿程序，这种教学程序历经久远，也是教学中最基本的程序之一，特别适用于动作技能领域的教学目标。它的基本过程：定向→参与性练习→自主练习→迁移。在"定向"阶段，教师既要向学生阐明所需掌握的行为技能并解释完成技能的操作原理，又要向学生演示具体动作，学生则明确行为技能的要求；在"参与性练习"阶段，教师指导学生从分解动作的模仿开始练习，并对每次练习提供反馈信息，给予及时强化，使学生对所学的部分动作由不够精确而逐渐走向精确，并使一些不正确动作得到消除；在"自主练习"阶段，当学生已基本掌握了动作要领，就可以脱离教师的临场指导，通过加大活动量，使技能更加熟练；在"迁移"阶段，学生不需要通过思考便能完成行为技能的操作步骤，并模仿教师的示范，把习得技能运用于其他的情境或与其他习得技能组合，构成更为综合性的能力。现代教育技术的发展，使这一教学程序运用范围更广、效果更好，如可以通过视频材料和计算机模拟来进行技能示范，学生的模仿动作也可以借助摄像机、手机拍摄，然后通过录像进行观察、评价和自我反馈。

情境—陶冶程序，这种教学程序最具代表性的是由保加利亚心理学家乔治·洛扎诺夫（Georgi Lozanov）首创的暗示教学，它主要适用于情感领域的教学目标。其基本过程：创设情境→参与各类活动→总结转化。在"创设情境"阶段，教师通过语言描绘、实物或多媒体演示、音乐渲染等手段，为学生创设一个生动形象的场景，以激起学生的情绪，有时也可以利用环境的有利因素进行；在"自主活动"阶段，教师安排学生加入各种游戏、唱歌、听音乐、表演、谈话、操作等，使他们在特定的气氛中主动积极地从事各种智力操作，在潜移默化中进行学习；在"总结转化"阶段，通过教师启发总结，使学生领悟所学内容主题的情感基调，达到情感与理智的统一，并使这些认识和经验转化成为指导其思想、行为的准则。这一程序从人的认识是有意识心理活动和无意识心理活动的统一、是理智活动与情感活动的统一的观念出发，强调个性发展不仅要重视理智活动，而且要通过情感的陶冶，充分调动学生无意识的心理活动的潜能，使他们在思想高度集中、精神完全放松的情况下进行学习。它通过设计某种与现实生活类同的意境，让学生在这种意境中无拘无束地与其他人相互作用，从中领悟到怎样对待生活、对待自己，以提高学生的自主能力和合作精神，达到陶冶个性和培养人格的目的。

无论按上述哪种程序进行教学，教师和学生都必须采用一定的方法、形式和媒体。以下先介绍教学方法和教学组织形式。

（二）教学方法

教学方法是教师和学生为了达到教学目标，由教学原则指导、借助教学手段（工具、媒体或设备）而进行的师生相互作用的活动。它既有教师教的行为，也有学生学的行为，二者相辅相成。

与获得认知类学习结果有关的教学方法，有讲授法、演示法、谈话法、讨论法、练习法、实验法、实习作业法；与获得动作技能有关的教学方法，有示范—模仿、练习—反馈法；与情感、态度有关的教学方法，有直接强化法和间接强化法。教师对与获得认知类学习结果有关的教学方法比较熟悉，所以下面主要阐述与获得动作技能和与情感、态度有关的教学方法。

示范—模仿法：通过教师示范和学生模仿，来教与学如何运用内外部肌肉的动作的方法。一般的动作技能，如实验技能、体育技能、演奏技能、朗诵技能等，由于示范较易外显，学生模仿起来也较容易。为了让学生加深对动作要领的理解，防止学生机械、盲目地模仿，教师的示范要与适当的讲解相结合。

练习—反馈法：动作技能是构成行为的基础，其结果反映动作的速度、准确性、力量或身体的平衡机能。最好的掌握方法是不断的练习，而且对每次练习要提供反馈信息，让学习者知道自己的动作与期望的动作之间的差距，以改进、提高动作技能。有不少动作技能也取决于学习者内部的反馈，即取自自身肌肉和关节的刺激形式所产生的知觉。使用这种方法时，常可利用录像技术把练习动作摄录下来然后重放，提供反馈信息，供教师和练习者本人检查分析。

运用一定的教学方法以促进态度的形成和改变，是教学设计的一项重要任务。适合于态度学习的条件和产生态度转变的教学方法是相当复杂的，为树立所期望的态度而采用的教学方法，完全不同于认知类和动作技能类。通常，可采取直接和间接强化两种方法。直接强化法正是在学习者经过内部思考后选择某一期望的行为时，给予及时的肯定和鼓励；或者是在某些期望行为产生后，帮助学习者去完成目标，使他们获得成功的喜悦。这样，对期望行为的不断强化便能促进学习者逐渐树立起正确的态度。间接强化法是让学习者从许多模范人物身上观察和学习"态度"。为了使态度的学习有效，就要让学习者亲眼看到或通过电影、电视、书报等媒体，观察到模范人物在产生期望行为后得到的表扬和奖励，使他们间接感受到了对正确态度的强化。要注意的是，被强化的模范人物必须是被学习者尊重的人。除了两种方法以外，教师也常设类似真实的情境,如社会情境、自然情境等,让学生"身临其境"或是扮演一定的角色,使他们在与"情境"及他人的相互作用中去感受和体会,这对于某些社会情感、鉴赏力的培养也是有益的。

(三)教学组织形式

教学组织形式归纳起来大致分为集体授课、个别化学习、小组相互作用三类。

第一类是目前学校教育中最通用的一般教与学的形式,即按传统惯例,教师通过讲授、谈话、板书、演示等,向一个班级或一组学生传递教学信息。

第二类是由学生自己阅读教科书、观看或聆听音像教材、做笔记等,获得教学信息,比如在翻转学习中课前自主学习微课。

第三类是通过讨论、问答、交流等,在师生之间、学生与学生之间分享教学信息。

在制定教学策略的时候,三种形式之间要有某种程度的平衡,以便扬长避短、相互弥补和促进。翻转学习的过程包括自主学习微课和多种学习活动相结合的课堂学习,正是三种形式的有机结合。当前提倡适当减少集体授课的时间;要有让学生进行个别化学习的意识,并努力创造个别化学习的条件和资源;要提供足够的小组相互作用的活动。翻转学习和当前提倡的是完全一致的。

六、教学媒体的选择和利用

(一)教学媒体的概念及分类

教学媒体是教学过程中传输信息的手段。教师在教学中离不开运用各种教学媒体,如实物、挂图、模型、多媒体课件等。常规分类分为实物、视频、图片、动画等。教学媒体还可以根据介质分为电子的和实体的;根据模拟程度分为真实的和模拟的;还可以根据教师得到的难易、教师使用的难易进行分类。

(二)媒体特征

教学中常用的教学媒体在表现力、重现力、接触面、参与性、受控性等方面的特征各不相同。表现力指教学媒体表现事物的空间、时间和运动特征的能力。例如,视频能够以活动的图像呈现正在变化中的过程,采用接近实物的形态,逼真地表现事物;而图片以静止的方式反映事物的瞬息特征,便于观察。重现力指教学媒体不受时间、空间限制,重新再现信息的能力,教科书是最便于重现的媒体。接触面指教学媒体把信息同时传递到学生的范围。例如,网络、电视和无线电广播的接触面最广,能跨越空间限制,将信息传递给学生;而板书、多媒体课件的接触面往往就只是限制在教室内。参与性指教学媒体在发挥作用时学生参与活动的机会。模型提供了学生自己动手操作的可能，而且便于边动手操作边提出问题、进行讨论等；图片、视频等有较强的感染力，容易诱发学生情感上的参与；而电子白板、互联网提供了人机交互的机会，可以大大提高学生教室内外学习过程中的参与程度。受控性指教学媒体接受使用者操作的难易程度。教科书、板书使用最便捷，操作最简单。了解不同教学媒体的特征，有助于教师在教学中恰当地选择和应用教学媒体。

（三）教学媒体设计和选择的基本原则

设计和选择教学媒体要充分考虑教学目标、教学内容、教学对象、教学条件等多项因素，要遵循以下原则。

最小代价原则，即设计和选择教学媒体，要根据能得到的效能和需要付出的代价来做决定，力求做到以最小的代价得到最大的收获。

共同经验原则，即设计和选择的教学媒体，其所传输的知识经验与学生已有的经验必须有若干共同的地方。在选择和设计教学媒体时，要充分注意在媒体与学生之间创造共同经验。

多重刺激原则，即设计和选择教学媒体，应注意从不同角度、侧面去表现事物的本质特征。让所讲对象在不同的时间、地点、条件下多次重复出现，用不同的形式表现同一内容。

抽象层次原则，即设计和选择的教学媒体，其所提供的信息的具体和抽象程度，要根据学生的实际情况（年龄、认知水平、学习能力等），分为不同等级、层次。每个层次都包含具体成分和抽象成分，这两种成分的比例，应根据学生的实际情况进行调整，越是高年级，抽象的成分越应逐渐增多。

七、教学评价

（一）概念

教学评价是指以教学目标为依据，制定科学的标准，运用一切有效的技术手段，对教学活动的过程及其结果进行测定、衡量，并给以价值判断。

（二）功能

教学评价有如下几个功能：一是诊断功能，评价是对教学结果及其成因的分析过程，借此可以了解到教学各方面的情况，从而判断它的成效和缺陷、矛盾及问题。全面的评价工作不仅能估计学生的成绩在多大程度上实现了教学目标，而且能解释成绩不良的原因。二是激励功能，评价对教学过程有监督和控制作用，对教师和学生则是一种促进和强化。通过评价反映出教师的教学效果和学生的学习成绩。经验和研究都表明，在一定限度内，经常进行记录成绩的测验对学生的学习动机具有很大的激发作用。较高的评价能给教师、学生以心理上的满足和精神上的鼓舞，可激发他们向更高目标努力的积极性；即使评价较低，也能催人深思，激起师生奋进的情绪，起到推动和督促作用。三是调控功能，评价的结果必然是一种反馈信息，这种信息可以使教师及时知道自己的教学情况，也可以使学生得到学习成功和失败的体验，从而为师生调整教与学的行为提供客观依据。教师据此修订教学计划、改进教学方法、完善教学指导；学生据此变更学习策略、改进学习方法、增强学习的自觉性。教学评价有利于使教学过程成为一个随时得到反馈调节的可控系统，使教学效果越来越接近预期的目标。四是教学功能，评价本身也是一种教学活动。在这种活动中，学生的知识、技能将获得长进，甚至产生飞跃。例如，测验就是一种重要的学习经验，它要求学生事先对教材进行复习，巩固和整合已学到的知识技能；事后对试题进行分析，又可以确认、澄清和纠正一些观念。另外，教师可以在估计学生水平的前提下，将有关学习内容用测试题形式呈现，使题目包含某些有意义的启示，让学生自己探索、领悟，获得新的学习经验或达到更高的教学目标。

（三）分类

依照不同的分类标准，教学评价可作不同的划分。例如，按评价的基准的不同，可分为相对评价、绝对评价和自身评价；按评价内容的不同，可分为过程评价和成果评价；按评价功能的不同，可分为诊断性评价、形成性评价和总结性评价；按照评价分析方法的不同，又可分为定性评价和定量评价。

（四）指标

教学评价指标可以分为与目标因素有关的指标、与学生因素有关的指标、与教师因素有关的指标、与教材因素有关的指标、与教学方法和管理因素有关的指标等。与目标因素有关的指标，可以从目标直接推衍出评价指标。与学生因素有关的指标：第一，可以从表情上分析学生对讲课内容和速度的适应性；第二，可以从课堂提问中分析学生对功课的理解程度；第三，可以从课堂秩序上分析学生对学习的注意或投入程度。与教师因素有关的指标：首先是教学能力方面，其次是课堂控制能力方面，再次是教学行为方面，还有心理特征方面。与教材因素有关的指标：主要体现在判断教材体系和学生实际水平差异弥合程度是否符合目标、重点是否明确、难点是否可以解决等。与教学方法有关的指标：主要判断教学方法是否符合学生和教师的特点、能不能维持学生注意和兴趣、能不能促进学生理解和记忆、能不能排除教学障碍、能不能给学生带来满足感等。与管理因素有关的指标：主要判断学生是否有学习的意愿、是否愿意在这位教师指导下学习、课堂秩序是否稳定、纪律是否严明、突发事件处理是否得当等。评价可以使用测验、问卷调查、课堂观察等多种形式。

> **重点**
>
> - 学习需要分析
> - 学习内容分析
> - 学习者分析
> - 学习目标的层次与阐明
> - 教学策略的制定
>   - ➤ 教学程序、教学方法、教学组织形式、教学媒体
> - 教学媒体的选择和利用
> - 教学评价

第二节 翻转学习整体教学设计

> **问题** 翻转学习与传统教学有什么不同?翻转学习的整个过程包括哪些环节?整体设计包括哪些方面?

翻转学习整体教学设计是翻转学习的整体规划,是翻转学习顺利实施的基础,是成功利用翻转学习提高学生学习效果、促进学生全面发展的必要前提。

一、学习流程的重构

(一)学习流程的重构

翻转学习是互联网环境下新的教学模式,学习过程的时间与空间进行了重组,学生的整个学习流程发生了重构,是一种新的变革和体验。图3-1概括了传统教学和翻转学习的学习流程。

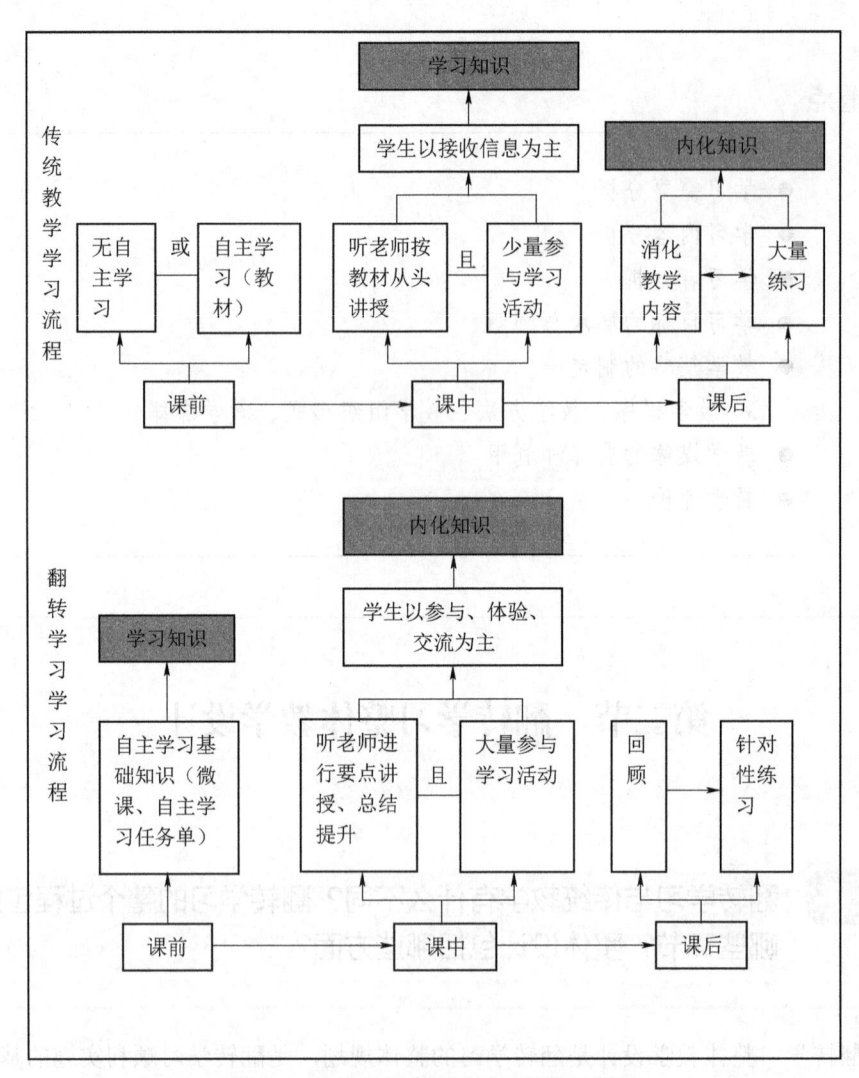

图 3-1 传统教学和翻转学习的学习流程

（二）传统教学学习流程分析

1. 学习流程

传统教学学习流程把学习过程分为课前、课中、课后三部分。课前可能有统一的自主学习要求，也可能没有；课上以教师讲授为主，学生以接受信息为主，没有其他形式的学习活动或者只有少量的其他形式的学习活动，体验、交流、互动较少；课后继续消化教学内容、完成作业，甚至为了弥补课上学习的不足，要完成大量的练习和作业。

2. 特点分析

传统教学中，课前没有自主学习直接进入课堂学习，或者有自主学习，但经常以泛泛的预习为主。自主学习的学习目标不够明确，通常以教材作为自主学习的主要资源，针对性不强，学习材料单一，自主学习的过程和结果缺少记录与反馈。这样的自主学习，很难达到预期的效果。

进入课堂教学过程，教师一般直接开始讲课，即使有课前的自主学习一般也不作反馈，不考虑学习效果，按照教材从头讲起；即使教师有让学生参与、体验、自主建构知识的理念，由于课上时间有限，基础知识的讲授又占据了课上时间，学生起点可能不一致，导致这种参与式学习活动的时间和效果都很难保证。尤其当学习内容偏多、难点较难突破时，整个课堂学习效果会不尽人意，经常出现学生没能及时消化所学知识、难点没有理解透彻等问题。这种情况下，教师通过课堂观察和已有经验，会感受到学生对于学习目标的达成度有问题，由此会加大练习题的数量，希望以此促进学生对知识的内化。学生的课后任务从而显得比较艰巨，一方面要通过看教材、看笔记、回顾上课过程继续学习、理解、消化教学内容，另一方面要完成大量的练习。这种艰巨的任务不仅让学生付出很多课后时间，还会让学生很无助，增加挫败感。因为通过以上方法学习回顾后，有可能还是不能理解和掌握难点。

由传统教学学生的学习流程可以看出，课上主要是学生学习知识的过程，课后主要是学生内化知识的过程，需要付出很多时间和努力，不一定能做到完全的内化。

（三）翻转学习学习流程分析

1. 学习流程

翻转学习的学习流程由课前自主学习、课上听教师讲授和参加大量其他形式的学习活动、课后回顾和练习构成。课前自主学习通过教师提供的针对自学内容的微课及配套的自主学习任务单（或其他形式）进行；课上学生大量参与各种形式的学习活动，以参与、体验、交流为主，当然也包括听教师进行要点讲授、总结提升。

2. 特点分析

翻转学习课前先进行自主学习，学生以教师提供的微课作为主要学习资源，针对性强，有明确的学习目标。学生的学习资源里也包括自主学习任务单，学生可以通过该任务单记录、反馈自己的学习过程和学习结果；教师可以根据学生任务单上的反馈信息了解学生自主学习的情况，并且据此调整面对面的课堂教学活动，当然也可以选择其他方法进行反馈。

课上，教师对于自主学习中完成很好的内容不再重述，而是针对发现的自主学习过程中的问题和本节课的其他内容进行多种学习活动的设计和实施。因为基础知识已经在自主学习过程基本完成，所以课上的时间主要是完成更复杂的内容，课前的自主学习为难点的突破争取到了更多的时间。翻转学习强调集体空间是一种动态的、交互的学习环境。在面对面的课堂这个集体空间里，教师会设计多种形式的学习活动，增加学生的学习参与，增加同伴间的交流与协作。课上学习内容的特点需要这样一种动态的、交互的学习环境，而自主学习创造出的时间保障又使之成为可能。这种理想的学习环境增加了学生的学习体验，增多了师生交流和生生交流的机会，自然会更多地激发学生的思维，促进学生对于知识的建构，有利于学生掌握重点、突破难点、实现知识的内化。

这种学习效果下，课后的任务自然变得轻松，回顾学习内容和有针对性的练习就简单多了，也为有兴趣的同学继续对本节课内容进行拓展学习创造了可能。

（四）学习流程重构中的变与不变

从翻转学习学习流程的重构我们可以看出，学习时空、学习活动、学习资源、学习方式、师生关系都发生了变化。在翻转学习中，学习时间扩展到课前，学习空间包括个体学习空间和集体学习空间两部分。学习活动从单纯地听教师讲授拓展到自主学习微课、小组合作探究等多种形式。学习资源除了教材、课件，还增加了微课、自主学习任务单、学习活动任务单等。学生从被动听讲的学习方式转变成通过自主学习和参加学习活动建构知识。教师是学习资源的提供者、学习情境的创建者、学习活动的设计者和引导者；学生自主使用学习资源、自然进入学习情境、积极参与学习活动，在自主、合作、探究、交流中建构知识，师生关系更加平等、和谐。

翻转学习整体教学设计是微课支撑的课前自主学习和课堂集体学习有机结合的整个教学过程的设计。翻转学习整体教学设计首先是教学设计要符合教学设计的理念和要求，要基于科学的理论指导、详细的学习内容分析和学生分析，定位要符合学生的实际状况和需求。翻转学习本质是一种教学模式，应该符合教学的一般规律，设计和实施过程要符合教育教学基本规律和理念。

微课是新生事物，容易引起大家的关注，使面对面的课堂学习容易被忽略。任何关于翻转学习只重视微课及微课支撑的个性化的自主学习活动阶段，而忽视课堂上以探究、交流、展示、反馈为主的面对面学习活动阶段的认识和行为，都是错误的。整体教学设计一定是课前自主学习和课堂学习并重的设计。实践经验告诉我们，实践过程中遇到想不明白的难题，就把自己当成一个学生，以学生的视角出发思考你的需求和喜好是什么，这样反复思索会帮助你找到理想的答案。从学生的角度去琢磨、寻找答案，坚持这样一种理念，我们的实践就会少走弯路。

二、翻转学习的全过程

翻转学习中，微课内容和课堂内容相互衔接。微课自主学习和课堂学习活动前后相连，共同实现学生的学习体验、思考过程和对知识的辨识、理解和应用。要保证微课自主学习和课堂学习活动两部分自然衔接、浑然一体，其整个设计实施过程就要统一规划、整体部署。在系统化设计理念的指导下，如图 3-2 所示，我们在具体实践过程中是按照如下九个步骤设计实施翻转学习的。

第一步 翻转学习整体教学设计
- 学习内容分析
- 学习者分析
- 学习目标与重难点
- 学习过程设计：课堂学习活动设计
- 评价设计

第二步 微课设计
- 场景规划
- 画面内容
- 教师语言

第三步 微课制作
- 收集素材
- 选择技术
- 完成制作

第四步 设计制作微课自主学习任务单

第五步 微课的自主学习

第六步 自主学习过程与结果分析

第七步 调整课堂学习活动

第八步 实施课堂学习活动

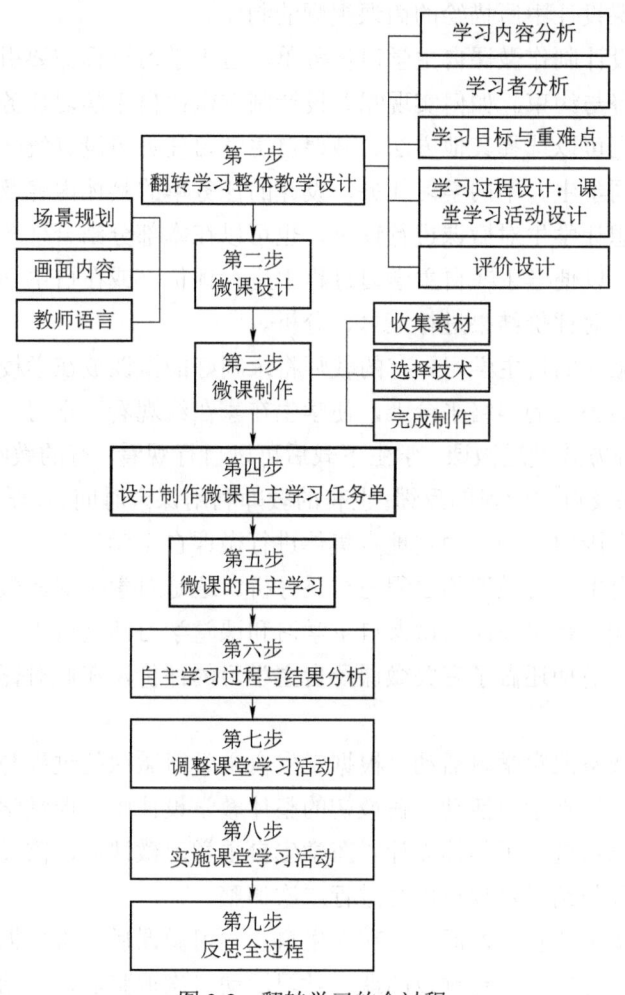

第九步 反思全过程

图 3-2 翻转学习的全过程

第一步，翻转学习整体教学设计。完成学习内容分析、学习者分析、确定学

· 059 ·

习目标及重难点、分别确定微课学习目标和课堂学习目标、课堂学习活动设计、评价设计等内容。

第二步，微课设计。根据已确定的微课学习目标确定微课内容，完成微课场景规划、画面内容、教师语言等具体设计。为了形式简短、突出重点，图3-2中微课设计一项没有出现所有设计要素，将知识呈现和讲解方式、对学生学习的启发和方法指导等都体现在设计中。除了知识本身的特点，还要考虑学生的年龄、兴趣爱好及自主学习时的关键需求等。

第三步，微课制作。根据微课设计的内容收集所需素材，选择合适的软件及技术，完成微课设计中所描绘的微课视频的制作。

第四步，设计制作微课自主学习任务单。自主学习过程需要引导、记录与反馈，甚至是监督与约束。如何实现呢？设计制作微课自主学习任务单是一种很好的方法，当然也可以选择其他方法。微课自主学习任务单没有统一的规定，面对不同学科、不同学生、不同学习任务，设计的任务单的具体内容及呈现形式也各有不同。如果想让学生对微课进行评价，也可以在本部分结合任务单进行设计，或者独立设计，以便学生在自主学习过程中进行评价，或在自主学习微课的过程与结果分析阶段对评价结果进行汇总、分析。

第五步，微课的自主学习。有的教师将录制好的微课放在学校专门的微课学习平台或者社会公用的网络平台上，使学生在家在线观看、学习；有的教师通过云平台、邮箱等方式发送微课，学生下载后可以自行观看；有的教师利用微信群、QQ群发送微课及自主学习的反馈；也有的教师利用课余时间、在学校机房或PAD教室组织学生在固定时间、固定地点集体进行微课自主学习。

第六步，自主学习微课的过程与结果分析。这是对学生课前微课自主学习情况的分析与反馈，是保证课前微课自主学习和课堂学习活动成为一个有机整体的必要环节。如果前期还做了有关微课及自主学习的评价，在此对评价结果可以进行汇总、分析。

第七步，调整课堂学习活动。根据学生自主学习微课的过程与结果，适当调整甚至重新设计课堂学习活动。在最初的整体教学设计中，课堂学习活动是其中的重要一项，已经进行了具体设计。在学生自主学习微课后，需要根据自主学习微课的实际过程与结果对预设内容进行二次调整。

第八步，实施课堂学习活动。在学生自主学习微课后，再根据学生自主学习微课的实际过程与结果，对预设的课堂学习活动二次调整后，开始实施调整后的课堂学习活动，包括评价环节。

第九步，反思全过程。在结束前面的各环节后，根据对设计环节的反思和对实施过程的观察、分析和思考，反思整个过程中做得好的方面和还需改进的方面，以及具体的改进方法。这些内容可以引导教师进一步改进翻转学习的设计和实施过程。

第六步、第七步、第九步的内容是整体设计中必须考虑到的内容，但是这些环节不可能提前实现，只能在整体进展到这些环节时分别完成，所以都作为不同步骤表述。第二步、第四步的内容本身属于第一步整体教学设计的一部分，整体教学设计中"学习过程设计"包括微课设计和自主学习任务单设计、学生自主学习微课的过程与结果分析、课堂学习活动设计三部分。由于微课设计和自主学习任务单都专门形成了独立的文件，又有顺序要求，所以这两步单独作为不同步骤表述。第三步、第五步、第八步分别是制作微课、学习微课（微课应用）、实施课堂学习活动，这些步骤主要体现翻转学习整体教学设计及微课设计、制作后的具体实施过程。

三、翻转学习的整体教学设计

乌美娜教授在《教学设计》一书中提出了教学设计的基本前提，我们在做翻转学习整体教学设计时要尤其关注以下四个方面。第一，教学设计必须以帮助每个学习者的学习为目的。无论何种教学形式，学习最终是通过学习者自己完成的，因此教学设计重视对学习者的分析，重视激发、促进、辅助学习者内部学习过程的发生和进行，使有效学习发生在每个学习者身上。第二，教学设计必须运用系统方法。从分析学习需要和确定教学目的开始，一直到教学评价，所有过程都要尽可能地作整体考虑。第三，系统设计的教学将有利于学习者自身的发展。教学设计要创造有利的学习环境，保证没有人处于教育劣势之中。让每一个学习者都享有同样的机会，利用他们自己的潜能去完善自己，让每个学习者都对面临的各种挑战充满信心。第四，系统设计的教学必须把"人类是如何学习"的知识和经验作为基础，注意发展学习者的能力，帮助学习者学会如何学习。翻转学习整体教学设计应以这四个方面为前提。

在翻转学习的实践过程中，我们所做的整体教学设计包括学习内容分析、学习者分析（学生特点分析、学生已经掌握知识和技能分析）、学习目标与重难点（学习目标、重难点、微课学习目标与课堂学习目标）、学习过程设计（微课设计与自主学习任务单设计、学生自主学习微课的过程与结果分析、基于自主学习微课过程与结果反馈的课堂学习活动设计）、评价设计、关于翻转学习全过程的反思六大项内容，如图3-3所示。翻转学习整体教学设计和普通教学设计有所不同，学习过程涉及课前的自主学习和面对面课堂的学习两个过程的设计。有关微课的

翻转学习的设计与实现

设计和关键学习活动的详细设计，不在整体设计文件中给出，在单独文件中完成。整体设计中的课堂学习活动，只做时间安排、要点说明、活动目的描述。这样整体设计看起来比较清晰。学生自主学习微课的过程与结果分析，在学生自主学习微课完成之后进行。已经预设好的课堂学习活动，也可能根据该分析进行调整甚至重新设计。

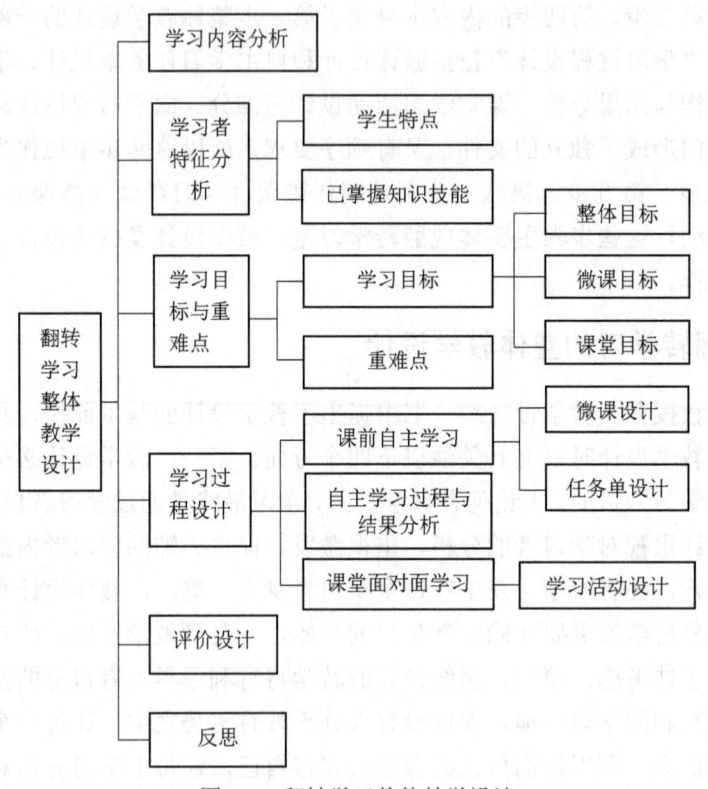

图 3-3　翻转学习整体教学设计

重点

- 学习流程的重构
  - 翻转学习学习流程的重构
    学习时空、学习活动、学习资源、学习方式、师生关系等方面的变化

- 翻转学习全过程——九步法
  整体教学设计—微课设计—微课制作—制作自主学习任务单—微课应用—自主学习过程与结果分析—调整课堂学习活动—实施课堂学习活动—反思全过程
- 翻转学习整体教学设计——六大项
  学习内容分析、学习者分析、学习目标与重难点、学习过程设计、评价设计、关于全过程的反思

第三节 学习目标的确定

> **问题** 学习目标及重难点如何确定？为什么有三类学习目标，分别是什么？

把课程标准、教材和学生情况三者之间贯通融合，是教师将学习内容和学习对象联系起来的必经之路，是确定学习目标及重难点、设计学习活动的根本依据。学习内容分析使用的主要材料是课程标准和教材，通过学习内容分析可以确定学习的重点。通过学习内容分析和学习者分析，可以寻找新知识和学生已有知识及技能的联系，确定学习的起点和难点，并找出如何突破难点的策略及方法。

一、学习目标及重难点的确定

（一）学习内容分析

学习内容分析既包括课程标准的解读，又包括教材分析，以及对学习内容知识类别和认知程度的分析。

课程标准是国家课程的基本纲领性文件，是国家对基础教育课程的基本规范和质量要求。它体现国家对不同阶段的学生在知识与技能、过程与方法、情感、态度与价值观等方面的基本要求，规定各门课程的性质、目标、内容框架，提出

教学和评价建议。课程标准是相对固定和稳定的，课程标准的实现需要将其要求在每一个学习过程中细化和落实。学习内容分析需要明确该部分学习内容在课程标准中对应的具体要求是什么。

教材是落实课程标准的载体，是师生教学活动的中介。不同地区和学校根据各自的地域、学校特点选择不同版本的教材，但最终实现的目标都是课程标准的要求。教材分析是教师备好课、上好课的基础保障，是教师在制定整体教学设计之前要做的一项很重要又很基础的工作。教材分析要站在学科课程标准的高度，通常要从全册教材的整体分析、单元教材分析、每节课的教材分析三个层面进行。教材内容不等同于教学内容，教材内容要经过教师的加工处理和"教学化"过程才能转变成教学内容。通过三个层面的教材分析，教师可以了解学习内容在整个学科和整册教材中的位置，分析该内容在单元教材中的前后联系，分析教学重点，分析对教材的处理及教学设想等。

教师如果了解加涅对学习内容的分类及布卢姆对于知识和认知过程的分类，在课标解读和教材分析的基础上，还可以将典型的学习内容进行分类，并对其认知要求进行分析、确认。这样能更好地做好学习内容分析，既能明确"学什么"，又能知道"如何学"，还能清楚学到什么"程度"。

（二）学习者分析

学习者特征分析一般从学生特点和学生已掌握知识技能两方面进行。学生特点包括学生的年龄、认知、喜好、学习能力、学习风格及学习条件等多个方面。学生已掌握知识技能，指学生对从事特定的学科内容的学习已经具备的有关知识与技能的基础，以及对有关学习内容的认识与态度。

图式理论告诉我们，一个图式单元会对新旧知识整合，形成紧密联系的更加完整的单元。美国著名认知学派教育心理学家奥苏伯尔在他的《教育心理学：一种认知观》中提出了独具特色的"有意义学习"理论，即"认知同化理论"。认知同化理论的基本观点是，新知识的学习必须以已有的认知结构为基础。学习新知识的过程就是学习者积极主动地从自己已有的认知结构中提取与新知识最有联系的旧知识，并且加以"固定"或者"归属"的一种动态的过程。建构主义教学观主张，教学不能无视学习者的已有知识经验和简单强硬地从外部对学习者实施知识的填灌，而是应当把学习者原有的知识经验作为新知识的生长点，引导学习者从原有的知识经验中获得新的知识经验。

显然，在学习新的课程内容之前对学生原有知识、技能、经验进行分析诊断，确定学习者的初始能力和教学起点，并且追溯新知识在原有认知结构中的植根点，了解学生对原有认知结构中相关内容的掌握情况，才能在教学过程的设计中采取有针对性的措施，以利于学生对新内容的学习。所以，学习者分析要从学生知识结构进行分析。针对学习目标，分析学生要达到目标要求已经具备的知识内容、技能方法、经验有哪些，实现新的学习目标的困难因素有哪些，从而帮助教师确定教学过程的起点和难点及其突破难点的方法。让学生将新学习的信息和已有的知识经验联系起来的方法，可以增加他们脑内神经间连接的强度和复杂程度，因此增强了他们对信息的保存能力。

根据皮亚杰儿童发展阶段理论，不同年龄段儿童的认知有其独特的逻辑，有一贯性。处于某一阶段的儿童的认识方式，是前一阶段派生出来而又引导后一阶段的认识的，这种阶段顺序是不容颠倒也不能超越的。把握学生年龄认知特点和其特有的逻辑，能帮助教师选择合适的教学方法、合理安排不同内容的学习顺序。对学生年龄、认知、喜好等特点的分析，对于学习活动的设计、知识的呈现、媒体的选择、教学策略的选择等，都有很大的参考价值。

学生是课堂的真正主体，只有当教师充分了解了自己的学生，才能选择适当的教学方法，才能确定教学过程的真正难点和突破难点的方法，才能有效激发学生的学习动机，使学生积极地参与到学习过程中，把新旧知识联系起来，不断地提取和建构[1]，才能有效地利用学生的最近发展区以完成各项学习活动。

在学习内容分析的基础上，学习者分析可以有效确定精准、适切的学习目标、学习重点和学习难点，为教学策略的选择、教学重难点的突破和学习活动的设计提供科学依据。

二、三类学习目标

翻转学习整体教学设计中有三类学习目标要明确，一是翻转学习整体学习目标，二是微课的学习目标，三是课堂学习目标。

（一）翻转学习整体学习目标

翻转学习整体学习目标的设定和普通教学设计类似，根据课程标准、教材内容、学生情况列出一系列明确、具体的学习目标，而且把这些学习目标组织成一个层次分明的体系。认知方面的教学不能仅仅停留在"知道""言语信息"的要求上，应注意学习者智力技能与解决问题能力的培养。动作技能和情感领域的教育目标，可能会涉及各自分类中的多个层次。翻转学习整体学习目标的确

---

[1] 赵国庆，郑兰琴. 重复提取胜过细化学习：卡皮克记忆研究进展及其对教学的启示[J]. 中国电化教育，2012（3）：20.

定应该注意学习目标的体系化、层次化，能够反映分类系统中所涉及的多种能力水平。

（二）微课学习目标和课堂学习目标

有了整体学习目标，为什么又要有微课学习目标和课堂学习目标呢？整体学习目标是在课前自主学习和课堂面对面学习的整个过程中完成的，具体涉及这两个过程一定有各自具体的学习目标。只有这两个学习过程中的学习目标各自明确了，整体学习目标才能落实。微课学习目标和课堂学习目标的确定，也是进行微课设计和课堂学习活动设计的前提。

在整体学习目标明确后，如何确定微课学习目标和课堂学习目标呢？修订后的布卢姆教育目标把认知过程分为六个主类别：记忆/回忆、理解、应用、分析、评价、创造。前三个层次属于低级认知，后三个层次属于高级认知，六个层次难度逐渐递增。一般从整体教学设计确定的学习目标中，选择初级认知目标的部分或全部作为课前微课自主学习的学习目标，选择高级认知目标作为课堂学习的学习目标，如图3-4所示。也可以将高阶认知目标进行细化分解，分解出的相对简单的部分作为微课的学习目标，复杂、有难度部分仍作为课堂学习目标。微课内容则选取围绕初级认知或者围绕为了突破重难点、习得高级认知的多个环节中的前一个或前几个基本环节；课堂内容则围绕高级认知，围绕重难点突破与落实的关键环节，学生通过师生互动、生生互动、同伴协作、充分的体验与交流，实现知识的内化过程。

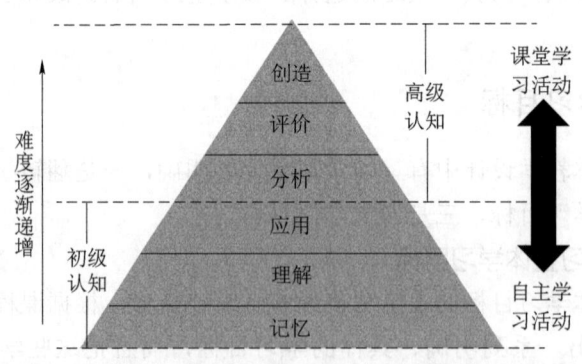

图3-4 自主学习目标（微课学习目标）和课堂学习目标

在动作技能教育目标中，涉及知觉、准备、有指导的反应这几个层次的目标和部分涉及机械动作的目标有可能作为微课的学习目标。复杂的外显反应、适应、创新这些层次的目标和部分涉及机械动作的目标，需要教师的现场指导和启发、学生的反复练习和感悟。它们一般在课堂教学过程中达成，甚至要通过一段时间的练习和强化才能达成。

情感领域教育目标中，接受或注意、反应、评价三个层次的目标，可以选择作为微课的学习目标。组织、价值与价值体系的性格化两个层次的目标，需要较复杂的情境，一般通过课堂学习过程来形成，甚至需要不止一节课而是较长时间的学习与内化过程。

重点

- 学习目标及重难点的确定
  - 学习内容分析
  - 学习者分析
- 三类学习目标
  - 翻转学习整体学习目标
  - 微课学习目标
  - 课堂学习目标
- 微课学习目标
  - 选择初级认知目标的部分或全部，将高阶认知目标进行细化分解，分解出的相对简单的部分。
- 微课学习内容
  - 选取围绕初级认知或者围绕为了突破重难点、习得高级认知的多个步骤中的前一个或前几个基本环节。

第四节 课堂学习活动设计

问 题 为什么要设计学习活动？如何设计学习活动？

什么是学习活动？为什么要设计学习活动？如何设计学习活动？这三个问题是课堂学习活动设计的关键问题。

一、学习活动的内涵

（一）学习活动的概念

学习活动一般指为达到特定学习目标而进行的一系列组织化的师生行为。[1] 按照活动理论，一个具体的学习活动过程可以被分解为一系列具体的操作，可能是听教师的一段集中讲解、同桌之间的同伴学习、小组合作探究、角色扮演等多种形式。学习活动设计是翻转学习教学设计中学习过程设计的一个核心内容，具体的课堂学习过程都体现在一个个有序开展的学习活动及其一系列具体的操作中。

（二）学习活动的内涵

我们将学习活动替代教学活动，并不是强制教师的课堂行为，而是为了引导教师将注意力集中于学生的行为而不仅仅是教师的行为，突出以学生为中心的设计意识，体现学生的主体性。具体来说，它隐含着两个重点：一是，课上面对面的教学过程不再是单一的讲授模式，而是由精心设计的不同类型的学习活动组成；二是，课上的学习活动设计一定要基于学生自主学习微课的过程与结果反馈，需要在微课的自主学习结束后，首先对学习过程和结果的反馈进行汇总、分析，然后再调整预设的学习活动。

课堂学习活动应该基于学生的已有知识和经验，从学生存在的实际问题出发。翻转学习整体教学设计中的课堂学习活动，应该根据学生自主学习微课的过程与结果进行调整、修改，甚至是重新设计。因此，微课设计和应用过程中要注意对学生学习过程、学习结果监控和反馈的设计与实施，以便收集信息进行学生学习特点及结果的分析。在实践过程中，为了强调学生自主学习微课的过程与结果分析这个重要环节，我们在翻转学习整体教学设计模板中将其作为独立的一个必填项。

通过微课自主学习任务单记录反馈学生的学习过程与学习结果，是一种很好的方法。当然也可以选择其他方法，根据微课内容、学习对象、学习环境等不同方面具体内容的不同，采取在线检测、在线交流、录制音视频作业提交等不同形式的检测及反馈方法。无论选择哪种反馈形式，反馈的过程及反馈的结果收集与分析是必不可少的。

（三）学习金字塔理论给学习活动设计的启示

学习金字塔是美国缅因州的国家训练实验室研究成果，它用数字形式形象显示了采用不同的学习方式，学习者在两周以后还能记住内容（平均学习保持率）

---

[1] 杨开诚. 以学习活动为中心的教学设计实训指南[M]. 北京：电子工业出版社，2016：7.

的情况,如图3-5所示。它是一种现代学习方式的理论,最早由美国学者、著名的学习专家爱德加·戴尔于1946年首先发现并提出。[1]第一种学习方式——"听讲",也就是教师在上面说,学生在下面听。这种我们最熟悉最常用的方式的学习效果是最低的,两周以后学习的内容只能留下5%;第二种,通过"阅读"方式学到的内容,可以保留10%;第三种,用"声音+图片"的方式学习,可以达到20%;第四种是"示范",采用这种学习方式可以记住30%;第五种,"小组讨论",可以记住50%的内容;第六种,"做中学"或"实际演练",可以达到75%;第七种,在金字塔基座位置的学习方式,是"教别人"或者"马上应用",可以记住90%的学习内容。可以看出,学生在学习时的卷入程度越深,学习内容被保持的可能性就越大。

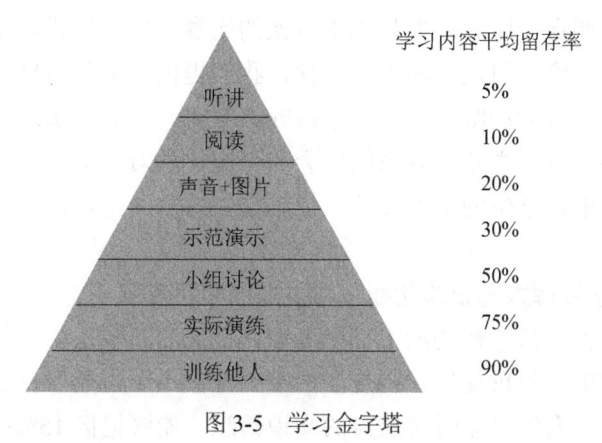

学习方式	学习内容平均留存率
听讲	5%
阅读	10%
声音+图片	20%
示范演示	30%
小组讨论	50%
实际演练	75%
训练他人	90%

图3-5 学习金字塔

学习金字塔理论告诉我们,学习过程一定不能仅以"教师讲,学生听"为主,而是要通过一些学生能够参与、体验、探究、交流、互动的学习活动进行学习。我们使用学习活动进行表述,并不排斥教师必要的讲解和点拨。之所以用学习活动替代教学活动的表述,目的是引导教师能够采用多元教学方法,设计多种学习活动,能够引导学生体验多种学习方式,尤其是多设计一些包含小组讨论、实际演练、训练他人等形式的学习活动。

二、设计和实施学习活动的意义

翻转学习不只是在教学形式上的改变,更要有实质上的改变,要着眼于以学生为中心,培养学生核心素养,促进学生全面发展的真正落实。要真正实践好翻转学习,学习活动的设计和实施必不可少,尤其是包含小组讨论、实际演练、训

---

[1] 理查德·E. 梅耶. 应用学习科学[M]. 盛群力,丁旭,钟丽佳,译. 北京:中国轻工业出版社,2019:76.

练他人等学习方式的学习活动。教师有必要了解设计和实施学习活动的意义，主动实践，设计、组织和实施好学习活动。设计和实施学习活动具有以下意义。

（一）给学生提供自己去建立联系的机会

了解信息如何相互联系成为一个组块的能力是学习的特点，是处理大量信息的一种途径。[1]了解信息如何相互联系就可以将它们组成一个组块，组块的形式更便于人们记忆，增加记忆容量。当我们教给学生一些东西时，困难之一就是我们已经看到了联系而学生还没有看到。我们经常将自己的经验"给"学生，告诉他们联系是什么，信息是如何组合在一起的，但是这样不起作用，学生们需要自己去建立联系。教学与告知是不一样的，教学的目的是引导和促进学生的大脑形成神经联络。如果仅仅只是别人来告诉象棋选手怎么下棋，他们是不可能变成专家的。棋手必须要自己学习，参加成千万次的比赛，熟悉模式，重新组织信息，这样他们才能"看到"组块。学生也一样，我们提供经验和引导，但是他们必须要自己来学习。学习活动给学生提供了探究、交流、反思、实践，甚至是教授他人的机会，提供了自己去建立联系的机会和可能。学习活动能增强学生的学习动机和学习投入，丰富学生的学习体验，促进学生的意义建构，能促进学生对知识的深度理解。

（二）有利于发挥大脑整体功能，可以提高学习效率

大脑皮层的各个部位在功能上有所分工，但又相互联系、互相补充、互相影响。在学习过程中，仅仅使用大脑皮层的某一部分不可能取得良好的学习效果。心理学研究表明，人们只靠听觉获得的知识信息，能够记忆15%；只靠视觉获得的知识信息，能够记忆25%；但如果把视听结合起来，能够记忆的信息量就不仅仅是15%+25%=40%，而是65%；而亲身体验、参与过的事情，我们却能学习到80%。可见，在学习中应该尽可能地充分运用眼、耳、口、鼻、手等多种感官，增加亲身体验、参与的机会，最大限度地发挥大脑的整体功能，以提高学习的效率，取得更好的学习效果。学习活动给学生提供了亲身体验和参与、多种感官配合使用的机会，可以提高学习效率。

（三）能让学生获得成就感，让学习更加快乐

大脑中存在着一条快乐通路[2]，如果学生生活中没有被喜欢的感觉及成功的感觉，他们就会被吸引到能增加快乐的其他方面。所以，一个有效的课堂氛围应该能提供给学生成功的感觉等快乐来源，让学生更喜欢学习，让学习更加快乐，

---

[1] 帕特里夏·沃尔夫. 脑的功能[M]. 北京师范大学"认知神经科学与学习"国家重点实验室脑科学与教育应用研究中心,译. 北京：中国轻工业出版社, 2005：81.

[2] 同[1].

更有价值。这样的课堂氛围一定是以学生为中心的、学生参与体验的，这自然要求教师改变"满堂灌""一讲到底"的教学模式，主动去设计和实施学习活动，尤其是设计包含小组讨论、实际演练、训练他人等学习方式的学习活动。通过这些学习活动，学生更容易获得成功的体验、交流和表达后的愉悦等快乐来源，更能增强情绪联结，提高情绪和学习动机，提高自我效能和自信心，学到的东西更加有意义和更加富有情趣。

（四）能发展学生多种技能

学习活动，尤其是小组形式的学习活动，扩大了学生学习交流的对象、范围，增加了交流的形式和机会，提供了自我管理、合作解决问题的情境。学生在活动中经历思考、倾听、表达、反馈等交流过程，思想不断碰撞和深化。尤其在合力解决某个问题时，学生在不断思考、交流、协商的过程中给出解决问题的方案，并一起团结协作经历问题的解决过程。参加这样的学习活动，学生在学习新知识、新技能的同时，社会基本技能也得到了发展。

三、学习活动的设计要素

课上学习活动，尤其是包含小组讨论、实际演练或训练他人等形式的多人参加的小组学习活动，更需要教师精心设计，有目的、有方法地组织实施。我们将其设计要素概括为活动目的、活动情境、活动类别及形式、活动过程、活动小结五个设计要素。在设计时，除了这五个要素，活动的名称、活动预计时间、活动所需资源（学具、活动单等），也需要提前确定和规划。

（一）活动目的

我们都注意到，两个人都注视同样的物体，但却会关注物体的不同的方面，或者说"看到"不同的东西。我们常常预先让我们的大脑准备好去注意特定的刺激而忽视其他的刺激。比如，在人群中搜寻你的朋友，或者是根据教师的指示在众多的彩色图形中注意特定颜色的图形。这也就是我们要明确活动目的并且告知学生活动目的的原因。这让大脑对一定的特征和思想有所预期，增加大脑抓住必要信息的可能性。

活动目的一定和学习目标相关，要紧紧围绕学习目标。一个活动的活动目的可以围绕一个（或多于一个）学习目标，通过该学习活动达成这一个（或多于一个）学习目标，或者是达成这一个（或多于一个）目标的一部分。这种情况下，该学习活动只是为达成这一个（或多于一个）目标所必需的其中一个环节，是达成目标的所有学习活动中的一个组成部分。所以，活动目的一定紧紧围绕学习目标，但是又不一定完全等同于学习目标。

（二）活动情境

我们都知道左半脑处理内容，右半脑提供情境，但是它们一直都在协同工作。进入一个脑半球的信息很快被另一个脑半球使用，两个半球的反应经过了紧密的协调与配合，因此只产生一种对世界的看法而非两种。内容很重要，但是只有内容没有情境也常常没有意义。让信息有意义的最有效的途径之一，是将新概念与已知概念进行联系或比较，将不熟悉的信息与熟悉的信息挂靠起来。最有效的联系，是将新学习的东西与学生个人相关的东西联系起来。我们需要在对学生有意义的、与其生活经验有联系的情境中引导学生学习，否则大部分的知识就会流失。让学生们从事没有意义的记忆是在浪费时间，没有意义的记忆只能使学生拥有"短暂知识"。他们在考试之后，既不记得也不知道应该在何时何地运用知识。

因此，学习活动要创设对学生有意义的、与其生活经验有联系的情境，将学习内容与现实环境进行有意义的关联和互动，吸引学生走进情境，在情境中探究、交流、反思，不断完成对新知识的建构。

（三）活动类别和形式

我们的经验和许多研究都表明，那些引起我们情绪的事件，我们会记住很长时间。[1]例如，教师让学生表演某一个特殊的历史事件，或者和其他学生一起组成一个数学方程，这些都是在增加学生记住该事件或方程的机会；再例如，在教室里设计一个小超市，让学生去理解钞票的价值及如何找零，这样的活动比完成一张同样主题的表格效果要好得多。从以上举例我们看出，这些学习活动增强了学生的情绪联结，取得了良好的学习效果。我们需要认识到，情绪对于促进理解和记忆的作用，并且将之作为学习活动设计的重要关注内容。

广义的学习活动其形式有同伴结对式、多人小组式，也包括独立个体式和教师讲授式。课堂中常常使用的、学生比较喜欢的学习活动类别，有模拟（模拟实验、模拟审判或辩论等）、角色扮演、解决现实生活问题等。这些活动经常以小组合作的形式进行。这些活动不仅能够增强情绪联结，提高学生情绪和学习动机，还能提高学生的自我效能和自信心，也让学生学到的东西更加有意义和更加富有情趣。所以，花费时间积极创意和构思，设计出精彩的学习活动，是非常值得的。

---

[1] 帕特里夏·沃尔夫. 脑的功能[M]. 北京师范大学"认知神经科学与学习"国家重点实验室脑科学与教育应用研究中心, 译. 北京：中国轻工业出版社，2005：86.

（四）活动过程

活动的过程也是活动的步骤及要求，不管是学生参与制定还是教师制定，一定做到步骤清晰、完整；每一步要求明确，明确具体的教师行为和学生行为，必要时甚至明确小组内不同成员各自的行为。这样才能保证学生的参与度和参与质量，才有利于达到预期的活动目的。

（五）活动小结

活动结束时一定要有活动小结，小结内容要紧紧围绕活动实际过程及活动目的，重在通过分析、对比、总结、归纳与拓展等方式，帮助学生深化对学习内容的理解，巩固所学内容。语言要严谨，有针对性，并注意适度强化。学习活动设计时，可以先给出小结的核心内容或小结思路，这也是保证学习活动不偏离活动目的、能实现活动目的的一个基本环节。活动结束后，要结合实际过程和预设的内容进行小结。小结可以由教师主导完成，也可以启发引导学生进行总结提升。

四、学习活动设计

（一）学习活动设计

学习活动的设计应该围绕本课的学习目标和重点难点，这样才能保证学习活动真正服务于学生对本课内容的学习和掌握，不至于偏离。活动目的、活动情境、活动类别及形式、活动过程、活动小结五大活动要素，以及本课的学习目标、本课的重点、本课的难点等课程基本信息要有一致性。活动的名称、活动预计时间、活动所需资源（学具、活动任务单等）、关于本活动的其他说明等活动基本信息，在活动设计中也要明确，这样才能保证活动设计的完整性。

在实践过程中，我们开发使用了详细的学习活动设计模板，给予教师明确的引导，尤其对于学习活动设计经验不足的教师更为重要。模板中的内容主要包括本课的课题、学习目标、本课的重点、本课的难点等课程基本信息；活动目的、活动情境、活动类别及形式、活动过程、活动小结五大活动要素；活动的名称、活动预计时间、活动所需资源（学具、活动任务单等）、关于本活动的其他说明等活动基本信息。不同的学习活动，其内容可以设置成不同颜色以便区分。

表 3-1 显示的是小学数学"克与千克"[1]一课中一个学习活动的设计，具体内容如下。

---

[1] 本案例由北京市大兴区亦庄第二中心小学张争设计。

表 3-1 "克与千克"学习活动设计

活动设计者姓名	张争	活动设计者单位	大兴区亦庄镇第二中心小学
课题名称	千克与克的认识	教材版本	北京出版社
学科	数学	年级	二年级
本课的学习目标	1. 联系具体生活情境，初步感知并认识质量单位千克和克。在初步了解用秤称物体的方法的过程中，初步建立 1 千克和 1 克的质量观念。知道 1 千克=1000 克，会进行简单的换算。 2. 在具体的操作活动中，经历看、掂、称等一系列实践活动，树立估测物体质量的意识，培养根据参照物估测物体质量的能力。能根据秤的刻度表读出物体的质量，渗透度量的思想。 3. 激发学习兴趣，体验数学知识与生活实际密切相连。在学习的过程中，感知数学就在我们身边，获得学习数学的积极体验		
本课的重点	建立千克和克的质量观念		
本课的难点	1. 建立千克和克的质量观念 2. 借助一个标准进行质量估测		
活动名称	掂一掂，估一估，称一称		
活动目的	借助"掂一掂、估一估、称一称"等活动，帮助学生认识 1 千克、1 克的质量单位		
活动情境	设计真实的生活情境，把学生常见的物品带进课堂。让学生看一看、掂一掂、估一估、称一称，了解它们的质量		
活动类别（模拟、角色扮演、解决实际问题等）及形式（小组、结对、个人、教师讲授）	活动类别：解决实际问题 活动形式：讲授、小组、个人		
活动过程		教师行为	学生行为
		（一）认识千克 1. 提出问题：究竟 1 千克的物品有多重呢？ 2. 演示如何使用盘秤测量并读出质量 3. 提供物品（大约重 1 千克的蜜瓜、一个苹果、一根香蕉、一个鸡蛋） 4. 提出问题：2 千克又有多重呢？5 千克有多重呢？	1. 掂一掂、估一估、称一称 2. 感受 1 千克的不同物品 3. 感受 2 千克、5 千克的物品 4. 小组内交流 5. 小组汇报
		（二）认识克 1. 提出问题：1 克有多重呢？（教授天平的使用：2 分硬币） 2. 以测量 2 分硬币的质量为例，演示天平的使用 3. 你还能再找一些以克做单位的物品吗？ 4. 提供物品（黄豆粒、硬币等）	1. 掂一掂、估一估、称一称 2. 感受一个硬币的质量 3. 感受 5 粒黄豆的质量 4. 小组内交流 5. 小组汇报
		（三）认识千克和克之间的关系 1. 提出问题：千克和克，这两个质量单位之间有什么关系呢？ 2. 引导学生：一袋白砂糖的质量是 500 克。如果把这样两袋白砂糖合在一起，是多少克？是多少千克？ 3. 出练习：2000 克=2 千克 5000 克=5 千克	1. 认真听、思考、归纳 归纳出：1000 克就是 1 千克。也就是 1000 克=1 千克。 2. 练习

续表

活动小结	引导学生总结： 1. 比较重的物品用千克做单位，比较轻的物品用克做单位 2. 1千克=1000克 3. 根据参照物估测物体质量 4. 可以通过看一看、掂一掂、估一估、称一称了解物体的质量 5. 活动过程的积极体验，数学知识与我们的生活密切相连。
活动预计时间	30分钟
活动所需资源 （学具、活动单等）	教学的辅助材料（蜜瓜、苹果、香蕉、大米、白砂糖、黄豆粒、硬币等），教学辅助工具（台秤、天平）
关于本活动的 其他说明	无

（二）学习活动实施

如果学习活动内容较多，过程较长，任务较复杂，为了保证活动的有序、有效，一般可以借助上述学习活动设计模板提前进行设计。如果采用小组合作的形式，还要给出或者启发学生给出分组的方法，规定或者启发学生自己设定小组合作的规则、各自的分工等。

具体实施过程中还可以采用学习活动任务单做辅助。学习活动任务单主要方便提示学生活动的步骤和内容、记录活动的过程与成果，以及过程中的思考、检测和反馈学习活动的结果。一般教师会在任务单上通过提出问题、布置任务等方式，引导学生把学习活动过程中的发现和思考及分析的过程和结论等内容记录下来。

重点

- 学习活动的概念、内涵
- 学习金字塔理论的启示
- 设计和实施学习活动的意义
  - 提供学生自己建立联系的机会
  - 发挥大脑整体功能，提高学习效率
  - 让学生获得成就感，使学习更加快乐
  - 发展学生多种技能
- 学习活动的设计要素
  - 活动目的

> 活动情境
> 活动类别及形式
> 活动过程
> 活动小结

第五节 评价设计

问题 翻转学习中如何进行评价设计？

评价设计是指针对翻转学习过程和结果进行的定量或者定性的过程性评价或者结果性评价，具体包括实施评价面向的评价对象及评价内容，所用的评价形式和类型、评价工具、评价过程及具体的评价标准等。评价包括过程性评价和结果性评价。随着目前对过程性评价的重视，教师们对过程性评价设计得比较多，反而会忽视结果性评价，其实两种评价都有着重要的意义。

一、评价对象和评价内容

在翻转学习的评价设计中，一般是设计对学生学习过程和结果的评价。教师对自己教学过程的自我观察、反思及对教师教学过程的评价，不在此处体现。

翻转学习较常规课堂有其特殊性，它有课前自主学习和面对面课堂学习两个过程。因此，对于学生的评价内容，包括对学生在这两个学习阶段的评价，既可以设计分别评价，也可以设计综合评价；既可以采用过程性评价，也可以采用结果性评价，还可以二者相结合。

如果设计分别评价，其中自主学习的评价可以和自主学习任务单相结合。评价内容不仅包括关于自主学习的结果，也可以包括自主学习的过程。关于自主学习的过程性评价可以从多个方面评价。例如，学习微课前是否认真阅读了自主学习任务单，是否了解了任务单中提出的问题、给出的学习指导建议等；自主学习过程中是否按过暂停键；是否完成了任务单中的任务；是否梳理了微课学习的笔记；是否还有学习疑惑；是否搜索了关于该学习内容更多的学习资料等。可以采用学生自评的方式，具体呈现方式是让学生确定"是否符合以下内容"：学习微课前，我认真阅读了自主学习任务单；我了解了任务单中提出的问题；我了解了任务单中给出的学习指导建议；为了理解内容，我按了暂停；为了记录笔记，我按暂停；为了思考问题，我按暂停；我梳理了微课学习的笔记；我提出了学习疑惑；我搜索了关于该学习内容更多的学习资料。这种方式既是自评形式的过程性评价，也是对学生学习过程的一种引导，能充分发挥评价和引导的双重功效。这些评价内容和任务单中的测试性任务相结合，能很好地实现对学生学习过程和学习结果的评价，对于教师充分了解学生，及时反思、设计和调整好课堂学习过程有着积极的意义。

针对课堂学习阶段，评价形式有学生对自己的课堂表现进行自评、生生互评、教师评价，可以选择一种形式进行或者选择不同形式相互结合、补充，也可以通过学习结果测评进行评价。翻转学习的课堂学习阶段突出学习活动的设计与实施，经常将过程性评价嵌入到具体的活动过程中，结合学习活动过程进行评价。例如，在小组合作学习中，经常采用学生自评和生生互评的方式，对学生在小组合作学习中的表现进行评价，如通过在小组合作中的发言次数、对小组任务的贡献、是否注意倾听等进行评价。这些过程性评价和自主学习阶段的过程性评价，都是表现性评价，既是评价又是对学生学习过程、学习表现的一种引导。

二、评价形式和类型

评价形式主要有教师评价、学生自评、生生互评三种。课标中明确指出，实施评价要注意教师的评价和学生的自我评价相结合，因此要注重评价中学生的直接参与。学生自评和互评是经常使用的评价形式。

学生自评和互评能增强学生的主体意识，有利于激发学生的学习动机和兴趣，提高学生学习的主动性、参与度和独立思维能力，有利于学生批判性思维的发展，也有助于培养学生的责任意识。学生在评价过程中既要对评价质量承担责任，又要对自己和他人负责。

评价包括过程性评价和结果性评价，随着目前对过程性评价的重视，教师们对过程性评价设计得比较多，反而会忽视结果性评价。其实，两种评价都有着重要的意义。前面在对翻转学习评价内容的分析中，也阐明了过程性评价和结果性评价的结合使用。

在翻转学习的评价设计中，可以采用教师评价、学生自评、生生互评相结合的评价形式，有意识地引导和组织学生自评、生生互评。评价类型采用过程性评价和结果性评价的结合使用，过程性评价中突出表现性评价，结果性评价经常采用测验的形式，后面专门针对测验再做阐述。

三、评价工具和评价标准

常用的评价工具有课堂观察记录表、评估表、量规、测验等，使用时将其自然地嵌入学习过程中。利用不同评价工具进行评价的过程和特点不同。

采用测验进行评价，很明确就是设计好具体的测验题目，让学生作答，根据学生的答题结果自然就能做出评价。题目给出了评价的内容，答题是评价的过程，题目的答案是评价的标准。由于课堂观察记录表中，要观察并判断是否存在或者具体频次的行为列表，一般都是衡量教学效果的重要观察点，所以它本身也具有评价的作用。评估表和量规，都要有具体的评价标准，只是其标准不再是题目的答案。

评价标准和评价的目标密切相关，首先要明确评价的目标，其次围绕评价目标选取和评价目标相关、能实现评价目标的评价指标，形成评价标准。在评价标准描述时，应使用具体的、可操作性的描述语言，避免使用抽象的、概念性的语言。评价标准可以是简要的评价要点，操作起来简单方便、耗时短。在评估表中，基本采用这样的评价标准。根据某个评价指标的评价标准和具体对应的分值，评价者对评价对象的某个评价指标给出得分。

评价标准也可以是详细的评价量规。一般情况下，评价量规的设计步骤如下：围绕评价目标选取和评价目标相关、能实现评价目标的评价指标，确定从哪些维度进行评价；对每个评价指标设定评价等级，并且用清晰的语言描述每个指标每个等级的评价标准。若有必要，还可为每个指标设计不同的权重。使用评价量规，评价更加具体、有针对性，相对阅读量增大，占用的时间更长一些。

在翻转学习的设计中，教师可以根据评价目标、应用场景、翻转学习的整体安排等方面，设计一种或多种适当的评价工具和评价标准；也可以和学生一起制定评价标准。

四、评价过程

评价实施过程需要明确评价步骤、注意事项。在进行评价内容相关的教学过程之前，应该提前告知学生具体的评价标准，甚至提前和学生一起制定评价标准。学生在明确评价标准的前提下进入学习过程，对自己应该达到的学习结果更加清晰，便于随时提示、修正自己学习的过程，提高学习的主动性，增强自我管理的意识和能力，增加对自己行为负责的责任感。

评价形式、评价工具不同，评价过程也不相同。在有些评价过程中，可以让学生充分表达自己的观点，以加深学生的自我认知和对同伴学习过程的认知，发展学生的批判性思维。在评价结束时，可以组织学生一起回顾与总结，不只从评价过程中强化学习内容，还要反思评价过程本身带给大家的启示和经验。

五、测验

前面在评价工具中提到了测验，没有详细展开，在这里将继续探讨测验的意义及测验类型。

（一）测验的意义

2008年，美国普杜大学认知与学习实验室的青年学者杰弗里·卡皮克博士，在《科学》杂志上发表论文《提取在学习中的关键作用》。文中通过实验证明，重复学习对延迟的回忆（一周后）没有效果，但重复测验则能在很大程度上促进回忆。提取是测验中的最为关键的环节，因此提取对巩固学习具有非常重要的促进作用。在卡皮克看来，当人在进行测验或从事类似的活动时，人的思维就将尝试提取问题的答案或可以被用来生成答案的相关信息。卡皮克等人发现，在学习过程中加入测验能改进学习。

测验不只增加了学生"提取"的过程，促进了学生的记忆和理解，从测验的结果也可以直观地发现问题，并且明确问题所在，对教师反思已有的教学及调整后面的教学都有着重要的意义。因此，教师们可以考虑将测验作为一种常用的评价工具，翻转学习中可以选择测验进行结果性评价。

（二）测验类型

为了更好地利用测验进行结果性评价，有必要了解测验的类型及其各自的价值。

测验是对学生的学习结果进行评价。学习结果主要包括对学习材料的记忆和迁移，测量学习结果两种经典的方法是保持测验和迁移测验。保持测验，是重现和再认呈现材料的能力，即让学习者回忆所学的知识；迁移测验，是在新的情景中运用呈现过的材料的能力，是让学习者在新的情境中运用所学的知识[1]，如表3-2所示。

表3-2 测验类型

测验类型	目的	定义
保持测验	识记	重现和再认呈现材料的能力
迁移测验	理解	在新的情景中，运用呈现过的材料的能力

保持测验注重记忆，迁移测验则注重理解。教师在设计测验内容时，根据学习目标中的具体内容，分别设计针对识记目标和理解目标的测验内容，将保持测

---

[1] 理查德·E. 梅耶. 应用学习科学[M]. 盛群力，丁旭，钟丽佳，译. 北京：中国轻工业出版社，2019：108.

验和迁移测验结合起来,既可以在一次测验中集中体现,也可以分别安排在不同的测验中进行。只有把二者结合起来,才能有效评价学生的学习结果。

重点

- 评价形式和类型
  - ➢ 教师评价、学生自评、生生互评
  - ➢ 过程性评价和结果性评价
- 评价工具和评价标准
  - ➢ 观察记录表、评估表、量规、测验等
  - ➢ 评价标准和评价的目标密切相关,评价标准描述时,应使用具体的、可操作性的描述语言。
- 测验
  - ➢ 保持测验、迁移测验

第四章
如何设计微课

微课作为翻转学习过程中的重要学习资源，需要进行精心的设计与呈现，以保证满足学生的需求和喜好，对学生学习提供真正的帮助。要创作出高质量的微课，首先从微课的选题和设计开始。

第一节　微课的选题

> **问题**　选题的步骤和原则是什么？

微课的选题是微课设计的第一步，即选取哪一章节的哪些内容作为微课的内容。这既决定了学生在翻转学习自主学习阶段的学习内容，又和面对面课堂学习阶段的学习活动安排相关。

一、选题步骤

微课的选题实际上在翻转学习整体教学设计时已经完成了。当然，在真正微课设计时，微课的选题还可以做适当调整。在做翻转学习整体设计时，已经确立了学习内容、学习目标，也包括微课的学习目标。这些内容的确定意味着微课选题的基本确定。

翻转学习的设计与实现

在中小学翻转学习的实践中，微课的选题分两步进行：先选大题，再选小题。"大题"和"小题"，这四个字抓好了，就能做好微课的选题。

（一）大题

"大题"指的是选取教材上哪一章哪一节或者是教师整合教材后的哪些内容作为一次翻转学习的内容，使用翻转学习的教学模式来完成。大题是教材章节内容的选取，实际上也是明确哪些章节的内容适合选翻转学习的教学模式。教师每学期基本上都会完成一本教材的教学任务甚至更多，所教内容有很多章节，不是每一节课都需要采用课前微课学习和课堂学习相结合的翻转学习的教学模式。如果某节内容本来一节课完成就很轻松，知识点不太繁杂，没有太多个高阶认知目标，难点的突破不是太难，课堂时间充足、不需要课后补习或者做大量强化练习，一节课学生全能掌握，目标达成度高，这样的内容就没有必要作为翻转学习材料以免发挥不出翻转学习的价值。如果针对这样的学习内容还是选择翻转学习的教学模式，教师一般会重新整合教材，会将教材中的一些相关内容放在本课中学习，适当整合内容。相反，每次一节课总是时间很紧，即使拖堂仍感觉还没有讲完、讲透，学生对一些内容还是不够理解，目标达成度不尽人意。这样的章节内容一般具有知识点多、高阶认知目标多、难点不易突破等一个或多个特点。这样的章节内容选择翻转学习的教学模式就会发挥出翻转学习的优势，避免常规教学中的不尽人意。

（二）小题

微课选题中选大题，实际是确定微课是和教材的哪一章哪一节的内容相关。微课大题的选定，也是翻转学习课题的确定，是整体学习内容、学习目标的确定。微课的选题第一步选大题确定好了，就开始选小题了。把选定的大题中整个学习内容的哪些作为微课的内容，就是微课选题中的第二步选小题，即选取哪些知识点和学习环节作为微课的学习内容。

前面在翻转学习整体教学设计中讲到过整体学习目标、微课学习目标、课堂学习目标。我们了解到，一般选择初级认知目标的部分或全部作为课前微课自主学习的学习目标；也可以将高阶认知目标进行分解，分解出的简单部分也可以作为微课的学习目标。微课学习目标的确定就是微课选题中选小题的过程。微课的内容和微课的学习目标一致，一般围绕初级认知内容或者围绕为了突破重难点、习得高级认知内容的多个环节中的前一个或几个基本环节。

二、选题原则

（一）选题要小

微课的开发要遵循脑科学。研究表明，人类大脑的注意力持续时间一般只有 10 分钟，10 分钟后注意力就会降低很多（图 4-1），这个规律被称为"注意力 10 分钟法则"。根据"注意力 10 分钟法则"，微课的选题要小，知识点不宜多，最好 10 分钟以内能够讲解透彻，小学低年级最好 5 分钟左右能完成。

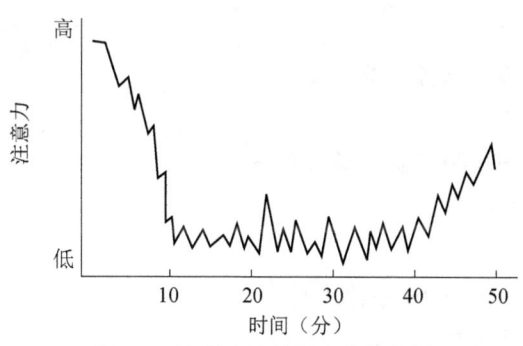

图 4-1 注意力随时间变化趋势图

选题太大，内容太多，会造成学生课前学习的负担太重，容易让学生产生厌烦感，还可能影响面对面的课堂学习过程，造成课堂学习的低效。这样反而违背了实践翻转学习的目的和初衷。

（二）难易适度

选题要适合学生进行自主学习，既不能太简单也不能太难。否则，虽然花费了时间，但是达不到预期的目标。

选题偏难，会造成学生课前学习的负担太重，容易让学生产生畏难情绪，降低对本课学习的兴趣，使其自我效能感降低，自信心不足。这样不仅对课前的自主学习过程，而且对面对面的课堂学习过程都有着负面的影响。

选题过于简单、内容偏少，微课存在的必要性就会大打折扣，甚至毫无价值。这种情况首先要反思"大题"是否选的合适，也就是该课课题内容是否适合采用翻转学习的教学模式。如果该课课题内容确实适合采用翻转学习，然后反思"小题"是否选的合适。如果该课课题内容确实适合应用翻转学习，而微课内容过于简单、偏少，课堂学习的压力就会偏大，不利于学习目标的落实，这同样违背了实践翻转学习的目的和初衷。

（三）适合使用多媒体表达

选题要适合使用多媒体表达，除文字外，还需加入丰富的图形、图像、动画、音视频。如果不适合使用多媒体表达的内容居多，制作出的微课可能会比较单调，不容易吸引学生，学生学习过程中容易走神。

重点

- 选题步骤
  - 大题
    - 哪一章哪一节
  - 小题
    - 哪些知识点和学习环节
- 选题原则
  - 小
    - 注意力 10 分钟法则
  - 难易适度
  - 适合使用多媒体表达

第二节 微课的设计

问题 微课的设计原则和要素是什么？

微课选题确定后，微课的学习目标、学习内容就确定了。如何将这些内容用学生喜欢、易于接受的形式呈现？如何应用合理的教学策略促进学生的主动学习、主动思考，使学习目标顺利达成？这就需要在微课的设计环节来落实。

一、人类学习模式图对微课设计的启示

马扎诺 2007 年提出了人类学习模式图，如图 4-2 所示。在人类学习行为模式

中，马扎诺将人的行为过程分为自我系统、元认知系统、认知系统三大系统和知识领域，将学习描述成思维系统作用于知识系统的过程。而思维系统由认知系统、元认知系统和自我系统组成。"自我系统"是人类学习的总开关，如果开关没有打开，教师再怎么教，学生再聪明，都没有用。当一个新的学习任务到来时，先调用"自我系统"决定学还是不学；决定要学才调用"元认知系统"建立学习目标和学习策略，要学成什么样、用什么方法学；然后，再用元认知系统监控认知系统来处理知识。马扎诺通过大量研究发现在"自我系统"做干预要比在知识系统和元认知系统上做干预效果好。

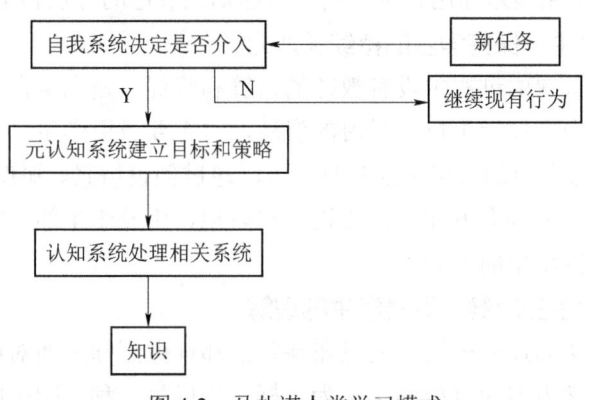

图 4-2　马扎诺人类学习模式

马扎诺的学习模式图告诉我们，如果自我系统关闭，再好的元认知能力和认知能力都只能闲置，因此"自我系统"的调用和激发非常重要。调用和激发"自我系统"需要艺术，需要真挚的情感、融洽的关系、尊重与信任、扎实的专业水平等。

在翻转学习第一阶段学生自主学习微课的过程中，学生处于自我管理、独立学习的环境中，"自我系统"的调用和激发更显得尤为重要。学生"自我系统"的调用和激发，既与平时对教师的信任、认可和喜欢程度有关，也与对教师关于自主学习的沟通与组织的满意度有关，更与对微课内容及语言和画面的喜欢程度有关。教师制作的微课能让学生喜欢非常重要，是能够发挥微课作用的必要前提。微课的内容及其呈现对于学生的学习结果和学习过程体验是至关重要的。因此，微课既要保证能打开学生的"自我系统"，又要保持学生的持续注意和良好的学习过程体验。而抓好微课的设计是保证微课达到上述水平的重要前提，因此设计好微课具有重要的意义。

二、设计原则

（一）结构完整、画面美观、语言规范

微课的结构要具有一定的独立性和完整性，整个画面设计清晰美观，语言规范、生动，语言和画面要有一致性。

（二）以学生的学习需求为导向

微课的应用对象是学生，一定要以学生的学习需求为导向。技术应用为学习需求服务，为学生的学而设计。既不要全从教师的角度出发，不进行换位思考；也不可唯技术论，为了用技术而用技术，而不考虑知识表达的特点和学生的学习需求。

（三）吸引学生，保持学生的持续关注力

学生在学习微课的过程中没有教师的监管和督促，是完全自主的一种个体化的学习。微课作为支撑学生自主学习的资源，一定要吸引学生，保持学生的持续关注力，否则微课学习的效果无法保证。可以通过创设情景、知识的视觉化表达、幽默且启发性的语言等多方面的精心设计与表现，引发学生的共鸣，激发学生的兴趣，吸引和保持学生的注意力。

（四）激发学生的思维，促进学生的理解

自主学习微课的过程虽然不能像在课堂上那样做到师生面对面的交流，但是也不能只是以教学内容的讲授和传递为目标，变成另一种填鸭式的满堂灌。这样的微课学习过程中，学生是被动接收的角色，缺少必要的思维过程，学生的学习收获会大打折扣。微课设计时，要注意适当提问，启发、促进学生的思考，激发学生的思维，进而促进学生的理解。

三、设计要素

在微课制作之前，需要遵照以上基本原则进行微课的设计，做出微课的整体构思和细节描述。微课设计包括微课学习目标、知识点描述、问题设计、场景设计、画面内容、教师语言、背景音乐七个要素。除了这七大要素之外，一般设计时，还要给出微课的名称和所在教材及其章节的名称。其中，微课学习目标和知识点描述确定了微课的基本内容及基本要求；问题设计、场景设计这两个要素给出了微课的基本框架；画面内容和教师语言设计则决定了微课的具体呈现细节，描述出了微课的具体模样。

首先，对于整体教学设计中确定的微课学习目标再次分析，思考是否需要修改和完善，尤其要提取翻转学习整体教学设计中"学习内容分析"和"学习者特征分析"与微课内容及自主学习相关性大的内容，再次深入分析。其次，根据微

课学习目标及教材内容，确定微课的学习内容，选取并描述具体的知识点，同时将微课名称、所在教材及其章节名称这些基本信息也填写完整。在所在教材及其章节名称中，说清是哪个版本、第几册、第几章、第几节的内容。

问题设计指微课中要设计哪些提问、如何提问及反馈，以激发学习者的思维，促进学习者的思考。

场景设计包括微课一共分为几个关键场景、每个场景的名称、每个场景的作用、每个场景的时间长度，以及每个场景中的画面内容和教师语言是怎样的。场景设计实际也是整体设计，要有清晰的思路和合理的结构。场景设计是对学习内容的合理分解、恰当表达，要符合学习内容的特点和学生的认知规律。教师必须十分熟悉微课中的学习内容，深入分析学生特点及已有的相关知识技能，了解微课中知识呈现及语言表达的特点及学生学习微课的一般规律。在这基础之上，才能给出合适的场景整体规划。

场景设计的具体描述离不开画面和语言。画面内容和教师语言非常重要，所以也作为两个独立的要素提出。画面内容的设计要描述出画面所包含的内容和特点，教师语言的设计要给出主要的语言内容及其风格特色。除了有关知识和技能学习的讲解和演示，教师在微课中还应该有学生学习方法及注意事项的引导和提示。因此，画面内容和教师语言的设计，除了分别包括知识的可视化表达和讲解内容外，还应该包括学生学习方法及注意事项这部分内容在视觉和语言上的具体表达。

背景音乐有利于营造轻松和谐的学习环境，丰富学习者的学习体验。背景音乐的选择要符合教学需要和学生的情感爱好，最好使用轻音乐，注意音量。解说与音乐最好不要叠加，否则，容易给学生造成干扰，分散学生的注意力。一段优美的背景音乐，可以潜移默化地培养学生欣赏美、感受美的能力，让学生感到轻松愉悦，提高学习兴趣。背景音乐在设计时主要说明：背景音乐的名称、音乐出现的位置、出现的时长、是一首完整的音乐，还是具体哪一部分等信息。

在翻转学习实践中，为了便于进行微课的设计，我们根据以上要素设计了微课设计的模板，这样填写起来更为方便。当然，也可以设计成不同的模板，关键要包括以上要素。

重点

- 设计原则
  - 结构完整、画面美观、语言规范

> 以学生的学习需求为导向
> 吸引学生,保持学生的持续关注力
> 激发学生的思维,促进学生的理解
- 设计要素
  > 学习目标、知识点描述、问题设计、场景设计、画面内容、教师语言、背景音乐七个要素

第三节 微课中的语言设计

问题 微课的语言有哪些特点?设计的关键点有哪些?

教学语言是为实现教学目的服务的,既要传递学科知识,也要启发学生思维,培养学生能力,发展学生智力,并且利用教学语言充分调动学生的学习兴趣,加强学生的自信心和进取心,激发学生的学习动机。微课中的教师语言和课堂中的教师语言,在作用上是一样的。

可是,微课学习和课堂学习情境不同。微课中,教师的语言和面对面课堂中的语言也有很大不同。微课中的语言是教师"独白",没有学生的回应与交流。而且在大部分微课中,没有出现教师的视频形象,所以是只闻其声、不见其人。在这样特殊的情境下,如何做到让学习者爱听并且还能有效促进学习者的学习,这对教师语言提出了更高的要求。

一、微课中教师语言的特点

(一)平等亲切

学生学习微课的过程,是个体自主学习的过程,学习者独自听教师讲解。这种情形下,具备两个人聊天式的交流情境和特点,好像在做一对一的交流。这需要教师从一开始对平等的话语情境有正确的认识,表达上注意亲切、自然,感觉上是和某一位学生对话,而不是面向整个班的学生在讲解。在讲解时,不要出现

"你们""大家"等词语,而是要使用"我们""你""我和你"等。

从心理学观点看,亲切自然的语调,能给人一种悦耳、轻松的愉悦感,能唤起学生积极的情绪,激发学生浓厚的兴趣,促使学生精神振作,注意力集中,产生强烈的求知欲望,并积极有效地进行思考。面向学生个体的语言交流,会使学生的被重视感、被关注感增强,学生更容易感受到教师的亲切,更容易关注学习内容,激发学习的主动性。

(二)生动形象

能用生动形象的语言拟情状物,使学生能具象地理解事物,抓住事物的本质特征,既易于学生理解和记忆所学内容,也能防止学生在学习微课的过程中走神,利于学生持续保持注意力。

心理学研究表明,对感官富于刺激性的语言,最能引起学生的兴趣。苏联生物学家巴甫洛夫创造了两种信号系统学说:第一信号系统以直接作用于感官的具体刺激(如声、色、味的刺激),作为信号刺激,这是人和动物所共有的;第二信号系统以语言作为信号刺激,这是人类所特有的。如果在教学语言的应用上能掌握第二信号系统的规律,注意使用那些对感官富有刺激性的语言,那么在讲解时就能紧紧地吸引学生。要达到这一效果,在于用生动的语言,将抽象的内容具体化,善于将事物的形态、特征具体而形象地描述出来。这样可以增强学生的学习兴趣,激发他们的想象力,进而使学生牢固地掌握知识并培养起形象思维的能力。

当然,微课在语言生动形象的同时,一般还配合视觉系统的直接刺激,呈现出相关的画面信息。

(三)科学规范

教师的语言最基本的作用是要清楚地、准确地传递学科教学信息,以保证完成基本学习任务。教学语言的科学性包括两方面:一是用词必须准确。教学语言所传递的是某个学科的教学信息,一定要严谨,不能出现任何错误。二是必须合乎逻辑,合乎事物自身发展变化的规律。教学语言的科学性是教学内容科学性的重要保证,而教学内容的科学性是教学中的首要要求。

语言规范主要包括使用普通话;吐字发音正确、清晰;词句合乎语法,合乎逻辑;避免出现口头禅。

(四)符合习惯

特别要注意的是,人们的听觉习惯显示:微课中的语速相对课堂中较快,更容易被学习者接受。同时,针对一些术语讲解时,术语及相关的关键词最好同时能够显示在画面中,增强对学习者的刺激,这样更易于学生的理解和记忆。

（五）富有情感

教师的情感对学生有着直接的感染作用，语言不是无情物，情是教育的根。教师的语言富有情感，所讲解的内容、所说的道理就容易引起学生的共鸣，易于被学生接受。教师的语言感情充沛、真挚，更易激发并保持学生的兴趣、唤起学生的注意力。

微课学习过程中没有与教师的眼神交流、语言交流，甚至看不到教师的影像，也没有教师的提醒与督促。微课中，教师语言富有情感更容易将学习者带入微课的学习情境、更容易吸引住学习者。教师语言中的情感表达：音量语速的变化；运用不同的声调表达疑问、感叹、惊喜等，与内容情境相适应；使用鼓励的、信任的、尊重的、商量的、赞许的语气进行表达；节奏和谐，张、驰、疾、缓、停顿合理；语调抑扬顿挫。

（六）易于理解

教学语言是传递教学信息的工具，要使之能达到预期的效果，所用的语言必须易于学生理解、能为学生所接受。教学语言不能超越学生的认知能力，尽量做到深入浅出。教学中使用的语言必须是教师和学习者的共同语言。❶教师要有意识地将教材文字转化成教学语言，意义明晰且容易理解。微课中的教师语言是单向输出，学习现场不能及时准确地收到学生的反馈，没有补充、重说和再调整的机会，因此更需要具有易于理解的特点。

微课时间有限，微课中的教师语言需要简洁明快，力求用最精练的语言来表达内容，但是同时也要确保能准确表达、通俗易懂，所以需要权衡简洁和易懂的双重要求，找到平衡点。

（七）有启发性

微课中的教师语言要有启发性，否则容易把自主学习的过程变成"填鸭式"的灌输过程。教师启发性的语言能够激发学生的思维活动，发展学生的思维能力。教师可以通过提出一个或者一串问题，引导学生的思维一步步向前迈进。教师通过具有启发性的语言，引导学生对已有知识、生活经验或直观现象进行回忆，同时提供启发性的材料帮助学生理解各种事实和现象，启发学生联想、想象、分析、对比、归纳、演绎，在现象和本质之间建立起联系，逐步认识事物的本质。要多使用"你知道……""你能……""你会……"等语句，启发学习者思考。

教师语言的启发性有三重意义：一是激发学生的学习兴趣和求知欲，如启发学生对学习目的的认识；二是促进学生思考，如启发学生联想、想象、分析、对

---

❶ 约翰·格里高利. 教学七律[M]. 陶秋月，译. 北京：团结出版社，2018：38.

比、归纳、演绎；三是增强学生的自我效能感，启发性的语言提供给学生更多思考的机会，对学生找寻答案的过程给予了更多指引，一步步的启发过程也增加了学生学习过程的体验，降低了找到问题答案的难度，提高了成功率，这种学习过程的体验可以增强学生的自我效能感。

（八）有幽默感

苏联著名教育家斯维洛夫曾说过："教育家最主要也是第一位的助手是幽默。"幽默的语言有利于保持大脑兴奋。富于幽默感的语言，生动形象、鲜明深刻，令人发笑又促人深思，从而能保持人的大脑高级神经活动的兴奋性，减少疲劳。幽默的语言可以调节气氛，缩短师生之间的距离，提高学习效果。在恰当的时机使用幽默的语言，可以让学习者感到轻松、有趣，缩短和教师间的心理距离。在轻松愉快的气氛中去理解、接受和记忆新知识，可以使学习达到事半功倍的效果。幽默的语言可以引导思维，启迪智慧。教师的幽默语言，可以含而不露地启发学生的联想，出神入化地推动他们的领悟。幽默的语言可以培养学习者的幽默意识。幽默的语言能潜移默化地对学习者产生积极的影响，对于学习者形成心胸开阔、思维活跃、思路敏捷、富有摆脱窘境、克服困难的勇气和信心等特质有积极作用。

（九）有现场感

微课中的教师语言不同于传统课堂中的教师语言，微课中教师的语言占比高，语速也略高于常规课堂，制作时一般没有学生参与，是教师在自说自话。在这种情况下，教师要有"对象意识"，要尽可能做到"目中有人"，想象学生就坐在你的对面，正在积极参与互动。不要照着事先准备好的讲稿照本宣科，也要避免个人独白式的机械背诵，而应通过适当停顿或语调变换来增添话语的互动感，通过考虑到学生对讲解语句的反应和对教学内容的接受理解，增强语言的现场感。适当的提问、暂停和与镜头外学生的呼应，都可以有效地增加现场感。

同时，避免使用向大众宣讲式的正式风格，而是要采用对话风格。尽量使用第一人称和第二人称，不要使用第三人称。这也正是理查德·E. 梅耶在《应用学习科学》一书中所说的人性化原则，人性化原则是经过实践验证的能促进生成认知加工的教学原则。

二、微课中教师语言设计的关键点

微课中教师语言的设计是为了有效地表达内容、情感，引起学生注意，帮助学生理解、思考和记忆。语言设计重点从以下几个方面着手。

（一）语言的结构化和条理性

微课中教师的语言有结构性和条理性，能够帮助学生对教学内容建立起整体印象，建立知识间的联系，形成完善的知识结构，使知识趋于系统化、条理化，而不是杂乱无章的堆积。

从整个微课看，教师的语言需要有导入、讲解和结束三个部分。在进行某一个相对完整的学习过程时，教师的语言也要有明显的学习过程导入、讲解与引导、结论与小结三个部分。一个概念的讲解与建构、一个问题的解决，都是一个相对独立的学习过程。教师语言的设计可以包括这三个部分。

导入性的语言能够提醒学生进入学习状态，集中精力开始学习。问题的抛出就是一种直接的导入形式。讲解与启发性的语言相对较多，主要是引领学生一步步形成概念，认识事物的本质，得出规律，解决问题。结束部分一定注意进行小结，强化结论。这部分一般简明扼要，但是作用重大，必不可少。教师可以直接做小结或者通过启发性语言总结出要点，同时画面上也要出现相关要点的文字内容或结构图。通过总结与强化，使学生掌握问题和概念的实质。不仅要使已被感知的科学事实和所形成的概念在记忆中巩固下来，而且要能通过对知识的整理，使学生对知识的理解更加深刻。

（二）口语、文字两种语言的结合

微课中教师语言表达的同时，在屏幕画面中配合呈现关键语言信息对应的文字内容。言语形式和非言语形式呈现信息，是加强记忆力和识别力的有效方式。这些关键文字在画面中的呈现，会使学生在听觉通道获得信息的同时，视觉通道也有相关的刺激产生，有利于对信息的强化，增加对信息的记忆。

微课中的教师语言非常重要，设计前需要潜心研读教材，充分了解学生的认知特点、心理需要及已有的和微课学习内容相关的知识、技能和生活经验等。口语讲解详尽、易懂，屏幕上不应呈现所有的口语内容。多媒体学习认知理论中的冗余原则，也告诉我们这样做会造成信息冗余，增加学生的认知负荷，不仅毫无价值，反而会造成混乱，结果适得其反；只需要将口语内容浓缩、精炼、概括，提取出关键信息，在画面中以关键字、关键词或者关键短句的形式呈现。简洁明了的文字提示和通俗易懂的口语讲解，合力指向知识点的解析，以强化学生对学习内容的认知、感悟，加深学习记忆。文字的适时出现能起到提醒注意、防止走神、强化认知、增强记忆的作用。这样，语言的设计自然和画面的设计结合起来了。

（三）联系学生已知

脑科学的知识告诉我们，对输入刺激的意义的解释，取决于先前知识和我们的期望。❶如果进入的刺激不能产生意义，脑不可能对它们进行深度加工。❷让信息有意义的最有效的途径之一是将新概念与已知概念进行联系和比较，将不熟悉的信息与熟悉的信息挂靠起来。❸图式理论认为，在学习认知的过程中，图式单元的内在关联越多，触发的图式单元越多，那么对于学习认知的效率越高，更容易把短时记忆转化为长时记忆，从而形成更加完整的图式单元。

这些理论都告诉我们，在语言设计时，一定要注意联系学生已知，多用启发性语言引导学生回忆已有知识和经验，启发学生联想，建立起新旧知识间的联系。千万不要因为微课的时间短，而忽略了这些语言的设计与运用。

（四）激发学生思维

微课中有很多只是进行单纯性灌输，把传统的"填鸭式"的课堂从教室搬到了电脑、手机上。这种微课比传统的满堂灌的课堂更可怕。在传统课堂上，有教师的监督和管理，学生走神了教师还能提醒、硬拽回来，学生也有可能提问、打断教师。微课如果是单纯性灌输，不能激发学生的思维。首先，从学习目标的设定上就存在问题，没有把学生思维的发展作为学习目标之一，本身就违背了新课程的理念；其次，这样的微课学生不感兴趣，很容易就走神了，或者压根儿不想再继续学习了，学习体验和学习效果会很差，失去了微课本身的意义。微课的学习是学生个体自主进行的，所以更要注重过程中对学生思维的激发。一方面能发展学生思维；另一方面，也能不断地引起学生注意、吸引学生参与，增强学生的现场感、参与感，增加师生互动，使学生能更加专注于微课的学习。

在设计微课的语言时，教师应有提问学生的语句，增强与学生的交互性，而不是教师唱独角戏。可以通过提问这种启发性语言的设计与运用，结合视觉通道的多媒体演示等，引导学生的思维活动，激发学生的思维，启发学生联想、想象、分析、对比、归纳、演绎，形成概念、规律，认识事物。而且要注意，尽量让学生运用自我解释的方式"说"，要求学生回答"为什么这样'说'？""能否换个角度'说'？""能否用自己的话'说'？""能否用数学（化学等）语言'说'？"，等等。通过自我解释，学生可以修补或矫正已经建构的编码。问题提出后要有适当的停顿，必要时甚至提醒学生暂停下来自己想一想、说一说；还可以设置虚拟的卡通人物作为一起学习的学生，将比较典型的学生想法或易错点经卡通形象之

---

❶ 帕特里夏·沃尔夫. 脑的功能[M]. 北京师范大学"认知神经科学与学习"国家重点实验室脑科学与教育应用研究中心，译. 北京：中国轻工业出版社，2005：64.

❷ 同❶：67.

❸ 同❶：85.

口"说"出来。这样不仅让学习者感受到课堂的真实感、参与感和交流感，更能通过分析他人"说"的内容，重新组织已有的编码，取长补短。

（五）学习方法提示

微课中，教师的语言除了表达学习内容，必要时还要有学习方法及注意事项的提示内容。学生学习微课的不同部分时，分别需要注意什么，使用什么方法，比如如何进行观察，暂停的提醒等。这些内容也需要教师考虑在内，在合适的位置用语言或者语言和画面相结合的方式表达出来。为了在微课中促进学生积极主动地进行思考，教师应在重难点、关键点、易错点处留给学生思考时间，要有类似"请你按下暂停键，认真思考一下"等引导语，提示学生思考。教师提出启发式问题后，也应留出思考时间供学生作答，以保证提问的有效性。

这部分内容教师一定提前仔细思考、设计在先，在传统课堂中教师还可以随时进行补充，可是在微课中只能一次设计到位、表达到位，学习过程中即使借助网络交流平台，也很难做到及时、面向所有学生进行补充。

（六）语言的变化性

微课中教师语言的变化很重要，否则容易让学生产生疲惫感，提不起精神，搞不清重点，很难再听下去。所以，要求整个过程语速要有变化，学生较容易理解的部分，语速可以快点。在生疏、抽象、难懂、重要、需要强调的地方，语速可以慢一点。语音语调甚至音量，也要根据要表达的情感需要等进行适度变化，语调抑扬顿挫，能与内容情境相适应。节奏和谐，张、弛、疾、缓合理变化，适当停顿。

教师语言在语速、语音语调、音量、节奏等方面有变化，可以使语言更具有美感，充分显示出语言的魅力，也使要表达的内容、情感更能表达到位。语言的生动性增强，更加动听，更能吸引学生，更易激起学生对教师语言内容的关注。

语言的变化可以从它的作用上来分析，主要考虑何时需要强调、如何强调，何时需要沉默，何时需要转变语言的形式。

何时强调，如何强调。一般在学习内容的重点、易错点、难点、学生理解的关键点时，需要使用强调。强调可以通过音量变化、语调变化、语速的变化或者语言的重复，同时也可以从视觉上进行同步强调。

何时使用沉默。需要特别引起学生关注的时候可以短暂沉默，停顿下来，以静吸引学生。当提出问题之后，也需要适当停顿，保持沉默，给学生以思考的时间。

语言形式的变化。教师的口语表达主要有人际方面和教学方面，人际方面指有关管理、组织、引起动机的口语内容，教学方面主要有提问、讲解和指示，教学方面的口语表达是主要的口语内容。微课中教学语言形式的变化，主要指提问、讲解、指示三种形式的变化。提问方式的主要功能就是"诱发"，即教师尝试启发学生作答；指示方式的主要功能是"指示"，即在学生不同的学习过程中教师给予适当的指示；讲解方式主要是利用口头语言并配合其他媒体，阐释事实、揭示事物本质，引导学生思维发展，指导学生学习。

微课的教师语言不能一讲到底，一定要有形式的变化，综合使用提问、讲解、指示三种形式，尤其是讲解和提问的有机结合。形式的变化可以引起学生注意，激发学生兴趣，提高学生的参与感。在学生思维的关键点、认识的模糊点、跳一跳就能够得着的最近发展区，适合采用提问的方式，通过问题启发学生思考，通过引导让学生一步步完成认知过程。

（七）语言和画面的结合

双重编码理论强调，同时以言语形式和非言语形式呈现信息是加强记忆力和识别力的有效方式，能减少外在负荷。多媒体学习认知理论的双通道假设指出，人们拥有单独加工视觉和听觉信息的通道。多媒体学习认知理论中的多媒体认知原则认为，学生学习语词和画面组成的信息呈现比学习只有语词的呈现效果更好。因此，要考虑语言和画面中多种媒体呈现的结合，充分发挥视听双通道的综合效应。

（八）语言设计的呈现

如果是新教师，并且初次设计微课，可以考虑把想说的语言对应于不同场景并以文字的形式写在设计中。但是这样会花费较多的时间，而且把所有语言都变成文字摆放出来，不利于在制作过程中快速提示教师。再者，虽然教师设计制作微课的经验不一定多，但是一般都在课堂上身经百战，有一定的驾驭语言的经验。此外，教师既是微课的设计者也是制作者，不存在和其他人的沟通需要，设计中的信息自己能明白就行。

所以，微课设计时，语言设计的呈现可以考虑只把不同场景中几个关键点的关键词、关键句及关键的语言变化使用文字描述出来，但是要增加试说的练习。在试说中检验写出的文字，能否提醒自己完美地将微课中的教师语言表达出来。如果不能，继续增加或者修改文字描述，直到能准确表达、完全提醒自己，能够将内容、情感表达到位为止。在教师自己设计、制作微课的过程中，语言设计呈现的简单化和试说练习的强化二者相结合，是一种有效解决问题的方式，这样更有利于后面微课制作的顺利进行。

语言设计中关于提取哪些核心内容，以文字的形式显示在画面中，以及如何显示可以表述在对应的画面的设计中，同样也不一定完整表述，只表述关键信息，教师自己能看明白、能领悟正确即可。在后面的制作过程中，该部分设计的实现主要通过课件的制作和微课的后期编辑来完成。

重点

- 微课语言的特点
  > 平等亲切、生动形象、科学规范、符合习惯、富有情感、易于理解、有启发性、有幽默感、有现场感
- 微课语言设计的关键点
  > 语言的结构化和条理性；口语、文字两种语言的结合；联系学生已知；激发学生思维；学习方法提示；语言的变化性；语言和画面的结合；语言设计的呈现

第四节　微课中的问题设计

问题 微课中提问的作用是什么？如何设计提问？如何进行问题的表达和反馈？

提问是促进学生认知能力发展的有效形式，尤其是能够引起学生认知结构不平衡的提问，在符合学生发展阶段的条件下更有利于学生认知能力的发展。提问既可以适用归纳概括的认识过程，也适用演绎推理的认识过程。

一、提问的作用

微课的学习是一个相对完整的学习过程，教师可以提出一系列的问题引导学生积极思考、明确认识，发展学生的思维，从而实现微课学习目标的达成。

微课中的提问还有一个重要作用,即增加现场感。教师利用提问,巧妙地让学生参与了进来。这样不仅让学生听到提问时,积极开动大脑思考,而且增强了现场感,让学生有身临其境的感觉。

二、问题的设计

(一)问题的层级化

微课中的问题可以设计成多个问题组成的问题链,多个问题从不同的认知层次引导学生进行思考,以逐步达成对微课中核心问题和关键内容的理解与共识。也就是说,问题设计时要注意问题的层级化。

1. 初级和高级认知层次问题

对应于布卢姆的认知目标分类,可以把问题划分为记忆性问题、理解性问题、应用性问题、分析性问题、评价性问题、创造性问题六个层次。问题链中的问题不能只指向同一个层次。记忆性问题、理解性问题、应用性问题属于初级认知层次问题,一般只有一个正确答案,学生利用记忆和对知识的理解回答即可,不需要更深入的思考;对学生回答的判断也较容易,只简单地分为正确或错误。分析性问题、评价性问题、创造性问题属于高级认知层次问题,能够在学习者的内心引起认知上矛盾冲突的问题,答案不是简单的对与错,而是是否合理;判断时根据具体情境判断答案是否有道理,有无独创性,或者在几个答案中比较哪一个更好些。下面以具体实例来说明各种问题类型。

一则报道的内容如下:1月24日13时左右,解放路大岗头村附近发生一起交通事故。当地居民卡某(40岁左右)和他的女儿(6岁左右)被自南向北行驶的一辆三菱警用车撞上,二人送医院后均因抢救无效死亡。有关该报道的问题所属类型的分析如表4-1所示。这些实例的分析可以帮助我们掌握如何设计不同层次的问题。

表 4-1 不同层次的问题举例

层次	不同层次的问题	回答
记忆	发生了什么样的交通事故?	能叙述发生交通事故的时间、地点、人员、经过
理解	交通事故是怎么发生的?	能解释发生交通事故的原因
应用	根据交通规则如何判定事故的责任?	能根据交通规则处理交通事故
分析	为什么在此次交通事故中,相关人员的责任各不相同?	能分析事故发生过程中,行人、驾驶员在事故中应负的责任及相互关系

续表

层次	不同层次的问题	回答
评价	现场还有哪些安全隐患？	评估现场的其他安全隐患
创造	怎样才能避免类似的交通事故再次发生？	能根据事故发生地的情况，设计或建立一个包括行人、非机动车、机动车、交通警察、交通协管员等在内的交通安全保障体系

不同层次的问题对应各自相关的动词和行为，有时体现在提问表述中，有时在提问表述时没有体现。无论怎样，这些动词和行为都体现在学生回答不同问题的过程之中，反映了学生在解决和回答不同层次的问题时具体行为的不同。不同层次的问题与相关动词和行为的对应关系，可以参考表4-2。❶

表4-2 不同层次的问题与相关动词和行为的对应关系

问题的层次	相关动词（行为）
记忆	说出、写出、辨认、选择、识别、匹配、分辨
理解	举出、得出、叙述、阐述、比较、解释、转换
应用	应用、运用、解决、执行、实行、施行、利用
分析	对比与比较、分析、找出、得出、论证、证明
评价	批判、判断、评价、分级、评估、辩护、认为
创造	预见、创作、总结、产生、计划、设计、构建

2. "五何"问题

我们在具体的问题链设计时也可以借助"五何"问题的分类模式进行设计。祝智庭教授提出的"五何"，即是何、为何、如何、若何、由何。

"是何"问题指一些表示事实内容的问题，在答案中含有事实性要素。学习的基本方式是信息搜索、记忆、理解。

"为何"问题指一些表示目的和理由的问题。学习的基本方式是反思、信息搜索，也可以通过探究获得。

"如何"问题指一些表示方法、途径与状态的问题，说明怎么样，用什么方法、手段、途径，处于怎样的状态或情况等问题。如果表示一种方式，通常需要了解其过程；如果表示一种状态，通常需要了解其具体的程度。学习的基本方式是做中学，在体验中学习。

---

❶ 李涛，杨建伟，秦昆. 教师教学技能培训系列课程·中小学信息技术[M]. 北京：中国轻工业出版社，2019：108.

"若何"问题指一些表示情境条件变化的问题,当条件发生变化时,"如果""要是""是否""即使"等情况下的问题。学习的基本方式是猜想、情境中学习、发散与创造性地学习。

"由何"问题表示问题发生的条件、来历、起因,通常可以通过分析问题产生的情境,并由此进一步确定问题的性质以及问题解决的方式。

可以选择按照初级和高级认知层次问题或"五何"问题的模式,设计不同层次的问题,组成多层次的指向微课核心问题和关键内容的问题链。

(二)创设问题情境

问题最好的载体是情境,新课程大力提倡通过创设问题情境来展开教学。教师只有设计出活生生的现实情境并把学生引入其中,学生才会产生问题意识,才能引发他们对问题的思考。因此,问题的设计要符合学生认知发展规律,既要对学生要学的微课内容进行分析,也要对学生原有认知进行分析。在根据微课学习目标、学习内容和学生的认知水平确定好问题的基础上,把问题和学生的生活经验,以及与一些悬念、矛盾等情境结合起来,创设生动富有情趣的问题情境,能够更好地激发学生的兴趣,促进学生思维。

(三)循序渐进、难易适度

问题设计要遵循由浅入深、由易到难循序渐进的原则。问题太浅,引不起学生兴趣,学生也不思考;问题太难,高不可攀,学生也不会动脑筋。对难度较大的问题,一定要精心设计,分解成一系列由浅入深、从易到难的小问题。

教师创设的问题难度要略高于学生原有的认识水平,把问题巧设在"学生跳一跳,果子能摘到"的"最近发展区",使学生心理造成一种求知的需要,从而把学生的注意、记忆、思维活动引入最佳状态。问题必须与学生原有的知识相关联、相衔接,使"最近发展区"转化为"现实发展区",这样学生的知识和能力就都能得到发展。

三、问题的表达及反馈

(一)双通道表达

微课中的问题最好使用视觉、听觉双通道表达,尤其是较高层次的问题。教师通过语言表达问题的内容,同时问题的对应文字信息也最好呈现在画面中。当然,不一定一字不差,可以把问题的关键内容显示在画面中。这样,学习者对问题的内容有清晰的认识,可以快速进入思考。

教师在表述问题的时候,要使用简洁自然的、与学生认知水平相符合的语言,而不是日常语言,也不是太专业的学术语言。提问的语速,由提问的类型所决定,初级层次问题由于问题比较简单,可以用较快的速度叙述;而高级层次问题相对比较复杂,除应有较长时间的停顿外,还应仔细缓慢地叙述,以使学生对问题有清晰的印象。另外,还要注意学生的年龄特点,对低年级学生提出问题的时候要适当放慢速度,并要在语气方面适合孩子的特点。

同时,画面中呈现的有关问题的文字信息一定要清晰,容易引起学习者关注,必要时文字周围也可以增加一些强调及指示标志。而且,该画面要有一定的停留时间。

(二)问题的反馈

1. 要有等待时间

很多教师认为,微课的学习是学生自主进行的,可以随时停、随时看,所以提问后马上回答或者继续进行后面的内容。实际上,学习者没有思想准备,很难做到遇到提问主动暂停并进行思考,然后再继续。这种情况下,提问就失去了意义。教师提出问题后,学生需要倾听、阅读文字,并理解所提出的问题,理解问题的意义,提取有关问题答案的内容,然后组织语言进行表达(回答问题)。自主学习微课的过程中,虽然教师听不到学生对问题的回答,但是学生对问题思考理解、提取答案、组织语言表述的环节不可缺少。表达可以是在脑中默默演练,也可以是出声表达。因此,教师在提出问题之后,一定要有一个等待的时间。因为画面中有所提问题的文字显示,所以在等待时间之内,教师不需要重复该问题,要保持安静。如果有些问题有一定难度需要较长的思考,或者需要学习者在学习任务单上回答,则可以提醒学习者按暂停键,回答完毕后再继续。

2. 启发引导

用启发性的语言引导学生对已有知识、生活经验或直观现象进行回忆。通过提供感性材料,利用形象直观的语言,启发学生理解问题。通过恰当形象的比喻,启发学生联想。通过揭示事物之间的关系和联系,启发学生对事物本质的认识。学生在教师的启发下,对所研究的对象进行比较、分析、综合、概括,使问题得到解答。

对于较复杂的问题,教师可以在等待的过程中,适时给出思考方法和思考步骤的启发与引导。在语言引导的同时,可以将语言表达的关键词、关键句进行文字呈现。

3. 核对答案

微课中的不同问题处在微课学习过程的不同节点,一般上一个问题的解决与否会影响下一个环节的学习。所以,要在等待之后给出问题的正确答案,而且最好还是双通道表达。除非有个别问题和微课其他部分的学习关系不大,而是和课堂学习活动的内容关系大，只是为了让学生在微课学习中先进行思考，这样的个别问题的答案辨析可以放到课堂上进行。

重点

- 提问的设计
  - 问题的层级化
    - 初级和高级认知层次问题
    - "五何"问题
  - 创设问题情境
  - 循序渐进、难易适度
- 问题的表达及反馈
  - 双通道表达
  - 问题的反馈
    - 要有等待时间
    - 启发引导
    - 核对答案

第五节 微课中的画面设计

问题　画面的内容和作用有哪些？如何进行画面的设计？

人类是视觉主导的动物，眼睛含有近70%的身体感受器，每秒通过视觉神经向脑视觉加工中心发送数百万的信号。我们通过视觉获得的信息比其他任何感觉都要多。因此，微课的画面是十分重要的。

一、画面的内容

画面中可以考虑教师出镜,一般不会选择全程出镜,可以在开头或结尾时出镜,或者在中间某些过程中出镜,要提前设计好教师的出镜时机和出镜方式。画面中呈现的主要内容有文字、图形、图像、动画、视频、高级组织图表等,通常根据信息表达的需求,选择合适的媒体或者媒体组合进行表达。

(一) 文字

抽象思维的加工材料是符号,文字作为符号表征,提供学生加工符号的过程,促进学生抽象思维的发展。文字是传递教学信息的重要信息表征方式之一,其内容的选取、呈现方式和其他媒体的结合等,都需要精心设计。

文字的内容一般是学习内容中的重点,是微课中教师语言核心内容的浓缩,常以关键字、关键词、关键句的形式表达,文字量不宜过多或过少。画面中文字内容的选取主要考虑是否能表达核心教学内容、是否能提供学习过程主线、是否利于启发学生的思维、是否能做到和其他媒体的表达互补或加强、是否符合画面的整体要求。

文字的呈现主要指选用适当的字体、颜色、字号、位置、出现时机、出现效果、文字背景及选用着重号、标注或箭头等指引符号,以吸引学生,达到提醒注意、强调的作用。

(二) 图形、图像

图形、图像可以直观、形象、简洁地表征教学信息,也能提升教学内容的表现力。有时使用文字、数字或语言描述很多但也难以表达的内容,使用一幅图进行表征就一目了然。一张图片相当于至少 10000 个单词的价值。[1] 有时学生对于教学内容缺少经验积累,缺乏背景知识,此时可以通过使用图形、图像弥补学生的认知。图形、图像的使用要注意色彩搭配、呈现位置、清晰度、大小、呈现方式和其他媒体如文字的合理搭配等问题。

还有一种专门用于指向、标记的图形,如箭头、标注图形等,它主要有指向、强调、标记的作用。它和文字、其他图形、图像、动画、视频、表格等都可以结合使用,标明重点内容、重要部分、重点观察内容等。

(三) 动画、视频

动画、视频的应用更能吸引学生的注意,因为它们具有运动、变化的属性,

---

[1] 帕特里夏·沃尔夫. 脑的功能[M]. 北京师范大学"认知神经科学与学习"国家重点实验室脑科学与教育应用研究中心,译. 北京:中国轻工业出版社,2005:126.

而运动是影响注意的关键因素。例如，同样一个氖气标志，闪烁的就要比没有闪烁的更能吸引人们的注意力。

动画、视频可以模拟学生在现实生活中无法观察到的现象和变化过程，可以使场景再现，也可以创设生动的形象或场景，突破时空的限制。动画、视频有助于增强学生体验，使学生身临其境，置身于场景中，有利于学生了解事物的本质特征和动态发展过程，有利于激发学生的情感。

动画、视频的使用要明确其适用性，教学过程中为了创设情境、吸引学生，可以使用动画和视频。教学内容中不易表达的、不易在现实中观察的、需要重现的、需要慢镜头观察的等，需要使用动画或视频。

（四）高级组织图表

高级组织图表指用于组织知识表达、知识间关系表达、思维过程表达的组织图表，具体包括思维导图、概念图、鱼骨图、气泡图等各种思维图示，以及表格、柱状图、散点图等分析图示。例如，当涉及不同种类、不同时间、不同对象等不同类别时，可以考虑采用表格的表达形式。这样学生更容易获取关键信息，更容易进行对比分析。

研究已证明，图表对增加学生对于知识的理解和保持非常有效。因为这些视觉图案让学生能够看到信息各个方面之间的联系，而这些联系在诸如大纲或概述的线性形式下不明显。这些高级组织图表框架的结构类似于脑组织信息所使用的结构。高级组织图表的呈现形式比大段的文字、成堆的数字都要简洁、易读、清晰。

二、画面的作用

画面主要由文字、图形、图像、动画、视频、高级组织图表等多媒体信息组合构成。这些多媒体的作用体现了画面的作用，可以概括为以下几个方面。

（一）提高学生的学习动机

画面的多种媒体呈现形式容易吸引学生，迅速调动学生的积极性。画面所提供的情境容易激发学生的兴趣，让学生把注意力集中到画面的内容中来。微课的画面首先从兴趣激发方面增强了学生的学习动机。

（二）增加学生的表象积累

画面依靠多媒体直观形象的表现方式，极大地丰富了信息呈现的手段，让学生不易通过实际观察认识的内容变得身临其境。太大、太小、不易见到、危险的、难以想象的空间变化等学生大脑中没有形成的表象，都可以通过画面中多媒体呈现的方式帮助学生建立。因此，画面增加了学生的表象积累。

（三）促进学生形象思维和抽象思维的发展

学生思维活动的产生，通常是从受外部的形象化信息刺激引发表象形成开始的。而思维活动的开展，也主要是以学生借助经验对表象进行加工为主要形式。温寒江先生在他的著作《学习学》中强调，教学要促进学生形象思维和抽象思维两种思维的共同发展，思维发展的全面性、协调性，是学习与发展的基础。多媒体是发展两种思维的好载体。文字作为符号表征，可以促进学生抽象思维的发展。以表象为基础进行联想和想象，是形象思维的主要方式。表象既可以直接促进学生形象思维的发展，又可以作为从具体感知到抽象思维的过渡和桥梁。教师要发展学生的抽象逻辑思维，常常需要以学生的具体形象思维为基础。❶

画面中形象化的多媒体表现形式，既可以促进学生形象思维的发展，又可以促进学生抽象思维的发展。

（四）增强学生的理解和记忆

许多研究证实，大脑能够很好地加工视觉记忆信息。大脑对图片长时记忆的容量似乎是无穷的。图片很难忘的事实不仅被研究所证实，而且也被我们自己的实际观察所支持。视觉不仅有力地帮助保持信息，而且还帮助增进理解。例如，在没有图的情况下，理解一个原子的结构是非常困难的。有一些人几乎完全用视觉理解信息，如说爱因斯坦，他主要以图像加工信息而不是用写下来的文字或口头语言，他所有想法都是以或多或少的清晰的图像呈现的。许多研究表明，意向尤其是图片，对学习和记忆有促进效用。例如，关键词意向记忆方法指的是，被试者将单词的声音同英语中一个具体名词的图像联系起来，研究者通过这一方法将大学生对西班牙词汇表中单词的保持率从28%提高到了88%。人的记忆，有很多规律可循，根据记忆规律改变教学内容的组合方式和呈现特点，学生会对教学内容留下更深刻的印象，增强记忆效果。

根据以上脑加工视觉记忆信息的特点可以看出，微课的画面既能增进学生的理解，又能增强学生的记忆。

三、画面的设计

微课设计要根据确定的学习目标、选取的知识点、学生特点及已有知识技能和微课的特点，整体设计出微课包含几个关键场景，每个场景的具体内容，每个场景间如何衔接，体现在视觉上也就是对应哪些不同的关键画面，画面内容是什

---

❶ 朱京曦. 多媒体教学策略[M]. 北京：北京师范大学出版社，2014：35.

么。因此，微课的画面是微课设计中的重要元素。微课的画面要想很好地发挥出以上作用，在设计时需要注意以下几点。

（一）画面的结构化

画面的内容呈现要有清晰的结构，避免杂乱无章。一方面为了美观、可读，另一方面为了增强学生的记忆效果。结构清晰的内容比结构混乱的内容的记忆效果要好。

画面的结构主要指内容组织的空间结构和内容间的意义结构。根据画面内容的内在联系建立意义结构，将联系度高的内容放在相近的位置，或者使用加背景色、加框、设置同颜色同字体等方式形成一个独立区域，形成清晰的空间结构。例如，图示与相应的文字说明应该相邻呈现，而不要分离显示，甚至显示在不同的画面中。多媒体教学信息设计的空间接近原则告诉我们，相关内容放在相近位置有助于提升学生的学习效果。

（二）画面的可理解性

画面的可理解性是指学生对画面能够理解，也就是能够和已有知识建立联系，对捕获的画面内容能给予合理的解释。

我们的眼睛以照相机的方式捕捉到一幅图像，但是我们所看到的（感知的）对象要受到存储在我们脑里的信息的影响。例如，一张图片"B"，如果问你这个数字是什么，你可能说是"13"，如果让你说所看到的字母，你的回答可能是"B"，图片没有改变，但是你的感知会根据对你的要求及你对数字和字母的认识而改变。对于一个既没有存储数字信息也没有存储字母信息的小孩子来说，这只是一个毫无意义的纸上的痕迹而已。因此，对于刺激的意义的解释，取决于先前知识和我们的期望。❶画面的内容要注重可理解性，无论画面中的图像、图表还是文字等信息，既要注意和学生已有知识的联系，也要注意适当的引导和启发。

（三）画面的变化性

画面要适时变化，一个静态画面的时间不能太长，否则会让学生产生疲劳感、注意力转移。可以通过适时变化内容、色彩、大小、字体或增加动画来解决。例如，文字、图片等内容的适时动态出现。这些内容不是一下子全部显示在那里，而是配合讲解逐一出现，讲到什么再出现什么；也可以通过适时改变它们的色彩、大小、字体，或者增加一些表示强调或者指示的符号、指示图等；还可以通过增加一些必要的卡通形象或者动画效果等来实现画面的变化。

---

❶ Patricia Wolfe. 脑的功能[M]. 北京师范大学"认知神经科学与学习"国家重点实验室脑科学与教育应用研究中心，译. 北京：中国轻工业出版社，2005：64.

（四）画面的趣味性

内容的呈现方式如果有创意、趣味性强，就会吸引学习者的注意，增强其兴趣和关注度，让人眼前一亮，也会给学习者带来轻松、愉悦的心情。情感推动注意，注意推动学习。[1]微课"长平之战"[2]中，在介绍白起这个人物时，作者设计了身份证（图4-3）、盖章式（图4-4）、奖状（图4-5）三种有趣的画面呈现形式，配合教师的讲解，让学习者全面了解白起这个人物。

图4-3　画面的趣味性举例1

图4-4　画面的趣味性举例2

---

[1] Patricia Wolfe. 脑的功能[M]. 北京师范大学"认知神经科学与学习"国家重点实验室脑科学与教育应用研究中心，译. 北京：中国轻工业出版社，2005：69.

[2] 微课"长平之战"作者为北京市通州区第二中学张楠。

图 4-5　画面的趣味性举例 3

（五）画面的美感和实用价值

微课要让学生喜欢，要能吸引学生的注意，保持学生的持续关注，所以画面一定要具有美感，让学生愿意看。整个画面色彩搭配要和谐、结构要清晰；在内容上，可以采用简短的文字和动画、图片、视频等多种媒体搭配；在效果上，可以增加动画、强调、特写等，以突出重点、增大吸引力。

画面的实用价值是指，画面内容切实在学生学习过程中发挥了作用。比如，通过逼真的情境将学生自然带入思考空间；用不同的表征形式加深了学生对知识的理解；用精心设计的高级组织图让学生对复杂的关系顿悟；用不同的视觉冲击增强学生的体验、引发其思考、增加其记忆等。

为了突出画面的美和实用，我们把它们分别表达，实际上这两个特性在画面上是相伴存在、相互交织的。它们和下面要阐述的画面的媒体表征密切相关。

（六）画面的媒体表征

画面中主要使用文字、图形、图像、动画、视频、高级组织图表等媒体进行知识的表征。画面中使用这些媒体进行表征时主要注意以下方面。

1. 文字量适中

一般画面中要避免大面积的文字，大面积的文字容易引起学生的视觉疲劳，使其精力涣散、失去兴趣。但要有必要的文字，在画面上呈现重点的字、词、句，配合讲解语言共同引导学生的学习。文字量要适中，呈现要清晰、美观、容易引起注意。

2. 选取合适媒体进行知识表征

不需要将所有的知识都用直接被学习者感知的表征形式进行可视化。一般太大、太小、不易见到、危险的、难以想象的空间变化等学生大脑中没有形成表象的，而又不易在现实中观察的、不易用语言表达的、需要重现的、甚至需要慢镜头观察的，会选用图形、图像、动画或视频等表征形式。如果要表达知识、知识间关系、思维过程等，可以选择高级组织图表。

3. 多种媒体表征形式相结合

在进行语言信息传递的过程中，加上画面信息的传递，能让学生一目了然、加深理解、易于记忆。多媒体原则是经过实证的促进生成认知加工的教学原则。该原则明确表明，使用文本和图片比单用文本学习效果更好。画面中使用多种媒体进行表达，符合多媒体原则。

一些重难点内容可以采用多种媒体表征形式相结合。因为同一个内容通过不同表征形式传递给学生，学生可以从多个视角去体验和理解，比单一形式效果更好。

4. 必要的强调和提示信息

重点的词、句可以使用适时改变字体、大小、颜色，设置加粗、倾斜、下划线、闪动等方式，也可以选用添加着重号、背景色块、强调动画、标注、箭头指向、局部放大、即时圈画等方法进行强调和提示。

在图片、动画、视频中，需要重点观察的部分，也可以通过圈画、标注、箭头指向、局部放大等进行强调和提示。画面内容增加一些必要的强调和指示信息，更易于学生及时观察到重点、抓住关键信息。

这些强调重点的做法形成了和其他内容明显的不同，即强烈的对比，刺激的强烈对比能够捕获注意，因为有某种强烈属性的事物更容易被个体从其他的对象中剥离出来。❶因此，这些强调重点的做法能够捕获学生的注意、促进学生的选择，便于学生有效记忆所强调的信息。

5. 媒体呈现的时机、形式和时长

画面中各种媒体的呈现时机、形式和时长要做提前设计。迅速地通过多媒体资源接受信息，相比之下，人们更偏爱慢节奏、有控制地发布原本就有限的资源。❷各种媒体出现的时机、形式、时长，要根据教学内容的安排、微课中教师的讲解、学生的接受习惯、画面的美观及可读性来综合考虑。微课制作中对信息的呈现很容易进行良好的控制，先呈现什么，后呈现什么，呈现多长时间等，都可以根据需要进行控制。这样学生学习微课时，信息的读取和观察就可以按照一定的顺序逐步进行，而不是一下子全部在眼前堆满。

---

❶ 刘德儒. 学习心理学[M]. 北京：高等教育出版社，2018：87.

❷ 唐娜·沃克·泰勒斯通. 提升教学能力的10项策略[M]. 李海英，译. 北京：教育科学出版社，2019：101.

(七)画面和音乐、语言的结合

画面和音乐的视听结合,让学生产生身临其境的感觉,容易激发、调动学生的情感。学生的情感不仅影响着学生的学习动机、学习状态,很多时候也是学习目标的一部分。教师语言和画面的结合,让学生的学习开启了视听双通道。双重编码理论强调双通道信息的呈现,能够加强记忆力和识别力,减少外在负荷。

画面设计的呈现一般通过课件制作或者拍摄过程、微课后期编辑两大过程合力完成。

重点

- 画面的内容
  - 文字、图形、图像、动画、视频、高级组织图表等
- 画面的作用
  - 提高学生的学习动机、增加学生的表象积累、促进学生形象思维和抽象思维的发展、增强学生的理解和记忆
- 画面的设计
  - 结构化、可理解性、变化性、趣味性、美感和实用价值、媒体表征、和音乐及语言的结合

第六节 微课自主学习任务单

问题 如何设计微课自主学习任务单?

根据微课的内容、学习对象、学习环境等方面的不同,可以采取完成微课自主学习任务单、进行在线检测、在线交流、设计制作作品、录制音视频作业,并提交等不同形式的学习过程记录和学习结果检测及反馈方法。其中,微课自主学习任务单是一种常用的有效方式。

一、自主学习任务单设计中的关键点

微课自主学习任务单是一种使用方便、师生比较认可的学习过程和结果的记录与反馈方式，也是教师指导学生自主学习的一个重要载体。它能引导学生自主学习微课，记录和反馈学生的学习过程与学习结果，能促进学生达成学习目标。学生在微课自主学习过程中完成任务单，教师在面对面的课堂活动之前将任务单的完成情况进行了解、分析与汇总，以了解学生学习微课的实际情况，并且根据分析结果修订甚至重新设计课上学习活动，使课前自主学习和课上学习活动有机结合。

要保证自主学习任务单作用的充分发挥，教师要在设计上下功夫，要保证学生通过任务单能得到明确的学习引领和方法指导，能真实反映和呈现学生的学习结果和对关键问题的思维过程，以及存在的困惑和问题。

（一）给出学习指南

在任务单中，给出课题名称、学习目标、学习方法建议、课堂学习活动预告等，我们统称为"学习指南"。这些内容可以让学生明确学习目标、了解整个学习过程、得到学习方法的指导，目的是更好地引导学生的自主学习。课堂学习活动预告是指简要说明课堂学习活动，其目的是使学生明确微课自主学习与课堂学习活动的关系，表达方式不限，可以直接文字描述，也可以使用流程图等其他形式。学习方法有助于学生融会贯通，提高学习成效，尤其是对于学生独立的自主学习过程，显得更为重要。

（二）学习任务精准、呈现方式适当

学习任务是指学生观看微课视频进行自学的同时或结束时要完成的内容，用于学习过程的记录、思维过程的表达、学习效果检测与反馈等。设计时一定要明确学习任务是不是体现了学习目标，每个任务组合在一起是否能体现学生学习目标的达成。对于和关键学习目标对应的学习任务，要求学生如何呈现也非常重要。要保证学生对于这些学习任务的呈现方式和呈现内容能体现出其思维过程和思维方法，而不是只呈现一个简单的答案。这样才便于教师了解学生真实的学习目标达成情况，清晰学生的思维过程，这些对教师成功实施整个翻转学习都有着重要意义，也便于学生自己重新审视、辨析、反思自己的学习过程。

学习任务是任务单中的主要内容，根据不同的学科、不同的学习内容、不同的学生年龄等特点，可以采用不同的呈现形式。可以是常见的习题形式，也可以采用画一画、涂一涂、选一选，还可以通过某种思维图示的形式表达自己的收获

和想法。总之，只要能将学生的真实情况表达出来，不必拘泥于固定的方法和形式。根据学习任务的多少及呈现形式，也可以将学习任务单独放在新的一页。

（三）能反馈困惑和问题

除了通过分析学生学习任务的解答情况来了解学生的自主学习情况，也要允许学生直接提出自主学习中的困惑、问题及自己的想法和建议。在任务单中，可以通过设置一项"困惑与建议"，给出学生反馈困惑和问题的空间，引导学生思考并提出问题。

二、自主学习任务单参考模板说明

由前面的关键点分析，我们看出微课自主学习任务单中一般有学习指南、学习任务、困惑与建议等内容。如果除了学习微课，还有其他学习资源，可以将学习资源的链接列在任务单中，任务单中设置资源链接项。设计微课自主学习任务单可以参考附录中的模板进行设计。

所附模板重点在于给教师提供设计思路、帮助教师完善设计内容。教师在实际过程中可以按需设计，形式不限。教师可以根据学习内容及学生特点设计成不同的形式，从版面布局到内容都可以按需设计。例如，学习任务可以单独成篇发放给学生，任务单上可以有等待学生完善的思维图示。面向低年级的学生，可以采用文字和图画相结合的方式，学生的记录与反馈可以采用文字表达和圈一圈、画一画相结合的方式。学生使用的微课自主学习任务单的设计原则，主要是学生容易读懂、简单易用、能真实记录学习过程、反映学习结果。

重点

- 微课自主学习任务单设计的关键点
  - 给出学习指南
    - ◆ 微课名称、学习目标、学习方法建议、课堂学习活动预告等
  - 学习任务精准、呈现方式适当
    - ◆ 要明确学习任务是不是体现了学习目标。
    - ◆ 学生学习任务的呈现方式和内容能否体现出其思维过程和思维方法。
    - ◆ 任务单可以采用不同的呈现形式。
  - 能反馈困惑和问题

第五章
如何制作微课——基础篇

微课的制作有很多种方法和技术，可繁可简。为了用尽可能简单的方法并在适当的时间内制作出比较满意的微课，我们挑选了以下比较实用、操作相对简单的方法和技术与大家分享。这些方法和技术是我们在翻转学习实践过程中经过使用、对比、挑选、总结出来的。本章介绍一些微课制作的基本方法。

第一节 微课的制作方法

问题 微课的制作方法有哪些？声音如何采集？微课的制作要求有哪些？

本节主要从微课的制作方法、声音的采集、微课的制作要求三个方面进行阐述。

一、微课的制作方法

（一）拍摄

通过外部摄像设备，对教师讲解内容、操作演示或学生学习过程等真实情境进行拍摄，摄制下来的教学视频我们称之为拍摄式微课。可以使用手机、数码相机、DV 摄像机、视频摄像头等一切具备摄录功能的设备，对通过"白板、黑板、白纸、课堂、游戏活动、表演"等展现的教学过程进行拍摄。

（二）录屏

通过录屏软件，录制教师对着电脑屏幕进行讲解、分析、演示的过程。在录制屏幕内容的同时，可以采集教师的声音和头像，也可以通过交互电子白板、一体机等数字媒体的录制功能，同步录制课堂的教学过程。这两种都是通过录屏的形式来实现的，一个是录制专门讲解已设计好的微课内容的过程，一个是录制课堂教学过程中的部分或全部（可切分）作为微课来使用。

（三）利用软件制作输出

可以利用软件制作输出教学视频，这类微课我们称之为软件输出式微课。例如，可以利用 PPT 输出视频，甚至可以将预先制作好的 PPT 课件直接另存为通用的视频格式，大大降低教师开发视频的技术难度；也可以利用动画和视频制作软件制作并输出微课视频。

（四）混合方式

运用上面提及的拍摄、录屏、软件制作输出等多种方式，制作、编辑、合成教学视频，这类微课我们称之为混合式微课。

二、声音的采集方法

声音的采集需要在安静的环境中进行。微课中，教师讲解的声音可以单独录制，也可以在录屏的同时采集声音，还可以由文本直接生成。

（一）单独录制

单独录制指专门录制声音，生成单独的声音文件。一般是先有微课的画面内容，然后对着画面内容录音。在微课的合成、编辑过程，将声音文件和视频画面进行合成。

在拍摄式微课中，经常采用这种方法：一是拍摄时环境不一定十分安静，尤其是在室外，容易噪声过多，教学讲解的声音反而不清楚；二是拍摄过程中，教师可能忙于示范，语言不一定精准，声音也不一定清晰，不一定和画面完全同步。如果先拍摄，然后对着拍摄的视频再进行讲解，语言内容和声音效果的满意度会更高。当然，录屏、软件输出和混合式微课，也可以采用单独录制声音的方法。

（二）录屏时同时录制

录屏式微课经常采用边录屏、边录音的方法，直接生成画面和声音同在的视频文件。这种方法操作方便、节省时间，省去了再次合成的过程。

（三）由文本生成

一些网站或者软件本身支持文字直接转成声音，如在"配音阁"网站可以实现由文本在线生成配音。在 Focusky 软件中的声音合成中，也可以由文本生成配音。由文本生成的声音，可以是标准的普通话，也可以选择地方话，如粤语、四川话等，也可以选择不同身份、不同声音特点的男声或女声。

当教师普通话不好或者想变换声音时，都可以采用这种方法。文本生成的声音放在视频中合适的位置，和微课视频进行合成。文本生成的声音缺少现场感，无法带给学生教师的亲切感，所以不宜使用太多。

三、微课的制作要求

（一）清楚连贯，音像同步

微课制作的基本要求是清楚连贯，音像同步。清楚连贯是指视频要让学生看得很清楚，音频要让学生听得很清楚，过程中不能有不连贯的现象。

音像不同步的现象，会给学生带来混乱感，影响学生的理解。要做到音像同步，增加学生视听的舒适感。

音像同步还要特别注意一点，就是讲到哪儿、显示到哪儿，说到什么、看到什么，避免还没有讲到的内容一股脑儿全部一次性显示在画面中。这样既影响了学生的视听效果，又容易造成画面过长时间的静止，处于无变化状态，容易让学生走神。

（二）依据设计进行制作

微课制作时要尊重先前的微课设计，不能任意修改或者删减、增加。在制作过程中，如果经过仔细推敲，确实发现设计中有考虑不周、出现问题的情况，此时可以重新完善微课设计，并依据新的设计继续制作微课。

重点

- 微课的制作方法
    - 拍摄、录屏、软件输出、混合方式
- 声音的采集
    - 单独录制、和录屏同时录制、由文本生成
- 微课的制作要求
    - 清楚连贯，音像同步
    - 依据设计进行制作

第二节 只会拍摄视频，如何生成微课

问题 只会拍摄视频，若想生成微课，有哪些步骤？拍摄时注意什么？

只会拍摄视频也能制作微课，通过这种方法生成微课当然要在翻转学习的整体教学设计和微课的设计完成之后进行。

下面我们以教师在白纸上边写边画边讲为例，看看如何将该过程通过拍摄生成微课。其他拍摄场景可以参考该场景完成。

一、寻找素材

根据微课设计中的画面寻找素材，包括寻找实物、人物或物体的贴片，既包括寻找合适的电子图片素材并打印出来准备好，也包括提前自己制作好道具、模型，在纸上画好需要的图形、色彩等。

二、做好准备

需要提前准备好便携摄像机或者可进行视频摄像的手机、一沓白纸、几支不同颜色的笔，以及寻找到的或自己制作的素材实体。如图 5-1 所示，微课"电流表的两种接法"[1]中教师提前自己画制并裁剪好的电流表、电压表和电阻的图片。

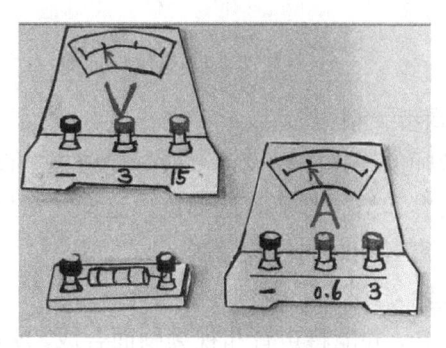

图 5-1 教师画制的素材图片

---

[1] 微课"电流表的两种接法"作者：陈梦，北京市昌平区第一中学西关校区。

需要注意的是，要取下手指和手腕上的饰品，因为手要进行书写、演示等操作。拍摄时，手要进入镜头，带有饰品会干扰学生的观察，分散学生的注意力。例如，如果教师手上佩戴戒指边讲解边画图，此时戒指随着画图过程进入镜头。在内容有限的镜头中，戒指会十分抢眼，很容易把学生的注意力吸引到戒指上。于是，学生观看时会不自觉地把目光转移到戒指上，容易分散注意力。

三、预演

一般采用往白纸上书写、涂画、摆放、粘贴的方式创设画面情境。例如，片头部分如果想显示微课的名称、教师的姓名等信息，过程中想显示需要学生思考的问题的文字提示，结束时想将主要内容以文字的形式随着语言总结的过程显示出来，都需要在白纸上书写出这些内容，或者将打印好的内容适时贴在白纸上；如果画面中还有其他图形图像信息，也同样需要画在白纸上，或提前打印好适时贴在白纸上。除了文字和图片使用彩色打印，还可以使用不同颜色的笔合理搭配进行书画。不同的颜色搭配使画面不再单一，关键信息能得到强调，但是要注意色彩丰富、不可杂乱。同时，文字、图示、标注等要清晰，字不宜太小。

有的画面需要提前准备好，创作完成后再拍摄，也有的随着讲解逐步进行书写、涂画或者张贴，边创作边拍摄。无论哪种，需要的素材都要提前准备好。整体构思需要提前完成，并且提前预演。教师根据微课设计，在大脑中预演设计的过程及画面，或者通过动手摆放已准备好的素材，甚至边讲解、边动手完整预演，看看设计的画面是否合理、易实现、美观、实用，讲解和画面是否配合度高，各个环节是否熟练、流畅等。根据预演即时调整设计，加强预演中容易出现问题部分的反复演练，以做到心中有数，提高拍摄的成功率。

四、录制

（一）声音和画面同步录制

微课设计中要对教师的语言进行设计，最好提前根据设计进行演练，直到表达比较流畅、准确，内容和情感都能表达到位。这样，在拍摄过程中直接进行讲解，将声音一起采集，声音和画面同步录制。

（二）单独录制声音

如果会单独录制声音，并能将声音和视频画面合成，就可以采用先录制画面，然后对着画面再进行讲解和录音，这样虽然好像是多了道工序，实际做起来更轻松一些。

（三）拍摄时注意方向和角度

利用录像机或手机拍摄白板或黑板时，方向和角度比较好把握，主要注意呈现的信息不要被教师遮挡。如果拍摄的是白纸或者演示过程，方向和角度一定要调整正确，否则应该展示的内容可能拍摄不到。如果想拍摄教师在白纸上书写、演算、画图的过程，或者要拍摄教师关于如何编制金刚结的演示，最好从教师的同侧进行拍摄，将镜头分别对准白纸上要书写、演算、画图的位置，或编制金刚结的双手的位置，注意躲开遮挡。如果从教师的对面进行拍摄，即使拍清楚了教师的书画过程和操作演示过程，但是拍摄的内容是反的，为了不影响学生观看，需要将画面调整过来。调整的方法有很多，如利用软件 Camtasia Studio 就可以进行调整。

图 5-2 是微课"金刚结"[1]中的画面。很明显，这是从教师所在的方向，从做演示的双手的上方进行拍摄的。这样既能看清教师的演示，也能明显地感知到左右手的不同动作及二者的配合。对于这种分左右侧的动作演示，其拍摄角度便于学生观察，拍摄效果就很好。

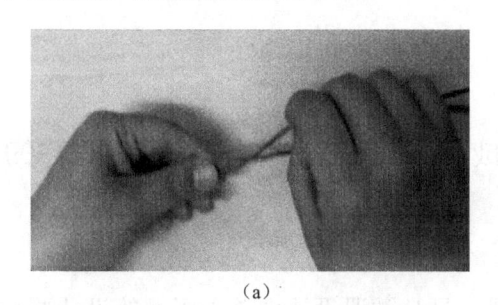

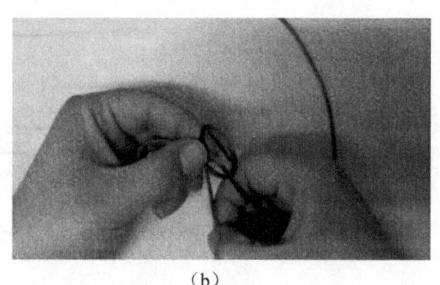

(a)　　　　(b)

图 5-2　微课"金刚结"的拍摄画面举例

（四）微课视频的导出

拍摄好的视频从设备中导出，以常见的视频格式保存，一个简单的微课就制作完成了。如果不会后期编辑，那就需要在设计和准备时更加细致，以免得不到想要的效果。

重点

- 只会拍摄视频如何生成微课
  - 寻找素材

---

[1] 微课"金刚结"作者：宁书平，北京市大兴区教师进修学校。

> 做好准备
　◆ 便携摄像机或者手机、白纸、彩笔、寻找到的或自己制作的素材实体
　◆ 取下手指和手腕上的饰品
> 预演
> 录制
　◆ 拍摄时注意方向和角度

第三节　只会制作 PPT，如何生成微课

问题 只会制作 PPT，如何生成微课？具体从哪些方面实现理想的设计和制作？

如果只会制作 PPT，也能生成微课。只是微课设计中关于画面的设计要全部在 PPT 中来实现，因为只会制作 PPT 的情况下不会再对生成的微课视频继续进行编辑。因此，PPT 呈现的每一页都要精心设计和制作。

一、微课中 PPT 的整体要求

教学中的 PPT 一般有以下要求：根据需要选用恰当的布局结构、色彩搭配；根据教学内容的特点和学生的需要，呈现整合提炼出的知识要点等关键信息，避免教材内容堆砌；灵活应用多种媒体素材创设情境，实现知识可视化，清晰展示知识结构和相互间的逻辑关系；显示效果清晰，易于观看；不添加与教学内容无关的冗余信息，干扰学生学习注意力；添加适当的动画效果。因为微课的学习过程是学生个体近距离地观看，所以清晰显示的要求相对来说更容易做到。但是无论远近、是群体观看还是个体观看，都是越清晰、越醒目、越美观，越容易引起关注。

微课中的 PPT 是直接持续放映的效果，不像普通课堂上由教师现场控制、调整，所以要提前进行更详细的预设。PPT 中不同对象适当的出场时间和出场方式、重难点之处的突出显示等，对其进行足够的强调显得更为必要。考虑到 PPT 和教学进程一步步进行的配合度和一致性，设定了不同对象的出场时间和出场方式，才能做到讲什么出现什么，学生该认识到哪一步出现哪一步，而不是全屏内容一次性呈现。对于重点和难点内容要有足够的强调，以有利于突出重难点，引起学生的关注。具体的强调方式有很多，如使用明亮的颜色、文字加着重号、添加动画效果、添加箭头指示、添加标注等。

　　下面分别从版面设计、文字的呈现、图表的使用、动画效果、关键点的可视化表达、录制声音、创意、视频生成几个重要方面，介绍只会制作 PPT 如何生成微课。

二、版面设计

　　从整体上版面要有结构性，排版整齐，这样才能使呈现的内容关系清晰、层次分明。常见的版式有左右均分、上下均分、左小右大、上小下大、上小下大且再左右均分等，注意不同区域之间留白。图 5-3、图 5-4 和图 5-5 分别展示了这几种版式。设置好版式后，可以对版式中不同的区域适当添加边框、添加背景色块，并且对齐，使用线条、色块形成相对独立的区域。

图 5-3　左右均分和左小右大版式

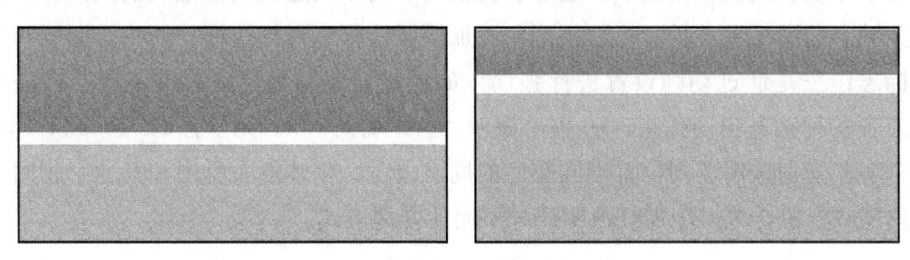

图 5-4　上下均分和上小下大版式

翻转学习的设计与实现

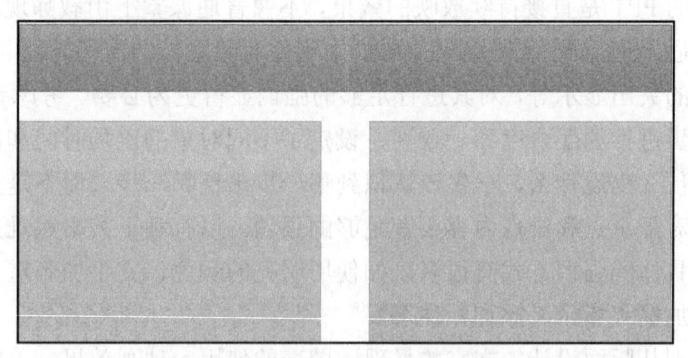

图 5-5　上小下大且再左右均分

　　版面中表达的信息要简洁，这样能突出重点、画面舒适、可读性强。每页内容不可太满，要有适当的留白。背景尽量以清新雅淡为主，不要太花哨，以突出文字、图片等信息的呈现。在利用 PPT 生成的微课中，PPT 的首页就是微课的第一个画面，可以写清微课的标题、教师姓名、添加教师照片等，也可以不出示这些信息，直接进入和微课内容相关的情境。

三、文字的呈现

　　从文字呈现效果看，文字应足够大，足够清晰。文字页最好每行 20 个字以内，一屏 10 行以内。背景与内容应有足够的反差，一般深底色配白字或黄字，浅底色配深色字，如白底黑字或蓝底白字和黄字比较醒目。字体的选择也要注意，可以选择比较醒目的字体，如微软雅黑、黑体等，字体加粗后更加醒目。

　　文字呈现的内容要简洁、准确，最好不出现大段文字。文字设计要有层次，要有关键字、关键词的突出和引领，这样才能引起学习者的注意。关键字和关键词还可以引领学生发现学习的主线，引导学生的学习过程与思考。所以关键字、关键词的准确提取和突出强调很重要。一般强调的方法，一是关键字词直接加大、改变字体或者改变颜色显示，通过和其他内容的不同达到突出强调的效果；二是给关键字词添加着重号、标注图形，添加椭圆边框、方形边框、箭头等圈画和指向标志；三是通过动画设置进行强调，如通过设置动画达到关键字词变大、变色或者各种动态出现效果。在 PPT 课件"坐井观天"中，为了强调"座"和"落"两个字，分别采用了同位置不同颜色的同字覆盖、字体放大且由和其他字相同的黑色变成红色、关键字加红色圈三种不同的强调方式。

四、图表的使用

图表是对图形图像、高级组织图表的统称，其使用特点及价值和前面微课画面设计中介绍的是一致的。下面主要通过具体案例来介绍图表的应用技巧及其应用价值。

图表的特点是直观、形象，能够传递丰富的直觉信息。图表的直观、形象和丰富内涵，既有利于渲染氛围，创设情境，又有利于吸引学生的注意，引导其视觉，感染其情绪，激发其想象。图示优势效应还告诉我们，与以文字呈现的信息相比，人们更容易记住以图示呈现的信息。

PPT中选用的图要和内容相关性高，图本身要足够清晰，可以适当调高亮度和反差。例如，微课"长平之战"[1]的PPT课件中，为引导学习者思考问题，教师选择了一幅正在思考的人物图片放在了问题的右下角。

为了表达清晰，揭示本质，各种图示、组织图和表格在PPT中也经常使用，尤其是在数学、科学、物理、化学、生物等科目中。例如，"一亿张纸有多高"[2]中，讨论了一亿张纸有多高、有多重的问题，在表达这些问题时选用了表格的形式，数据整齐、清晰，避免了语言的烦琐和文字排版造成的阅读困难（图5-6）。在观察分析数据关系、变化趋势、进行对比等情形时，除了采用表格表达，还经常使用柱形图、折线图、面积图、散点图等；在激发学生想象和联想，启发学生进行分析、对比、类比等思考过程时经常使用圆圈图、气泡图、双气泡图、桥形图等思维图示；在梳理知识、揭示知识间联系时，经常采用概念图或者思维导图的形式。

1亿张纸 有多重？

数量（张）	1000	10000	100000	1000000	10000000	100000000
质量（千克）	4	40	400	4000	40000	400000

图5-6　课件"一亿张纸有多高"中使用表格的幻灯片

"角的初步认识"[3]"坐井观天"[4]中使用自选图形进行指示和强调。"角的初

---

[1] PPT课件"长平之战"作者：张楠，北京市通州区第二中学。
[2] PPT课件"一亿张纸有多高"作者：王超，北京市昌平区回龙观中心小学。
[3] PPT课件"角的初步认识"作者：徐圆，北京市昌平区十三陵中心小学。
[4] PPT课件"坐井观天"作者：陈颖，北京市怀柔区实验小学。

步认识"中用呈现五角星形状、红色标出五角星的五个角、抽取五角星的五个角的视觉表达,让学习者认识了"角"(图5-7)。

图 5-7 课件"角的初步认识"中插入"形状"的效果图

"坐井观天"通过使用红色椭圆框、虚线将井沿、河沿、碗沿标记出来,指示井沿、河沿、碗沿的位置,引导学习者的视觉,并通过视觉表达引导学习者理解"沿"的概念(图5-8)。

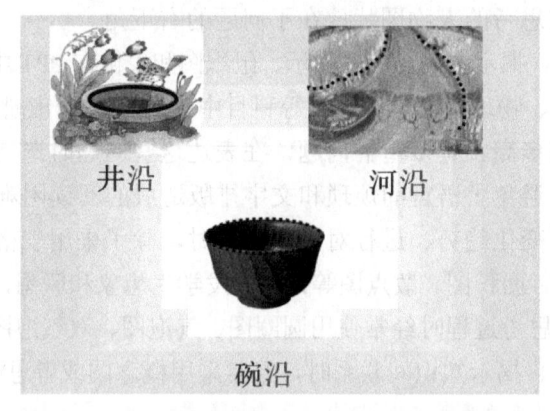

图 5-8 课件"坐井观天"中插入"形状"的效果图

经常用无填充、亮色的、较粗的椭圆框、矩形框等,进行圈画,用加粗的、亮色的箭头等进行指示;用标注图形加上文字标注出必要信息,以达到指示、标注、强调的目的。除了指示、标注、强调作用,利用PPT中的自选图形还能实现很多复杂内容的可视化表达。由于PPT中自选图形种类很多,边框和填充色可以任意设置,粗细也可自由调整,还可以通过任意曲线、各种图形任意组合、自主创意,所以在表达复杂的事物及事物间的关系时,可以充分利用这些特点进行合理表达。

合理使用图片、表格、组织图、形状、思维图等进行信息的表达,有利于学习者对信息的理解和接收,能促进学习者的认知,也更容易记住这些信息。除了以上素材的使用,还经常使用的素材有声音、动画、视频,对PPT中嵌入的声音、动画、视频要设置好链接或嵌入方式,选择好播放方式,对于动画和视频还要调整好画面大小。下面对动画效果专门进行阐述。

五、动画效果

动画效果可以更逼真地模拟事物的真实状态，利于学生对事物特征及本质的认识。适时设置动画效果，可以避免画面较长时间的静止，以免学生视觉失去关注点，以至于分神或者失去兴趣。利用动画设置，可以做到教师语言中讲什么画面上出现什么、学生该认识到哪一步出现哪一步，做到视听同步、视听和学生思维同步。动画效果可以达到强调局部的效果，更容易突出关键信息。动画效果可以创设出美的意境、美的画面，可以激发学生的兴趣，增强代入感，增强学生的现场感，保持学生的持续关注度。

动画能有效地进行知识的视觉化表达、理想的情境创设、提供舒适的视觉体验，更利于学生对事物的认知和理解，并且在学习过程中保持注意力，增加愉悦感。以下介绍几种具体的动画效果。

（一）切换动画

利用切换动画，可以方便地设置一页的出场效果，增加画面的变化，也给人以美的视觉体验。在微课"Hi&Hello"[1]中，PPT 课件的首页设置了切换动画中的涟漪效果，给人以视觉美感，将观看者自然代入学习情境（图 5-9）。

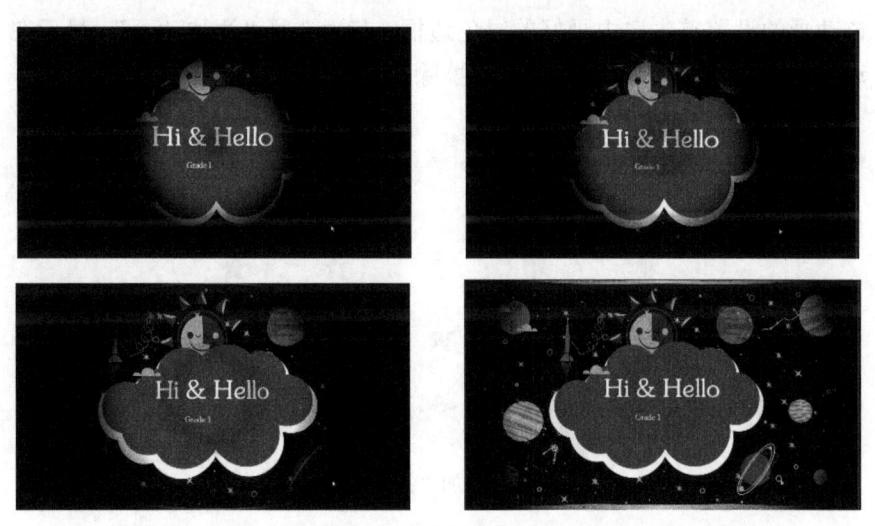

图 5-9　课件"Hi&Hello"中设置切换动画"涟漪"的效果图

添加切换动画，可以通过如下步骤设置。单击菜单中的"切换"选项，找到"涟漪"效果选项单击，然后设置"持续时间""换片方式"等，如图 5-10 所示。

---

[1] PPT 课件"Hi&Hello"作者：刘安琪，北京市昌平区上苑中心小学。

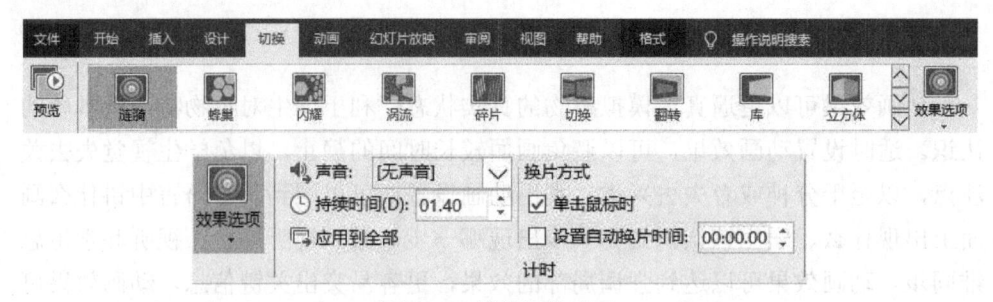

图 5-10　设置切换动画

（二）挥鞭式与擦除动画效果的结合

微课"一亿张纸摞起来有多高"❶，其 PPT 课件中设计了标题文字逐个自左向右跳入出现，同时文字外的绿色边框由左到右伴随文字的出现逐步显示完整的动画效果，如图 5-11 所示。

图 5-11　课件"一亿张纸摞起来有多高"中标题的动画效果图

该动画的设置首先选中画好的绿色边框，其次选择"添加动画"，最后在"进入"动画中，选择"擦除"，则绿框的擦除动画设置成功，如图 5-12 所示。

图 5-12　添加"擦除"动画

擦除动画设置成功后，动画窗格中则显示该动画的图标，双击该图标，在打开的"擦除"效果设置窗口中单击"效果"选项，在"方向"一项选择"自左侧"。单击"计时"选择"快速（1 秒）"，如图 5-13 所示。

---

❶ PPT 课件"一亿张纸有多高"作者：王超，北京市昌平区回龙观中心小学。

图 5-13　设置擦除动画的"效果"和"计时"

单击"添加动画"按钮，再单击 [图标] 选择更多进入效果，在"华丽型"中选择"挥鞭式"。添加动画后，双击动画窗格中的 [图标]。在打开的"挥鞭式"动画编辑窗口中，单击选择"计时"，设置"开始"方式为"与上一动画同时"，并将"期间"设成"快速（1 秒）"，保证与边框的擦除动画一起开始，且持续时间相同，都是 1 秒。这样就会出现每个字逐个自左向右跳入显示，同时边框自左向右逐渐出现完整的效果。在"效果"选项中，"动画文本"是按默认的"按字母"设置的，将会出现逐字跳跃的效果。

（三）自定义路径动画与擦除动画效果的结合

微课"角的初步认识"[1]，其 PPT 课件中有一个如何画角的动画演示。有一支笔沿着尺子分别画出角的两边，笔动线出，同步生成。画面清晰、逼真，观看者通过教师的真实操作和该动画的演示，可以领悟并动手实践如何画角。

下面以画一条边的动画为例，阐述一下该动画的主要设置过程。该动画主要由两部分动画组成。一是铅笔沿尺子运动，实现"画"的过程；二是角的边随笔的运动逐步被"画出"。实际是笔做"自定义路径动画"，沿尺子方向运动，"边"设置成"擦除"效果，逐步显示出来。尺子设置自定义动画时，从其中心点沿与尺子平行的方向运动。"擦除"动画效果中"方向"一定设置成"自左侧"。两个动画中"计时"选项中的"期间"设置要一致，以保证两个动画同步，出现"笔"边画边出现"线"的效果。两个动画中后面的那个，其动画设置"计时"选项中的"开始"一定设置成"与上一动画同时"，以保证两个动画同时启动（参见图 5-14）。

---

[1] PPT 课件"角的初步认识"作者：徐圆，北京市昌平区十三陵中心小学。

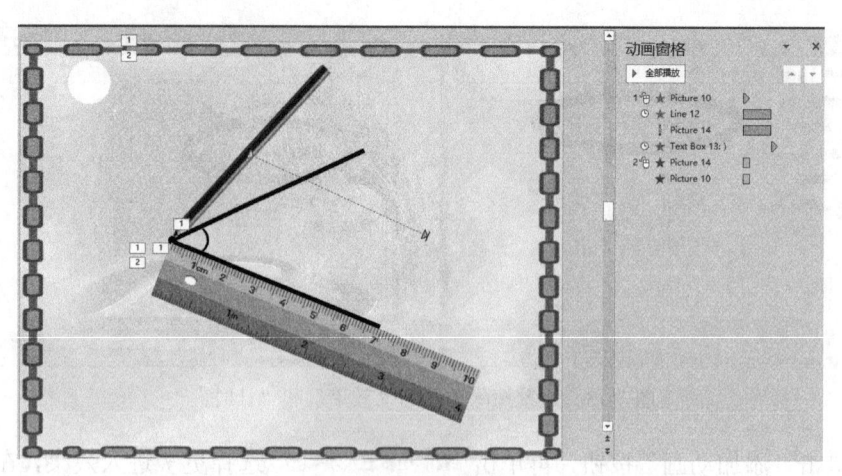

图 5-14 设置"自定义路径动画"和"擦除"动画

(四)给箭头设置动画

微课"七律·长征"[1],其 PPT 课件中通过一幅长征路线地图及红军沿途经过的指示说明,展示了红军的长征过程,最后以"红军不怕远征难,万水千山只等闲"的诗句进行概括,让学生很清晰、形象地看到了红军的长征过程,加上教师的语言讲解,学生更能感悟到红军长征的艰难和红军的伟大。

红军的长征过程主要通过箭头和方形标注两类对象的适时、醒目的进入动画来体现。箭头的动态出现指明长征路线,方形标注中的文字介绍重大的事件内容。箭头的动画是"进入"动画"基本型"中的"阶梯状"效果,如图 5-15 所示。给红色箭头添加"阶梯状"动画后,双击动画窗格中显示出的该动画的图标,在打开的"阶梯状"动画效果设置窗口中单击"效果"选项,并且在其"效果"选项"方向"中选择合适的设置,如图 5-15 中的箭头设置方向就为"左上"。

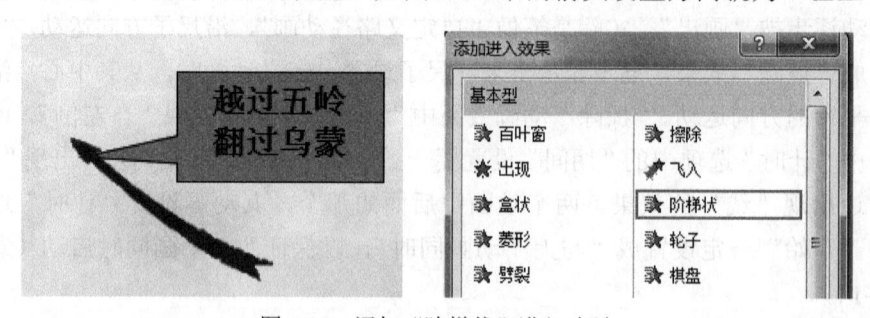

图 5-15 添加"阶梯状"进入动画

---

[1] PPT 课件"七律·长征"作者:王亦洁,北京市昌平区城北中心三街小学。

图 5-16 中这种多个箭头指向中间的组合图，每个箭头逐渐出现、指向中央的效果，可以选择"进入"动画"基本型"中的劈裂动画效果"★ 劈裂"，并且在其"效果"选项"方向"中设置成"左右向中央收缩"。

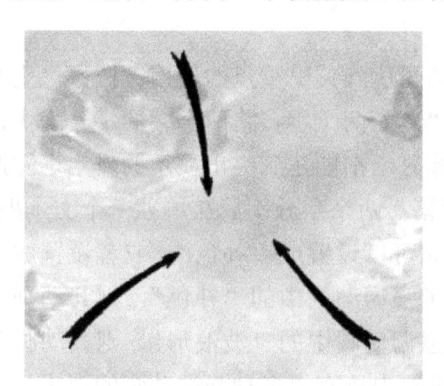

图 5-16　多箭头组合图及"劈裂"动画的效果设置

（五）给任意多边形设置动画

微课"长江的源流概况"[1]的 PPT 课件中，将长江发源于青海省唐古拉山脉，曲折东流，注入东海的过程，使用一条蓝色的线条在地图上描绘出来；然后，将流经的区域分别用不同的颜色动态填充显示出来。动态填充显示的长江干流流经的省市区域，有青海省、西藏自治区、云南省、四川省、重庆市、湖北省、湖南省、江西省、安徽省、江苏省、上海市，共 11 个省级行政单位。蓝色线条的动态显示过程指出了长江干流的流经方向，不同颜色标记的各区域的动态填充及其名称的显示标明了流经的具体区域。

蓝色粗线条可以使用任意多边形绘制，也可以选用任意曲线并且加粗绘制来实现，然后设置其动画效果为进入动画中的"擦除"，并且方向设置为"自左侧"。长江干流流经的省市区域的重现可以采用任意多边形绘制，也可以选用任意曲线并且加粗绘制成封闭图形然后进行颜色填充。注意，不同区域使用不同的颜色填充，边线和填充同色或者将边线设置成无颜色。可以右键单击图形选择"编辑文字"，在图形上添加区域名称，或者直接插入文本框添加文字，然后将区域和文本框进行组合。接下来，给区域图形设置动画，选择"更多进入效果"中的"盒状"。然后，双击动画窗格中显示出的该动画图标，在打开的"盒状"动画中进行设置。将"效果"中"方向"由默认的"缩小"改为"放大"，则会出现颜色区域逐渐填充至满的效果。分别给这些表示不同流经区域、已填充不同颜色的图

---

[1] PPT 课件"长江的源流概况"作者：蔡世芳，北京市昌平区二一学校。

形添加"盒状"动画,且在"盒状"动画设置中,将"计时"中的"开始"一项都设置为"上一动画之后"。这样只要每个图形的动画顺序正确,就会出现按照流经区域一个接一个自动填充颜色依次出现的效果。

(六)强调动画

强调动画有很多种,可以利用强调动画达到突出重点的作用。微课"坐井观天"的PPT课件中,为了强调"坐"和"落"两个字,将两个字的字号变大,以突出的有别于其他文字的红颜色或者字体显示都能达到突出显示的作用。除此之外,也可以设置强调动画。将"坐"和"落"两个字分别放在单独一个文本框中,然后给两个文本框分别设置强调动画,如可以设置成"补色",或者设置成"波浪形"等。如果红色的"坐"字设置成了强调动画中的"补色",则其动画效果是"坐"字由红变绿色。如果设置成了强调动画中的"波浪形",则其动画效果是"坐"字波浪跳动出现。PPT的动画设置中还有很多种强调动画的效果。无论哪种,都能引起注意,达到强调的目的。

(七)动态图片

动画效果也可以通过动态图片来实现,选择一个动态图片插入PPT中,放映时就会反复播放。例如,在最后一页选择一幅表示感谢的动态图片,一支笔动态、有序地写出"THANKS",如图5-17所示,既表达了教师想表达的意愿,又使学生眼前一亮,觉得轻松、有趣、心情愉悦。

图 5-17　动态图片效果图

六、关键点的可视化表达

可视化表达可以选择合适的图形、图像、动画、视频、高级组织图表等形式中的一种或多种组合实现。可视化表达能直观呈现知识的内容结构,清晰展示知识间的逻辑关系,有利于学生的认知,学生理解起来更容易也更准确。

很多事物的特点、结构、过程、事物之间的关系及问题的情境等,用大量的语言也很难描述清楚。即使教师认为描述清楚了,在不同学生的脑子里这些语言映射出的也是不同的呈现。这种情况下,如果能把它们进行可视化表达,则会使学生一目了然，既节省了教师大量语言的描述，也避免了学生对语言描述的不同理解。这也是教师应该引导学生掌握的一种解决问题的方法。

这里所说的关键点是指学习内容中的难点、学生的易错点等影响学习效果的关键之处。例如，经典的过桥问题，学生最容易出的错是认为火车过桥行驶的路程就是桥长，不理解为什么除了桥长还要再加上火车的自身长度。如果把火车过桥的前后整个过程，利用图片、动画、图示进行可视化表达，就自然能够"看"出火车行驶的路程是桥长和车长之和的结论，难点也会迎刃而解。图 5-18 对该可视化表达过程进行了静态呈现。

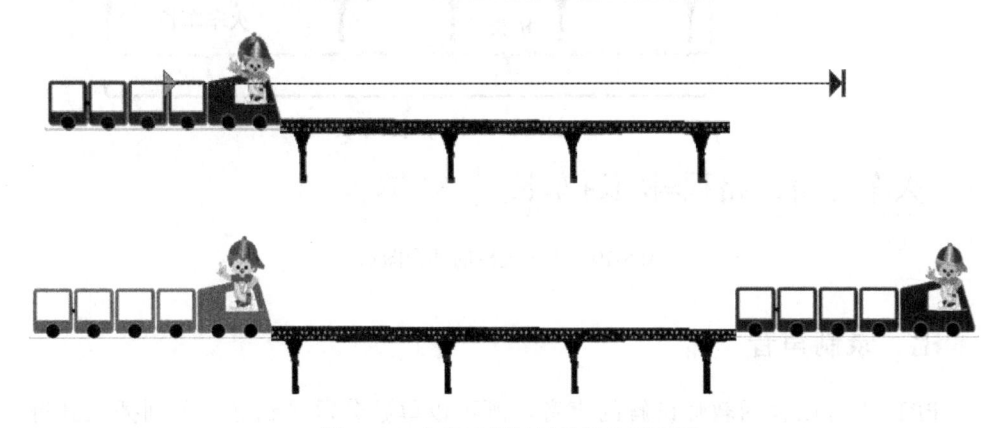

图 5-18　火车过桥问题的课件画面图

根据题目的文字描述先设计火车运动的可视化表达细节，一是将运动过程用路径动画表达出来，二是在火车的出发位置（桥的左端）和火车的到达位置（桥的右端）都显示出火车，这样从火车的同一个位置，比如车头的位置变化，如图 5-19 所示，很容易就能看出火车行驶了多少路程。当火车行驶到桥的右端时，左端的火车以黑色显示，右端还是红色显示，表示火车已从桥的左端行驶到右端，如图 5-19 所示。三是在火车即将行驶时车头的位置和停止时车头的位置，分别画一条竖线做标记，则两线之间的距离就是火车行驶的路程。再分别标记出桥的长度和火车的长度，从标记显然能看出火车即将行驶时车头的位置到火车停止时车头的位置之间的距离。线和箭头的勾画，表示了火车的行驶路程是由桥长和车长两部分组成，得出了过桥这个行程问题中的核心结论，解决了关键矛盾。

可视化表达符合脑科学的理论，学生大脑中缺少表象就很难理解和掌握新知识，通过可视化表达，增加和丰富了学生的表象，对于帮助学生建立新旧知识的联系、进行有意义的学习有着积极的、重要的作用。可视化表达能够降低外在认知负荷，增加关联认知负荷，把外在认知负荷向关联认知负荷转变。可视化表达可以帮助学生建立更多的图式单元的内在关联，建立更复杂、更完整的图式，更容易把短时记忆转化为长时记忆，提高学习认知的效率。

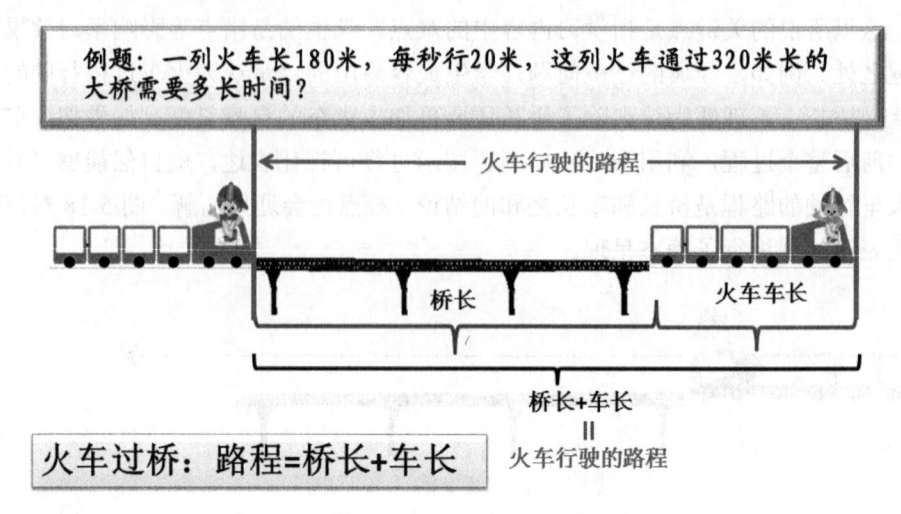

图 5-19　火车过桥的动画图示

七、录制声音

PPT 中可以包括教师讲解的声音，既可以单独分段录制好，分别插入到每页 PPT 中，也可以在每一页中分别录制。选择"插入"—"音频"—"录制音频"，在打开的"录音"窗口中，单击红色录音按钮则可以开始录音，如图 5-20 所示。结束时，单击中间的停止按钮，再单击"确定"按钮，该页的录音工作结束。同时，在该页 PPT 上出现一个小喇叭图示"🔊"。也可以在最后生成视频时再录制声音。

图 5-20　在 PPT 中如何录制声音

八、创意

小到一个字、一幅图如何呈现，大到整个微课如何表现，这些都需要创意。任何一个画面、一段音乐、一段语言都是创意的体现。好的创意既要新颖，有创新，又要切合内容，紧紧围绕学习目标。所有感觉信息中有 99%在进入人脑的时候就被丢弃了。❶注意力具有选择性。一个刺激的保存或者丢弃，其中一个关键：过滤加工过程中的输入刺激是否与我们以前习惯看到的不同、是否新颖。新颖性是天生的注意获得者。❷

微课"坐井观天"❸，其 PPT 课件中接近结束时有一个游戏环节：教师设计了两个游戏，一个是"火车卸货"，如图 5-21，一个是"摘苹果"，如图 5-22 所示。两个游戏分别把卸下货物和摘下苹果的过程和学生练习正确读音的过程结合起来。借助两个有趣的游戏让学生自我检测是否掌握了前面学习的字和词的读音。学生先自己读出，然后和教师的读音比较，如果有问题则暂停再次练习。整个游戏完成后，在任务单上记录自己练习次数较多的字和词。这个创意让枯燥的认读变得有意思，提高了学生的学习兴趣，学生乐于参与，自然学习效果就有了保证。

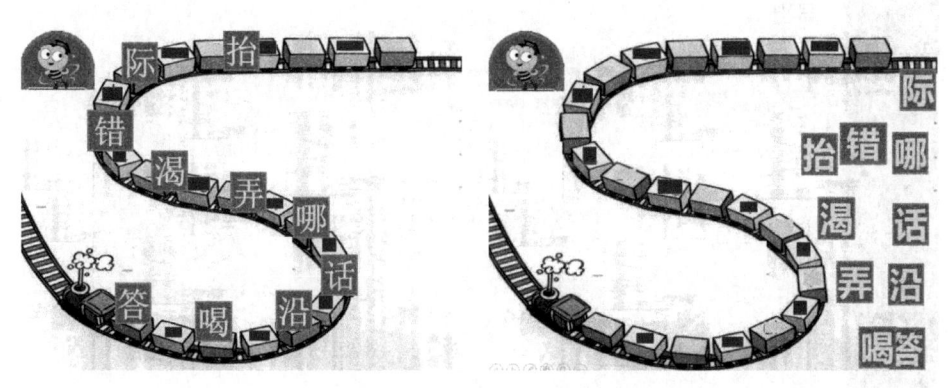

图 5-21 "火车卸货"游戏展示图

---

❶ Patricia Wolfe. 脑的功能[M]. 北京师范大学"认知神经科学与学习"国家重点实验室脑科学与教育应用研究中心，译. 北京：中国轻工业出版社，2005：63.

❷ Patricia Wolfe. 脑的功能[M]. 北京师范大学"认知神经科学与学习"国家重点实验室脑科学与教育应用研究中心，译. 北京：中国轻工业出版社，2005：65.

❸ PPT 课件"坐井观天"作者：陈颖，北京市怀柔区实验小学.

图 5-22 "摘苹果"游戏展示图

九、生成视频文件

PPT 课件精心设计完成后，就可以将 PPT 课件生成微课视频。既可以直接另存为视频格式，也可以单击"文件"，选择"导出"。在弹出的菜单中，再单击选择"创建视频"。在打开的"创建视频"的各选项中，单击"使用录制的计时和旁白"右侧的黑色小三角。在下拉菜单中，选择"录制计时和旁白"。如图 5-23 所示，可以同时录制 PPT 画面和教师的讲解过程。

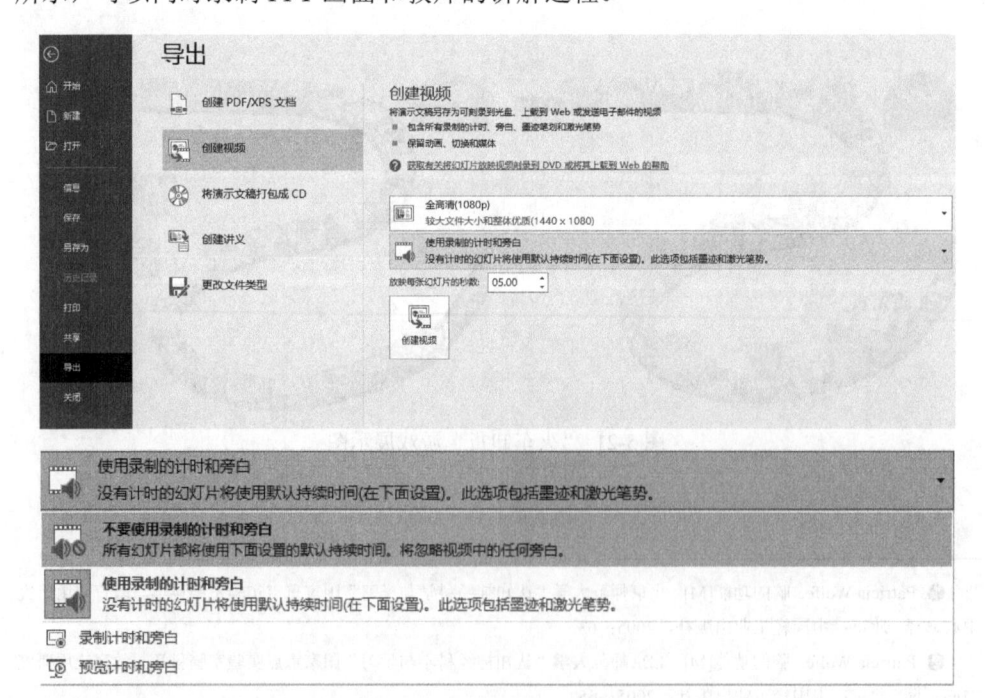

图 5-23 在 PPT 中创建视频

如果已经在 PPT 制作过程中录制好了声音，则可以在创建视频中选择"使用录制的计时和旁白"。如果之前没有录制声音，现在也不想再录制，那么可以选择"不要使用录制的计时和旁白"。

重点

- 只会制作 PPT 如何生成微课
  - 整体要求
  - 版面设计
  - 文字的呈现
  - 图表的使用
  - 动画效果
  - 关键点的可视化表达
  - 录制声音
  - 创意
  - 生成视频
- 动画效果
  - 切换动画
  - 挥鞭式与擦除动画效果的结合
  - 自定义路径动画与擦除动画效果的结合
  - 给箭头设置动画
  - 给任意多边形设置动画
  - 强调动画
  - 动态图片

翻转学习的设计与实现

第四节　录屏+PPT 如何生成微课

问题　录屏+PPT 如何生成微课？如何录制能减少后期编辑？录好的内容中有错误和多余部分怎么办？

制作 PPT 课件，放映 PPT 课件同时进行讲解，将讲解和 PPT 放映的过程使用录屏软件录制下来，这是教师经常使用的制作微课的一种方法。PPT 课件的设计与制作在上一节中已经阐述，本节主要阐述如何实现录屏、简单编辑、生成微课视频。录屏可以使用的软件有 Camtasia Studio、优酷录屏、FastStone Capture 等。每个软件的特点和功能不同，各有特色。以下主要介绍 Camtasia Studio，以 8.6.0 版本为例。

一、录屏步骤

准备好 PPT 课件，我们就可以边放映课件、边讲解，同时进行录制了。

（一）启动录制过程

如图 5-24 所示，单击其中的"录制屏幕"选项，启动录制过程。

图 5-24　启动"录制屏幕"

（二）设置音频

单击工具栏中的"录制屏幕"选项后，则录制面板被打开，如图 5-25 所示。此时，音频的默认状态是打开状态，通过单击"🎤"可以切换音频的打开"🎤"和关闭"🎤"状态。在音频打开的状态下，直接单击"🎤"中向下的三角"▼"弹出音频设置的选项菜单，如图 5-25 所示。因为要录制的声音是教师对着 PPT 讲解的声音，所以应该选择的是第一项"麦克风 (Realtek High Definition Audio)"。想选

· 134

择哪一项只需要在该选项上单击，"麦克风 (Realtek High Definition Audio)"和"不录制麦克风"哪一项被选中，则其前面会出现"●"标志；"录制系统音频"如果被选中，则前面出现"√"标志。没有该标志，则说明不会录制系统声音。

音频设置选项根据实践需求进行选择。一般录屏是需要同步录制讲解的声音，就如图 5-25 中所示，设置使用麦克风。如果只录制屏幕内容，不需要录制教师讲解的声音，也不需要录制电脑中播放的声音，则仅选择"不录制麦克风"选项生效。

图 5-25 设置音频

网上不能下载的视频资源，也可以边播放边录制，这样就可以作为素材使用了。这种情况下，如果使用 Camtasia 软件录制，则将音频设置为"录制系统音频"有效，即设置成"√ 录制系统音频"。现在 360 浏览器本身就有边播放边录制的功能，使用起来更为简单。

（三）设置摄像头

在录制面板中，摄像头默认为关闭状态。在""上单击，摄像头则切换为打开状态"摄像头开"，并且摄像头初始化后出现摄像头前教师的头像。一般微课中不需要显示教师的头像，主要关注点在教师讲解内容的显示，所以一般不用开启摄像头。在微课的开头、结尾或者中间某个特殊片段中，如果需要显示教师的头像，可以在这里进行设置。

（四）设置录制尺寸

在录制面板中选择区域，单击"全屏"选项，则录制区域为整个屏幕；单击自定义选项"自定义"选项中的""弹出自定义区域的菜单，如图 5-26 所示，可以根据需求选择弹出菜单中的对应选项。如果需要根据屏幕的内容自行定义，则选择

"自定义"选项中的"选择要录制的区域",然后按下鼠标左键拖动自行设定录制区域。如果需要录制某一应用软件的界面操作,可以使用"锁定应用程序"。

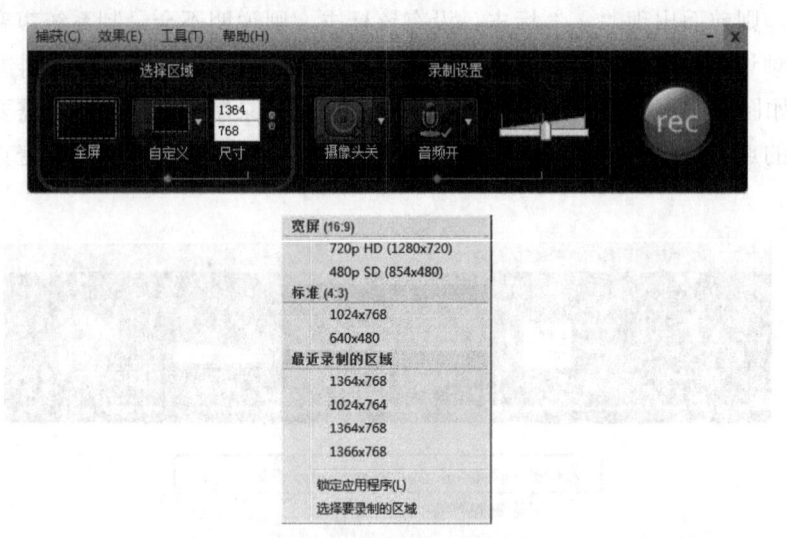

图 5-26 设置录制屏幕尺寸

一般录制 PPT 课件的放映画面时,选择课件全屏播放。此时,选择"全屏"选项进行录制。

(五)开始录制

单击录制面板中的红色录制按钮或者按快捷键【F9】,就可以开始录制过程。

单击红色录制按钮或者按【F9】之后,出现倒计时显示。数字由"3"变化到"1"之后,开始正式录制,倒计时画面消失后的屏幕内容开始被录制下来。由于倒计时的时间很短,因此在录制前应把 PPT 提前准备好。

(六)停止录制

录制需要停止时,在如图 5-27 所示的界面中单击停止按钮或按直接按【F10】都可以停止录制。

图 5-27 停止录制

在停止录制的同时,创建视频文件并自动开始预览。图 5-28 是以录制微课"一亿张纸摞起来有多高"的片段为例,显示的是片段录制结束后的预览画面。

第五章 如何制作微课——基础篇

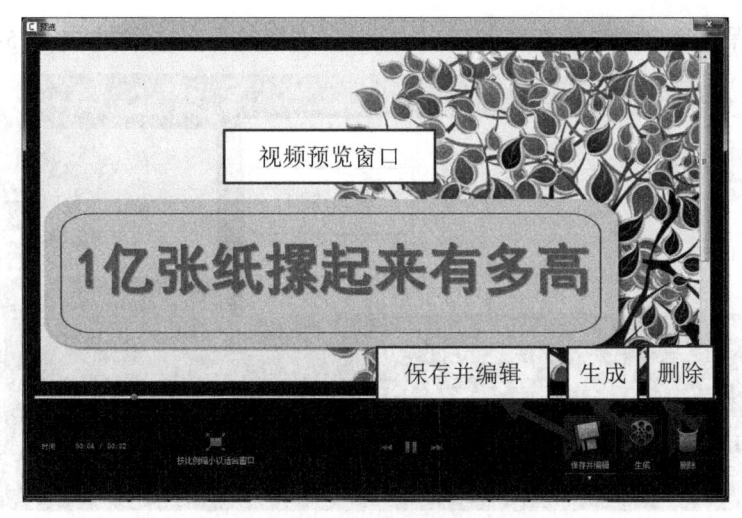

图 5-28 停止录制后开始自动预览

(七) 保存录制

通过预览可以感知对录制视频的满意程度，可以根据效果选择保存下来或者直接删除重录。

如果选择单击"保存并编辑"选项，则开始进行保存。保存后，可以进一步编辑。单击后则打开保存文件的窗口，如图 5-29 所示，文件名默认为"捕获-1.trec"。其中，主文件名"捕获-1"可以修改为和录制的微课内容相关的名字，扩展名".trec"不可修改。选择磁盘及文件夹，指定文件的存放位置。这样一个文件的录制与保存就完成了，但是并不是最终提供给学生的微课，如何生成微课要继续学习下面的"微课的生成"部分，在那一部分会对该类型文件的特点再作阐述。

图 5-29 保存录制的文件

翻转学习的设计与实现

文件保存后自动显示在资源窗口中，并且直接显示在轨道上，如图 5-30 所示。

图 5-30　录制的文件保存后的画面内容

如果选择单击"删除"选项，则直接将录制的内容清除掉；如果选择单击"生成"选项，则在保存成".trec"文件之后，还直接生成".mp4"格式的视频文件。一般不会录制后直接生成".mp4"视频文件。因为大多时候我们都需要对录制的文件（一个或多个），或者和其他的视频、图片、声音等进行合成、编辑后才能生成一个微课，所以此时一般不会直接选择"生成"，而是先保存成".trec"文件。学习完后面"微课的生成"的内容，对不同的文件类型就会理解得更透彻。

当你录制并保存好文件后，请回顾和思考以下问题：一是录制前要做好哪些关键准备？二是预览录制好的文件，你发现存在哪些问题？

回顾与思考

一、录制前要做好哪些关键准备？
- 打开准备好的 PPT 课件；
- 设置音频，常设置为使用麦克风，设置后显示" 麦克风 (Realtek High Definition Audio) "；
- 设置录制尺寸，常选择全屏录制。

二、仔细预览录制的文件，你发现存在哪些问题（有哪些不满意）？你想到哪些解决问题的办法？

二、录制技巧

录制的文件经常会出现一些问题，比如开头处的画面杂乱，是无用的多余内容；中间有停顿或者重复、说错的部分；鼠标指针出现在屏幕中央，影响观看效果；有点击鼠标的声音，干扰听取讲解内容；录制的 PPT 画面两边有黑边，不美观；有两条音轨，其中一条是空的，没有任何内容；开始和结束时有些匆忙、突兀等。看看这些问题是不是包括了你所遇到的问题。如果没有包括，请补充到下面问题列表的最后。如果有对应的解决办法，或者随着继续学习和动手实践找到解决办法时，请写在该问题的旁边。

录制的文件中可能出现以下问题

- 开头处的画面杂乱，是无用的多余内容；
- 中间有停顿或者重复、说错的部分；
- 鼠标指针出现在屏幕中央，影响观看效果；
- 有点击鼠标的声音，干扰听取讲解内容；
- 录制的 PPT 画面两边有黑边，不美观；
- 有两条音轨，其中一条是空的，没有任何内容；
- 开始和结束时有些匆忙、突兀；
- _____
- _____
- _____

以上问题有没有办法解决呢？回答是肯定的，能够解决，而且还有不同的解决方法。下面我们主要从提前避免出现以上问题的角度，看使用哪些技巧。在使用 Camtasia Studio 录制微课的过程中，为了避免出现以上问题，达到更好的录制效果，可以使用以下录制技巧。

（一）提前放映课件

在录制课件前，由于倒计时时间较短，如不提前做好准备，开始录制后再打开课件，就容易把找课件、打开课件等无意义的过程画面录制进来，为后续编辑带来不必要的麻烦。因此，可以采取先把课件提前找到打开，再打开 Camtasia 软件的录制面板，然后放映 PPT 课件。此时，课件在放映状态，同时显示出已经打开的录制面板。如图 5-31 所示（以录制"一亿张纸摞起来有多高"为例），此时单击录制按钮或者按快捷键【F9】启动录制，这样录制的起始内容就从课件的首页开始，不再会有无关信息。

翻转学习的设计与实现

图 5-31　打开录制面板并放映要录制的课件

如果放映课件之前，忘记启动录制面板也没有关系。在 PPT 放映状态，可以同时按【Ctrl+T】键启动任务栏，界面如图 5-32 所示。单击任务栏中软件 Camtasia Studio 的图标，启动该软件，然后单击"录制屏幕"按钮调出录制面板。接下来，可像图 5-30 中一样操作即可。

图 5-32　放映课件后启动任务栏

（二）延时开始

我们在开始录制时，如果太匆忙开始讲解，往往因慌乱出现气息不稳或录制节奏过快等现象，导致录制效果不佳。此时，我们可以在开始画面先停顿两三秒钟，再开始讲解。这样可以给录制者一个很好的心理准备时间，也让录制内容不突兀。如停留时间过长，可以在后续编辑过程中把多余部分删除掉。

（三）延时结束

刚才我们介绍了开始录制时的技巧。同理，结束一个画面的录制时，如果结束过快，也会导致本画面与下一画面衔接过快，导致学生应接不暇，影响学习效果。我们同样可以在录制结束后，让画面停留两三秒，再结束录制。这样便可以很好地解决结束突兀的问题。

（四）拆分录制

在实际录制过程中，很难一次性录制成功。尤其是录制一段较长的内容时，经常出现各种失误，容易导致频繁录制，或者大大增加后期编辑的工作量，降低录制效果，增加编辑成本。为了解决这个问题，我们可以将一个较长的录制内容，拆分成若干较小的录制片段，后期再将其拼接起来。这样可大大降低录制出错的可能性，改善录制效果。

（五）停顿、重说

在实际录制过程中，往往会出现小的错误，如口误、吐字不清、操作失误等现象。此时，没有必要放弃录制过程，再将整个内容重新录制。重复录制不仅大大降低了工作效率，还容易让教师产生挫败感。遇到这种情况，教师可以不必放弃，而是继续录制。只需要在意识到自己出现错误时，先停止讲解，停顿两三秒后再重新讲解这个片段即可。之所以停顿，一方面是为了便于后期编辑时，很容易把录制错误的内容挑选出来，另一方面也是为了让讲解者有时间进行心理调适。

（六）避免黑边的出现

我们经常看到有一些微课画面两边有黑色边框，这是因为录制PPT画面时，PPT的放映本身两边有黑边，又采用全屏录制，所以就出现了黑边现象。通过修改幻灯片大小中的显示比例，设置PPT为全屏放映，就可以避免该现象。具体操作步骤：单击选择"设计"选项，再单击其中的"幻灯片大小"选项。在弹出的选项中，如图5-33所示，单击选择" 宽屏(16:9) "，则幻灯片设置为全屏。

图 5-33 设置 PPT 全屏显示

（七）正确使用鼠标

微课中，鼠标指针无故出现在屏幕中央或者到处乱飞，会影响观看效果。在正常讲解中，点击鼠标的声音容易分散学生的注意力，影响听觉感受。因此，在录制过程中，要注意正确使用鼠标，避免出现鼠标指针无故停留在屏幕中央或者指针到处闪动等干扰现象，尽量使用无声鼠标或者键盘上的按键完成操作。

三、生成微课

（一）片段文件、项目文件、视频文件

前面介绍的录制后的文件保存为"*.trec"，我们称之为片段文件。一个微课可能需要录制一个或者多个这样的文件。一般录制的片段文件会自动出现在"资源窗口"和"时间轴"上。图5-34为Camtasia 8.6.0版本的界面简介。

图 5-34　Camtasia 8.6.0 版本界面简介

如果作为微课一部分的片段文件不在资源窗口中，则可以单击"导入媒体"按钮。找到需要的片段文件后，将片段文件导入，放置到资源窗口。然后，直接将其从资源窗口拖动到时间轴编辑窗口中轨道的合适位置。多个片段文件在时间轴的先后顺序，代表了播放时出现的先后顺序，可以通过拖动进行调整。

一个微课除了包括一个或多个录制的片段文件，还可能包括背景音乐、网上下载的视频、图片等内容。通过放置在轨道的适当位置，就可以把它们按合理的

顺序组织在一起，可以将各轨道上编辑好的内容保存下来，以方便记录已编辑的内容和进行再次编辑。这就需要单击"文件"菜单中的"保存"，或者直接按快捷键【Ctrl+S】。默认的名字为"未命名.camproj"（未汉化版本中为 Untitled.camproj），扩展名"camproj"不要改动。主文件名可以改为和微课内容相关的名字，选择片段文件所在的文件夹保存即可。这类文件被称为"项目文件"，只能在 Camtasia Studio 中打开、编辑。

项目文件编辑满意后就可以生成视频文件。通过单击"生成和分享"按钮，进行位置选择与参数设置，就可以生成视频文件"*.mp4"。将视频文件和配套的其他资源提供给学生，学生就可以自主学习了。图 5-35 给出了不同类型文件的图示。

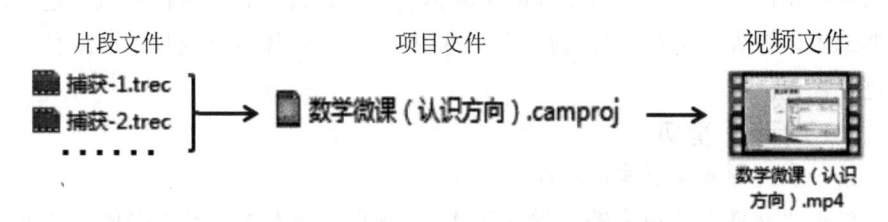

图 5-35 不同的文件类型

通过上文说明，我们可以看出一个或多个片段文件（还可能有其他音视频、图片等素材）组成项目文件。项目文件编辑满意后生成视频文件。这三种文件的形成过程也是微课的生成过程。我们可以根据它们的图示特点来辨识。

（二）如何规划保存各文件

制作同一个微课相关的片段文件、项目文件、生成的视频文件及图片、视频、音乐等过程性素材，都放在同一文件夹中。如果课件设计和制作得足够精美、考虑学生的学习需求足够充分，并且录制过程足够谨慎、完美，则录屏后直接生成的视频文件就是一个令人满意的微课，可以直接提供给学生使用。但是，经常是课件制作时，即使很用心也难免还有没照顾到的学习需求，在录制微课的过程中才发现和明确，一般不会再重新修改课件、重新录制，而是在后期编辑过程中去完善。此外，录制过程即使再谨慎，也难免有停顿、不清晰甚至说错的地方，所以录屏后生成的文件一般还要经过剪辑。这样就不可避免地要进行后期编辑，然后再生成微课视频。

四、简单的后期编辑

微课录制结束后，后期编辑是非常重要的。后期编辑主要有两种：一是基于错误的编辑，二是基于学生需求的编辑。录制过程中难免有说错、停顿、不清楚等错误，这些必须修正。另外，微课可能包括多个片段文件，还可能包括其他多种形式的素材文件（如视频、图片、音频文件），需要合成编辑。还有，微课中可以做一些转场、标注、缩放动画、位移或变形动画、加亮、遮盖效果及配乐等。这些编辑可以使微课内容更丰富，情境更真实，重点更突出，可视化表达更合理，更有吸引力、更能增强记忆，学生更喜欢，更利于学生的自主学习。这些编辑我们称之为基于学生需求的编辑。本节中只介绍第一种编辑——基于错误的编辑，主要是删除录制中的错误部分。

在视频录制过程中，难免会出现口误、操作错误、停顿等状况。有些教师会选择不断地重新录制直到满意为止，这样做大大降低了工作效率。当出现失误时，可以先停顿两三秒，然后将正确的讲解再说一遍、将正确的操作再做一遍，通过后期编辑，把失误的视频片段找到、删除掉即可。具体可以选择下面两种方法之一进行操作。

（一）标记、剪切

第一步：导入需要编辑的片段文件。

单击"文件"菜单中的"导入媒体"，或者直接单击"导入媒体"选项，选择要编辑的文件，如图5-36所示。

图5-36 导入需要的片段文件

第二步：将导入的片段文件拖到轨道上。

导入后的片段文件显示在资源窗口中，将鼠标指针移至该文件，按住左键拖动到轨道上的适当位置放开。

第三步：标记要剪切的内容。

分别设置剪切起点、终点，播放头左侧的标记要删除内容的起始位置，播放头右侧的标记要删除内容的结束位置，如图 5-37 所示。

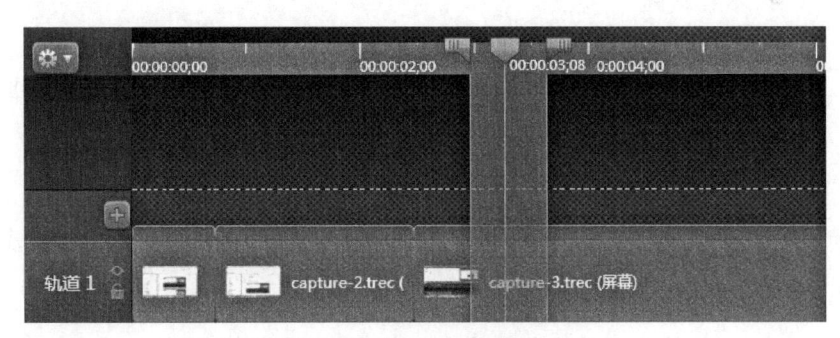

图 5-37　标记要剪切的内容

第四步：单击时间轴上方的剪切按钮"　"即可。

（二）切开、删除

单击时间轴上要编辑的文件，拖动播放头。通过预览，找到要删除内容的起始位置。单击分割按钮"　"，文件被分割为两部分。继续拖动播放头，通过预览，找到要删除内容的结束位置。再次单击"分割"按钮，则文件被分割为三部分。为了便于确定要删除片段的起止位置，尤其是片段较小时，可以先单击放大按钮"　"，适当放大时间轴，然后再确定该片段的起止位置。找到起止位置并完成分割后，单击选择三段中的中间一段，单击键盘上的删除键即可。如果要删除文件开头（或结尾处）的内容，则只需找到要删除内容的结束位置（或起始位置），分割一次，选择前面（或后面）一段删除即可。"分割"和"放大"按钮的位置及图示如图 5-38 所示。

图 5-38　"放大"与"分割"

两种删除方法任选其一使用就可以完成这种基于错误的编辑，将微课录制过程中的错误、无用之处去除。

重点

- 录屏步骤
- 录制技巧
  - 提前放映课件；延时开始；延时结束；拆分录制；停顿、重说；避免黑边的出现；正确使用鼠标
- 生成微课
  - 片段文件、项目文件、视频文件；规划保存
- 简单的后期编辑
  - 标记、剪切；切开、删除
  - 小技巧：先放大，再确定片段的起止位置

第六章
如何制作微课——特色篇

本章旨在帮助读者学习和掌握如何利用不同软件的不同特色，创意并实现微课中的特色画面，重点介绍如何使用 Focusky 和 iMindMap 软件分别创设出不同特点的微课中的特色画面。在介绍了软件的基本操作之后，主要使用案例分析的形式，让大家感悟如何根据教学需求合理选择和使用技术。在使用思维导图生成微课特色画面的介绍中，更是将基本操作方法直接融入了具体案例之中。

很多技术只知道操作方法没有用，关键是要和教学需求结合起来。"技术和教学如何结合"的实践性知识是非常重要的，所以本章没有强调软件完整技术点的罗列，而是在讲清基本操作之后，通过案例分析来阐述如何利用不同软件的不同特色解决教学中的不同问题。本章通过案例分析，来挖掘和呈现技术如何与教学需求相结合的实践性知识。通过实际的案例给出具体的情境，读者可在情境中感悟独特的创意，在情境中体验技术的恰当运用，在情境中学习技术如何应用。

第一节 使用 Focusky 软件如何生成微课

问题 使用 Focusky 软件如何生成微课，如何进行创意和实现？

使用 Focusky 软件制作的课件，采用整体到局部的动态演示方式，通过缩放、

翻转学习的设计与实现

旋转、移动等，给人的视觉带来强烈冲击力，呈现出更加优美的瞬间，使演示变得生动有趣。利用该工具也可以生成微课。本节先介绍 Focusky 软件的基本操作方法，然后通过分析三个具体的微课案例，来展示 Focusky 中各项功能的神奇妙用和发挥出的巨大作用。在实际案例具体的情境之中，更容易感悟、理解和掌握如何使用 Focusky 软件设计和制作出理想的微课。

一、基本操作方法介绍

（一）启动及界面简介

双击桌面的快捷键图标，启动该软件。启动后的界面如图 6-1 所示。

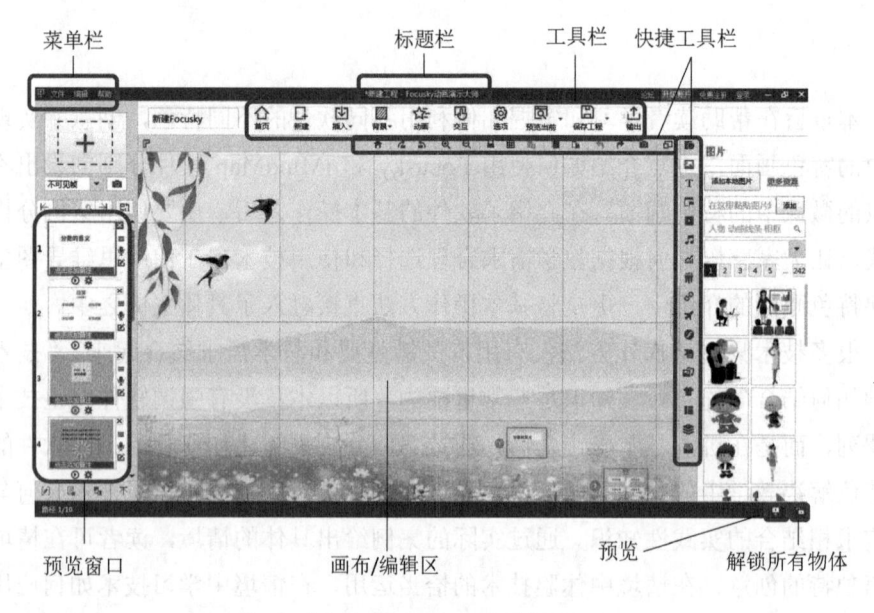

图 6-1　Focusky 界面介绍

（二）新建项目文件

新建项目文件可以使用不同的方法，以下介绍常用的三种方法。

1. 选择模板创建新项目

启动 Focusky 后，可以单击选择显示在左侧的"在线模板"，打开如图 6-2 所示的界面，在众多模板中选择适合自己讲课内容的模板。单击选择好的模板开始加载，加载完成后可在该模板上进行编辑。

图 6-2 选择"在线模板"

例如，选择了"最美江南"的模板，加载完成后，则自动创建好了 10 帧，并且 10 帧的变化路径、每一帧中具体的图文安排等场景设置都已经自动创建，如图 6-3 所示。只需要在此基础上加入所需的文字、图片、视频、角色、SWF 资源等不同内容，进行所需的局部更改和效果设置就可以了，帧的数量也可以根据需求进行增减。为了让中间画布中的内容更清晰，图中左侧预览窗口只截取了 10 帧中的前 3 帧。中间画布中显示的就是该模板创建的每一帧的场景和路径设置。

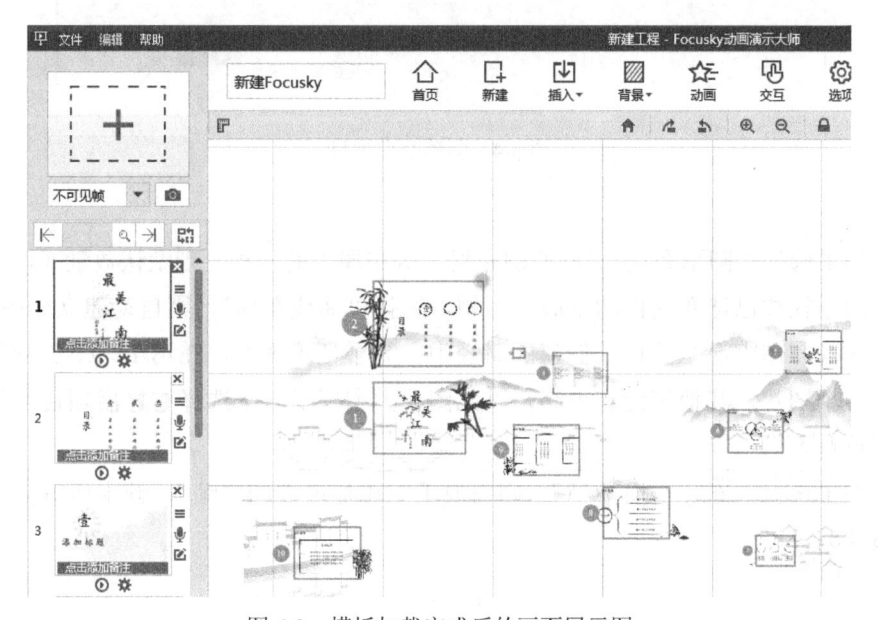

图 6-3 模板加载完成后的画面展示图

2. 新建空白项目

如果不想使用现成的模板，可以单击软件左上角的"新建空白项目"按钮，则打开"新的空白项目"窗口，如图 6-4 所示。可以选择"新建空白项目"，也可以选择"圆形布局""同心圆布局"等布局中的一种，进行编辑。

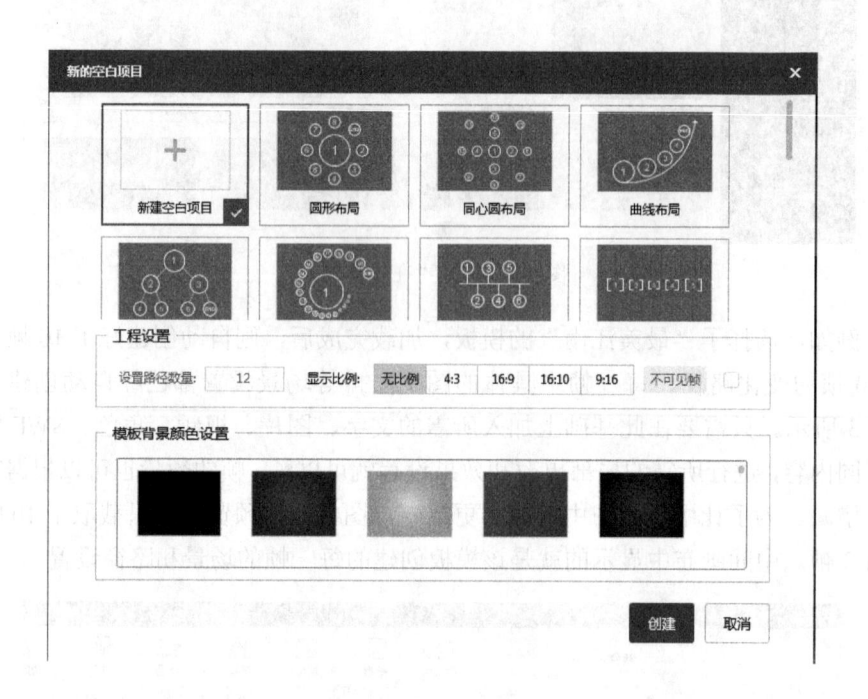

图 6-4　新建空白项目

如果选择"圆形布局""同心圆布局"等布局中的一种，则默认数量（可以修改）的路径按已选布局自动生成。例如，选择"曲线布局"，则自动建立如图 6-5 所示路径。图中显示的自动创建的路径中，为了便于观察，在第 1、2、3 帧各插入了一个图片，其他帧没有内容，以此图让大家感受一下选择布局后项目文件的布局特点。

如果选择"新建空白项目"，则需要手工添加所需的"帧"、帧中所有内容及具体的路径设置。

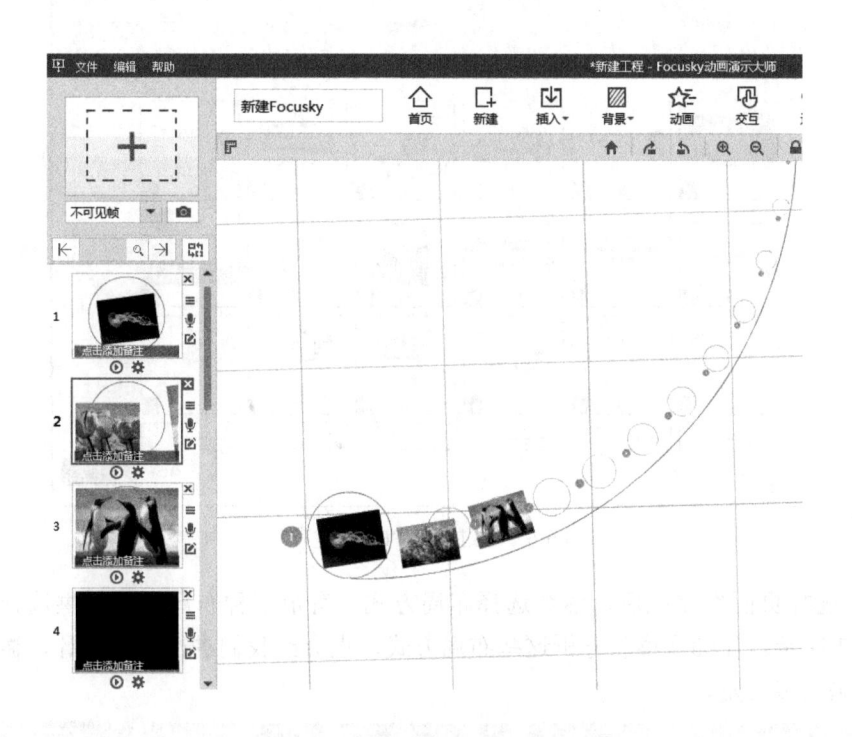

图 6-5 选择"曲线布局"新建的项目文件

3. 导入 PPT 新建项目

如果有已经完成的 PPT 课件，可以将其直接导入，生成 Focusky 中的工程文件。具体要经过"解析和加载 PPT"—"选择页面"—"选择布局方式"—"选择模板"—"开始创建工程"几个步骤。

首先，将鼠标移至启动后所打开窗口左上角的"打开&导入"，并单击其弹出菜单中的"导入PPT新建项目"。其次，选择要导入的 PPT 课件，则开始解析和加载选中的 PPT 课件。默认把所选课件的每一页全部加载，加载后如图 6-6 所示。可以继续进行"选择页面"的操作，以确定把 PPT 课件中的哪些页面导入。此时，可以按默认的选择全部，也可以单击本图左下角的"取消选择"，则每一页右下角的"✓"消失。想要选择哪些页，在每一页上单击。出现"✓"后，表示被选中。如果个别页不需要，可以在全部选中的前提下，逐个单击不需要的页，使其"✓"消失。"选择页面"完成后，单击"下一步"。

151

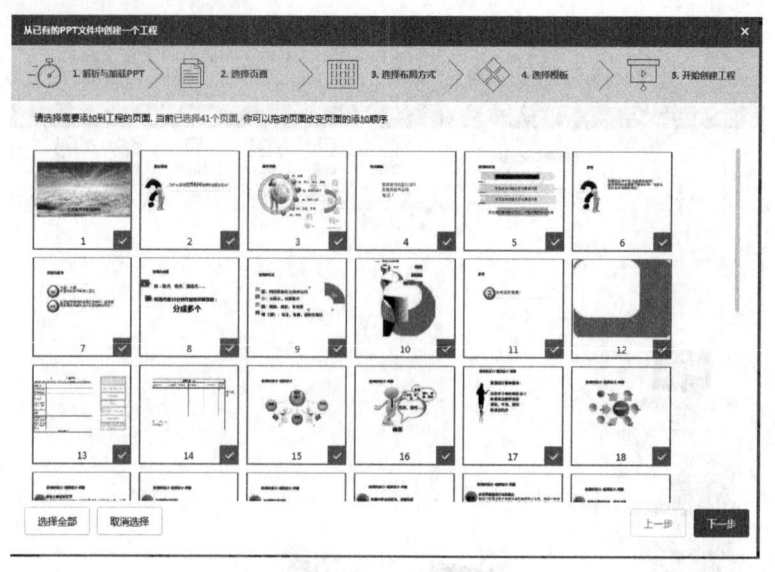

图 6-6 通过导入 PPT 新建项目

"选择页面"完成后，继续选择布局方式。有很多种布局方式可供选择，如图 6-7 所示。仔细观察和分析这些布局方式，也会给我们进行课件设计、微课设计带来很多启发。

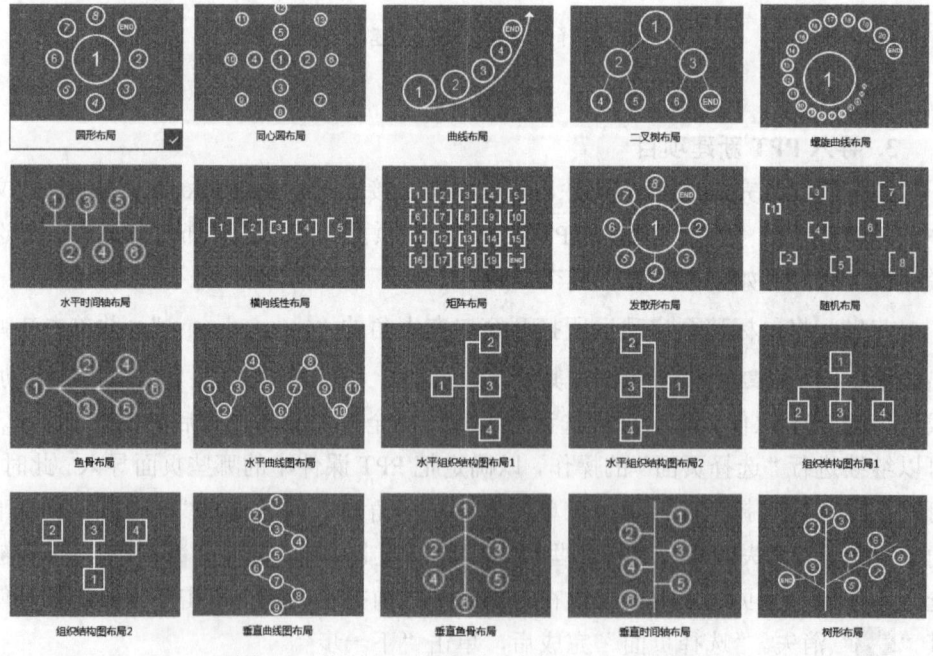

图 6-7 导入 PPT 新建项目中的布局方式选择

第六章 如何制作微课——特色篇

布局方式确定之后，开始"选择模板"，如图 6-8 所示。

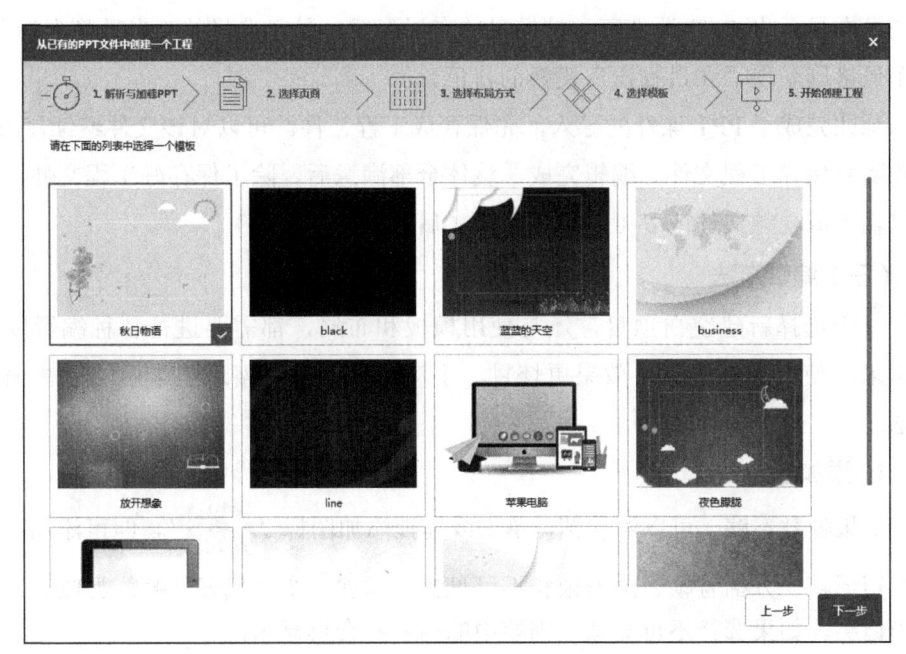

图 6-8 导入 PPT 新建项目中的模板选择

选择"发散型布局"和"秋日物语"模板，完成后则创建如图 6-9 所示的场景和路径。

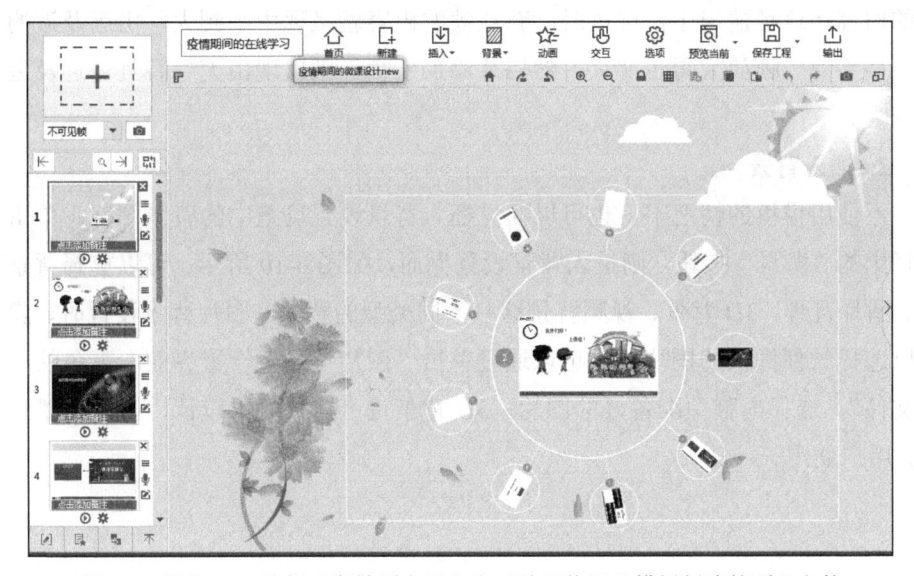

图 6-9 导入 PPT 选择"发散型布局"和"秋日物语"模板创建的项目文件

153 •

左侧是每一帧具体场景的预览,所选每一个页面顺序对应这里的每一帧。中间的画布显示出 PPT 课件每一帧场景的布局形式,是已选择的"发散型布局",整个风格则呈现"秋日物语"模板的特色。

至此完成了 PPT 课件的导入,先保存成工程文件。可以对该文件继续修改,注意随时保存工程文件。编辑完成、整体全部满意后,除了保存好工程文件,也可以输出成视频文件或者可执行文件等(后面有具体介绍)。

(三)编辑方法

无论选择新建空白项目,还是使用模板和布局,都需要进行各种编辑以满足需求,使内容更丰富,效果更炫目、生动。以下集中整理了常用的一些编辑方法。

1. 添加帧

如果帧数不够,可以添加帧,单击或拖拽添加图标" + ",即可添加。类型有矩形帧、方括号帧、圆形帧和不可见帧。添加一个就代表一帧,类似于一个电影镜头。如果选择不可见帧,则帧中的内容不会再显示。

如果相邻两帧的内容放置在水平或者垂直的位置上,则播放时从一个场景到另一个场景是水平或者垂直移动过去的效果。如果单击选中一帧,然后向上滚动鼠标滚轮,该帧场景不断放大,然后再添加一帧,并且在新增加的帧中添加所需的内容。这种情况下,播放时,新加帧的内容就呈现由小到大、由远及近的效果。如果前一帧放大得足够大,然后才添加新帧,则出现由无到有且由远及近慢慢变大。

2. 插入背景

不使用模板的情况下,也可以通过插入背景设置场景中的背景图案。单击工具栏中的"背景"按钮,则进入背景设置界面,如图 6-10 所示。可以选择背景颜色、图片背景、3D 背景、视频背景这些不同类型的背景。图片背景设置时,除了可以选择软件提供的图片,也可以通过单击"图片背景"设置界面右下角的"选择文件",选择电脑中准备好的图片。3D 背景也可自行编辑设计,有些背景只能 VIP 用户使用。

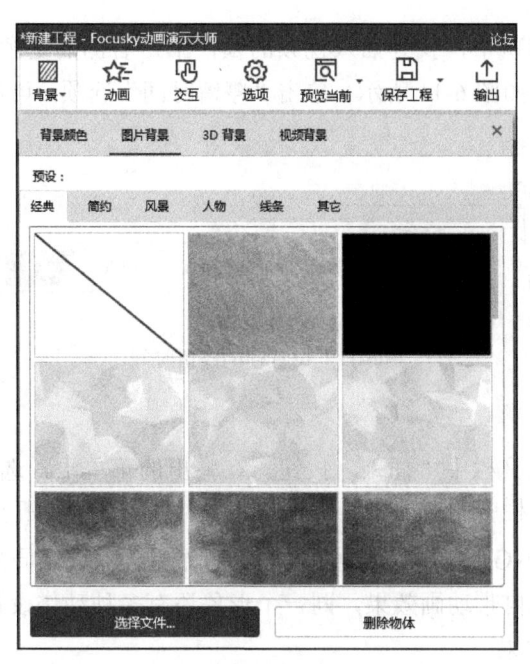

图 6-10　背景设置

3. 插入文本、图片、音乐、视频、图表、公式、SWF 等多媒体

单击工具栏中"插入"按钮，在弹出的菜单中选择"文本"或者单击选择快捷工具栏中的文本工具" T "。然后，单击"添加文本"，并在当前画布中单击确定文本框位置，便可输入文字。文字可进行字体、颜色、字号、艺术字等多种设置。编辑好后，文本框也可以随意拖拽调整位置。可以将文本框预设好字体、颜色等，再输入文字。

同样，单击工具栏中"插入"按钮，在弹出的菜单中分别选择"图片""音乐""视频""艺术图形""图表""公式"等，或者单击选择快捷工具栏中的对应工具图标，便可以插入选择的内容。在画布右侧的灰色快捷工具栏中，有很多以简易图形作标识的工具图标。鼠标放在这些图标上时，分别显示"文本""图形""音乐""视频""图片""角色""超链接"等文字提示，这些图标的功能一目了然。

插入图片后，单击图片右边的"编辑"按键或者单击快捷工具栏右侧的"编辑"工具图标即可进入图片编辑器，进行裁切、修改尺寸、旋转、翻转，也可去掉背景色、设置"油画"效果等。

SWF 素材即 Flash 动画，内容非常丰富，但并未按种类摆放。需要时，可以通过搜索栏进行查找，添加适当的动画效果。后面的案例中会有一些具体的应用举例。

在左侧预览窗口中，找到插入视频的帧，单击右侧的更多设置按钮"≡"，则打开更多设置，如图 6-11 所示。单击"停留时间"选项，可以根据视频长度设置该帧的停留时间。

图 6-11　设置帧的停留时间

4. 插入角色

同样，单击工具栏中"插入"按钮。在弹出的菜单中，选择"角色"，或者单击选择快捷工具栏中的对应工具图标"　"，便可在右侧打开的角色库中选择应用。有 Flash、PNG、GIF 三类角色，可选择不同类型、不同形象的角色应用在课件中。这些角色自带动画效果，同一个形象还有多种动作设置可供选择。

5. 设置动画效果

在 Focusky 中，可以给文字、图片、视频、图表，还包括 flash 动画、角色等对象，设置不同的动画效果及出场顺序。单击工具栏中的"动画"一项，进入动画编辑状态。先在画布中找到要设置动画的对象，单击选中该对象。然后，单击右上角的"添加动画"。如果没有选中要设置动画的对象，则该项为灰色，无法选择。单击"添加动画"后，则进入下图 6-12 所示的选择动画效果的画面。

图 6-12　选择一个动画效果

动画效果分为进入特效、强调特效、退出特效、动作路径、变体特效五类。根据讲课内容的需求，可以选择恰当的动画效果。"历史特效"中，可以存放近期使用过的动画效果。在制作课件时，需要对不同动画效果进行对比尝试，精心选择文字、图片等对象的恰当出场方式，既要符合内容特点，吸引学生的注意，也不要显得过于喧闹。

动画设置完成后，单击右上角的"退出动画编辑"按钮，退出动画编辑状态。

6. 设置交互

在 Focusky 中，可以给文字、图片、视频、图表，还包括 Flash 动画、角色等对象，设置"交互"。在播放时，当鼠标移至设置了交互的对象时，会出现" "标志。当单击鼠标时（或者鼠标进入时等，根据具体的"鼠标操作"设置），则会出现在交互设置时设定的具体触发行为。对象的类型不同，可以触发的行为不同，下面会做介绍。

设置交互的方法和步骤如下。单击工具栏中的"交互"按钮，进入交互设置模式。在画布下方出现如图 6-13 所示的交互设置列表。

交互列表				Q 预览	＋增加交互
操作对象	鼠标操作	触发对象	触发行为		

图 6-13　进入交互设置-1

单击选中要设置交互的操作对象，如一个文本对象。然后，单击"增加交互"按钮，则"操作对象"已经确定为所选择的文本。可以继续其他各项的设置，也可以先单击"增加交互"。此时如图 6-14 所示，"操作对象"下方显示" 选择 "。单击这个按钮，然后在画布中找到要设置交互的文本并单击选中，则此时"操作对象"下方显示" T 文本 "。类似地，通过单击"触发对象"下方的选择按钮，然后在画布中找到触发对象并单击选中，即可完成触发对象的设置。播放时，通过单击等鼠标操作触发了哪个对象的行为，哪个对象就是"触发对象"。"触发对象"和"操作对象"可以是同一个对象。例如，刚才设置的操作对象是一个文本对象，把刚才设置的操作对象接着再设置为触发对象，再将"鼠标操作"设置为"鼠标单击"，将"触发行为"设置为"播放动画"，则在播放时，当鼠标移至这个文本对象时，文本上方会出现" "标志，当单击鼠标时，则该文本会出现设置好的动画效果。

图 6-14 进行交互设置-2

在"鼠标操作"的设置中,有"鼠标单击""鼠标进入""鼠标离开""鼠标按下""鼠标弹起"五种选择。"触发行为"会根据"触发对象"类型的不同而不同。比如,如果"触发对象"是文本,则"触发行为"包括改变属性、改变不透明度、播放动画、改变文本样式、改变艺术字或纹理字样式五种选择。如果选择其中的"播放动画",则会打开如下图所示的编辑播放动画的窗口。单击"编辑动画"按钮,则可以选择具体的动画效果。还可以在图 6-15 所示的窗口中设置动画时长和延迟时间。

图 6-15 "触发行为"设置为"播放动画"

如果"触发对象"是图形,则"触发行为"包括改变属性、改变不透明度、播放动画三种选择。如果"触发对象"是 SWF 动画,则"触发行为"包括改变属性、改变不透明度、播放动画、改变 SWF 四种选择。

不想要的交互设置,可以使用"　+增加交互　"右侧的删除按钮"　🗑　"删除。设置完成后,可以单击右上方的"　⤴退出交互模式　"退出交互模式。

7. 设置转场方式

是否自动播放到下一场景、转场到下一场景需要的时间、应用到当前场景或应用到所有的场景，都可以通过预览窗口每帧下方的转场方式"⚙"设定，如图 6-16 所示。

图 6-16 设置转场方式

8. 添加声音和字幕

单击预览窗口每帧右侧的添加声音和字幕按钮"🎤"，则打开如图 6-17 所示的添加声音和字幕的界面，可以通过对应按钮分别添加声音、新增字幕。

利用插入菜单或者单击右侧竖排工具栏中的"🎵"，则可打开如图 6-18 所示的界面。在其中，可以设置插入音乐或讲解的声音文件，也可以设置由文本生成声音文件。

图 6-17 添加声音和字幕　　图 6-18 添加音乐、录音和声音合成等

如果单击选择"添加音乐"选项，则直接找到要添加的音乐文件，插入即可。

如果选择"背景音乐设置",则打开背景音乐设置窗口,如图 6-19 所示,可以进行是否循环自动播放、设置路径停留时间等各项设置。

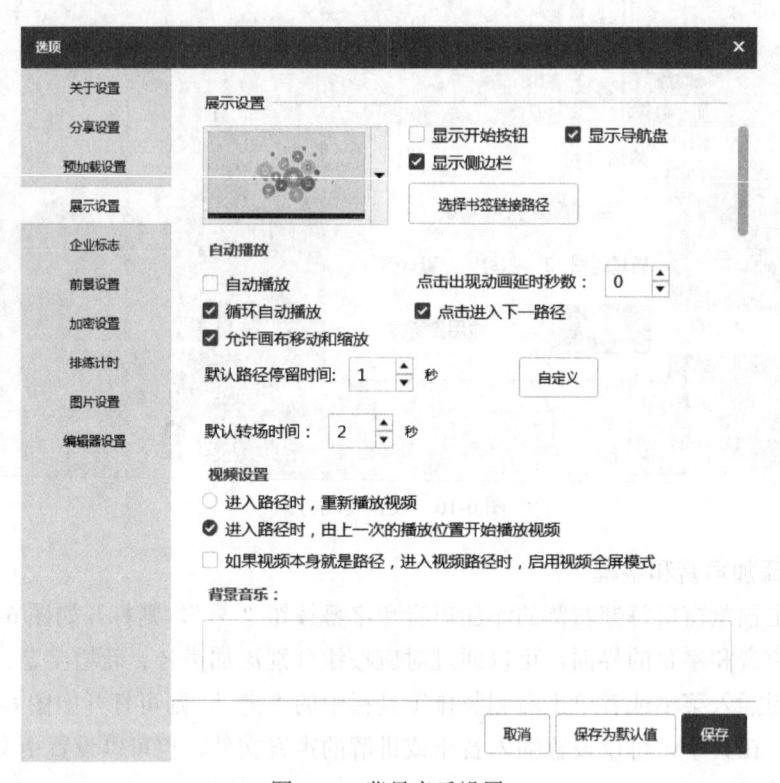

图 6-19 背景音乐设置

如果单击选择"添加声音"选项,则打开录制声音的界面。可以单击其中的"开始录音"按钮开始录音。录制完毕后,单击"停止录音"按钮停止,可以试听并保存。

如果单击选择"声音合成",则打开声音合成界面,如图 6-20 所示。可以通过输入文本并单击选择"生成语音"按钮,由文本生成声音。由文本生成的声音,可以是标准的普通话,也可以选择地方话,如粤语、四川话等,也可以选择不同身份、不同声音特点的男声或女声。

第六章　如何制作微课——特色篇

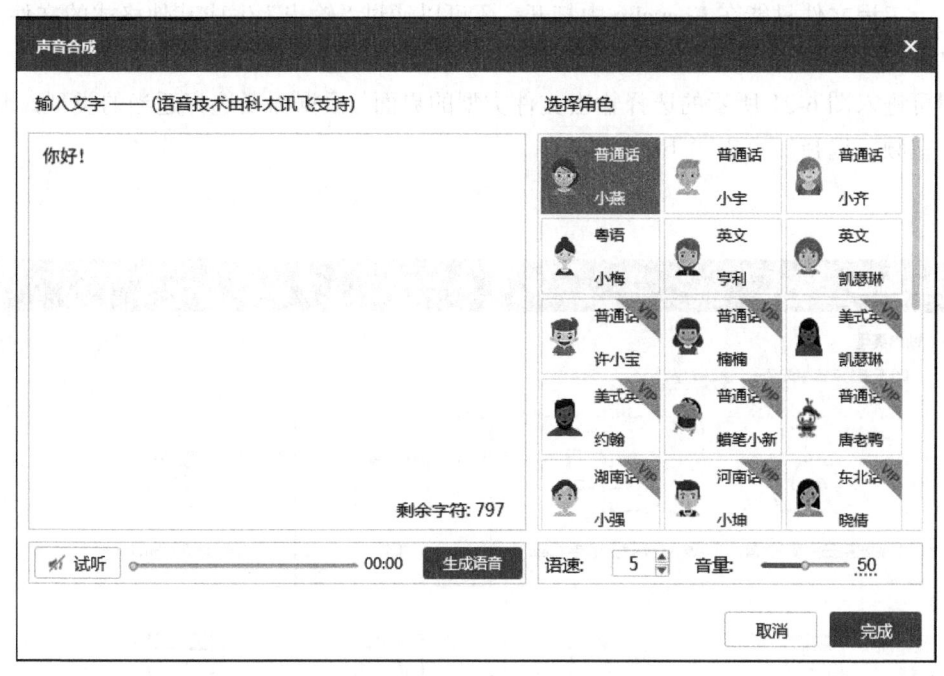

图 6-20　声音合成

9. 设置多个对象对齐

选中需要对齐的所有物体，单击选择上方快捷工具栏中的对齐设置"　　"，并且单击选择弹出菜单中的"左对齐""垂直中心对齐""右对齐"等不同的对齐方式。

10. 设置翻转和旋转

单击选中要翻转或者旋转的对象，然后单击右侧编辑面板中"　　　　"中的对应一项，则可分别完成水平翻转、垂直翻转、向左旋转 90°、向右旋转 90°的操作。

（四）保存及输出

在编辑制作的过程中，注意随时保存工程文件。利用"文件"菜单中的"保存工程"或者上方工具栏中的"保存工程"按钮或者快捷键【Ctrl+S】，都可以选择保存的位置，填写好文件名后完成保存。除了第一次保存之外，后面随时保存的过程不再需要选择和填写。如果过程中需要将其另存为另外一个文件，可以利用"文件"菜单中的"另存工程为"，或者单击上方工具栏中"保存工程"按钮中的三角。然后，单击选择弹出菜单中的"另存工程为"选项，或者快捷键【Ctrl+Shift+S】，即可完成另存。

161

翻转学习的设计与实现

工程文件只能在 Focusky 中打开，还可以通过"输出"生成其他格式的文件。单击上方工具栏中的"输出"按钮，或者单击选择"文件"菜单中的"输出"，则可进入图 6-21 所示的选择输出文件类型的界面。根据需要选择适当的类型，比如视频，选择后点击"下一步"。

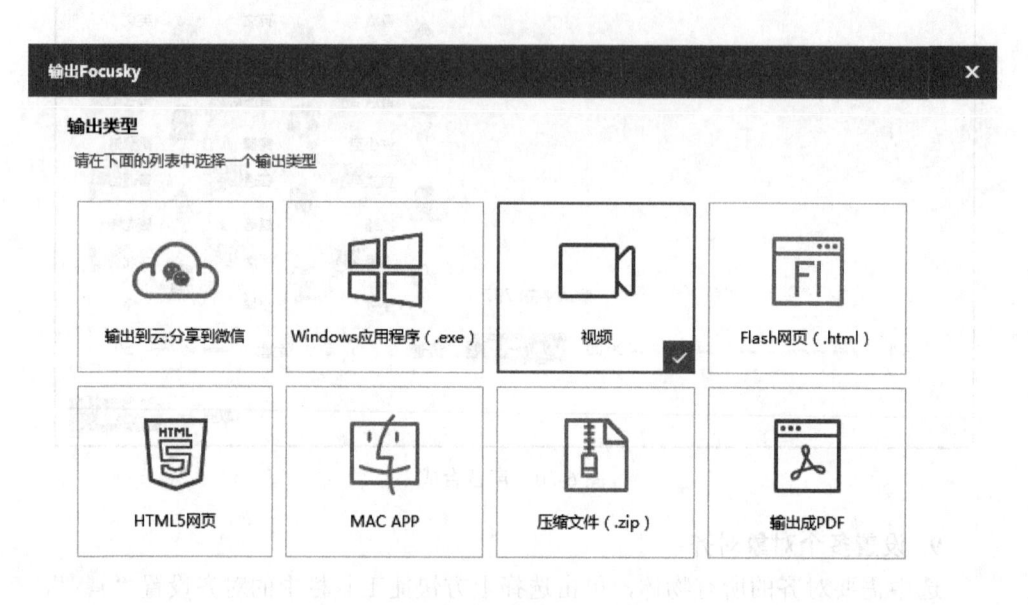

图 6-21　选择输出类型

如果已经注册过账号并且已经登录，则进入下一界面，可以选择适当的保存位置，合理命名后将输出的文件保存在本地；如果没有登录，则只能"输出到云：分享到微信"，建议提前注册并登录。选择好保存位置，单击输出按钮即可开始输出过程，等到提示输出完成即可。

在选择保存位置这一步中，如果单击"高级选项"按钮，可以打开如图 6-22 所示的高级选项设置。除了可以自定义视频的大小，还可以自定义每个路径的时间，增加音乐。

如果要自定义每个路径的时间，单击选择"自定义每个路径的时间"选项，则该项前方出现"✓"标志。下方出现"自定义"按钮，单击选择该按钮，则出现如图 6-23 所示的"自定义路径"的界面，可以选择要更改停留时间的路径分别进行具体设置。

图 6-22　高级选项设置

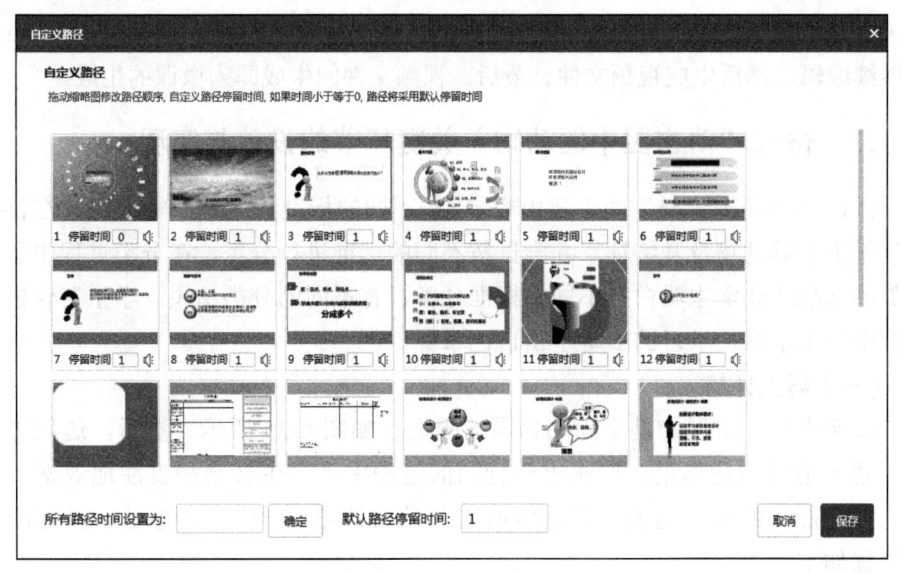

图 6-23　自定义每个路径的时间

（五）注册和登录

启动 Focusky 后，在打开的界面右上角及"标题栏"的右侧显示有"免费注册"和"登录"内容。单击"免费注册"，则进入注册界面，填入要求的邮箱和密码信息，即可完成注册。

单击"标题栏"右侧的"登录"，则进入登录界面。填入注册时填写的邮箱和密码。单击右下角的"登录"按钮，即可完成登录。

只有登录后输出的视频文件或者其他格式的文件，才能保存在自己的电脑中。所以，建议提前注册和登录。

（六）生成微课的不同方法

将制作好的工程文件直接导出为"*.mp4"视频文件或者"*.exe"可执行文件，微课就制作完成了，可以分享给学生使用了。

上述微课中，如果制作过程中没有插入讲解的声音，那么直接生成微课则会因缺少讲解，发挥不了听觉通道的作用。可以考虑在制作过程加入讲解的声音，前面介绍过不同的添加声音的方法，可以灵活选择应用。画面设计和讲解都完成后，导出为"*.mp4"视频文件或者"*.exe"可执行文件，一个微课就完成了。

也可以采用和录屏软件结合使用的方法，即当在 Focusky 中完成了所有画面的制作，可以边播放边讲解边录屏。一般情况下，选择这种方式会更方便一些。如果使用优酷录屏软件录制可以直接保存为"*.mp4"视频文件；如果使用 Camtasia，则需要生成视频文件。当然，如果还有什么需要修改和补充之处，还可以在 Camtasia 中继续编辑，然后生成视频文件。最后，视频文件的生成即为微课的生成。

二、微课"动物园中的动物"关键环节的设计与实现

微课"给动物分类"的主要内容是❶按不同的标准给动物进行分类。在讲授中让学生了解动物及其特征，并尝试按不同的标准进行分类。在分类过程中了解分类的标准，让学生明白按不同的标准分类，有不同的分类结果。学生在轻松的氛围中自主学习，学习的节奏全由自己掌握。

（一）导入环节

微课中首先出现的是手绘动物园的画面，如图 6-24 所示。然后，边画边让学生猜一猜画的是哪里。在画出动物园的过程中，学生会全神贯注地观察，都希望自己能猜出来。随着这样的情境进入微课学习，学生兴趣盎然。具体的实现过程如下。

---

❶ 微课案例"给动物分类"作者：福纪，郝金培，北京市大兴区北京小学大兴分校。

图 6-24　手绘动物园的画面

1. 启动"动画"编辑
插入动物园图片后，单击工具栏中的"动画"选项，开始进入动画编辑。

2. 添加动画
先选中动物园图片，然后单击右上角的"添加动画"按钮，如图 6-25 所示。

图 6-25　添加动画

3. 选择"手绘"动画

单击"添加动画"按钮后，则进入图 6-26 所示的"选择一个动画效果"的界面。在"进入特效"类动画中，选择"手绘"动画效果。这样手绘的效果就创建完成了。

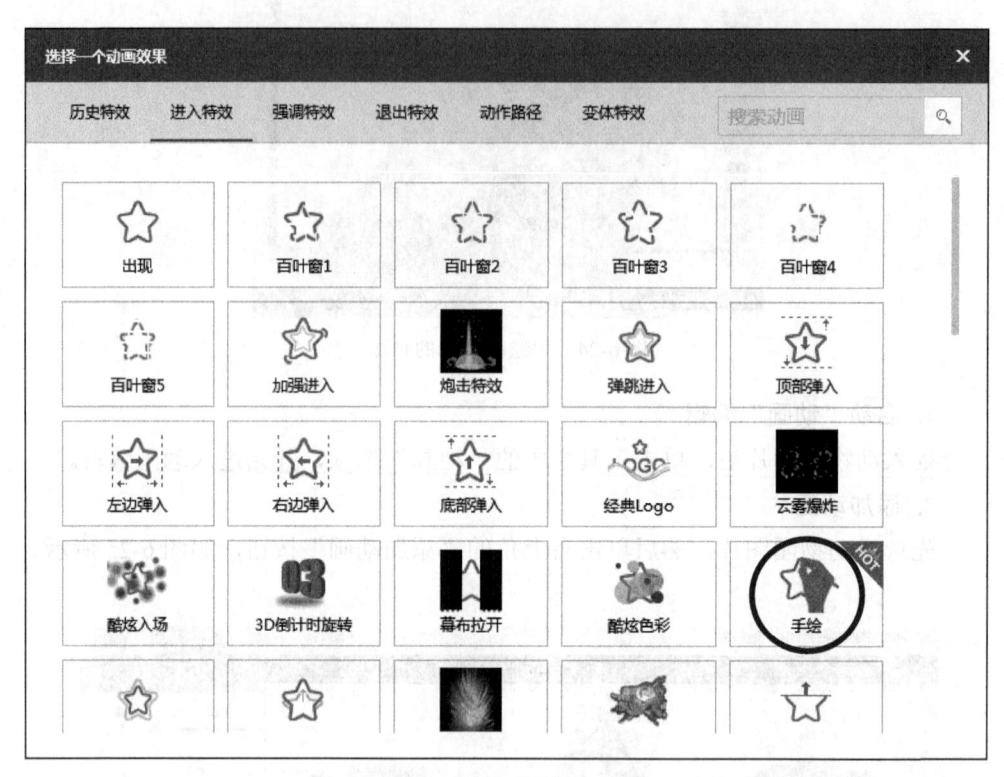

图 6-26　选择"手绘"动画

4. 退出动画编辑

动画设置完成后，单击图 6-25 中右上角的"退出动画编辑"按钮退出动画编辑。

（二）新授环节

微课课题出示之后，通过各种小动物的生活视频和教师的讲解，帮助学生了解不同小动物的不同特点。然后，教师引出给动物分类的任务，并且边说边出现用手把一个一个小动物图片推出来的画面过程，教师继续引导学生辨识小动物。此时，学生既兴奋又感到很神奇，会一直全神贯注地注视着每一个将要出现的小动物。具体的实现过程如下。

1. 添加"手形推送"动画效果

单击工具栏中的"动画"选项，选中图片，单击"添加动画"，在"进入特效"

类动画中，单击"手形推送"选项，选择手形推送动画，这样手形推送的效果就创建完成了。

2. 添加"盖章"动画效果

在学生认识了每一种小动物的基础上，请学生暂停观看，说一说自己最喜欢的小动物有什么特征。因为孩子们刚上一年级，只认识一些简单的汉字，为了叙述方便，教师给每一个小动物编上了序号，为后面给动物分类提前做好了铺垫。加序号的时候，采用了盖章动画。通过在"进入特效"类动画中单击"盖章"选项，选择盖章动画即可完成。

3. 添加"手写字"动画效果

在学生介绍完自己喜欢的小动物后，会发现每一种小动物都有自己的特征，有的特征相同，有的不同，怎样研究更方便呢？此时，引导学生说出可以给小动物分一下类，这样研究起来就简单多了。同时，微课画面展现出书写板书"给动物分类"的过程。板书的效果是通过单击"进入特效"类动画中的"手写字"选项添加了手写字动画。

4. 添加"擦除效果"

继续引导学生根据动物的特征进行分类，此时提醒学生暂停并尝试说一说、在纸上画一画或写一写。每一次分类引导及学生说一说、画一画或写一写结束后，微课中教师开始总结每一种分类方法。每总结完一种分类方法后，用橡皮擦掉，再出现另一种分类方法。通过选择"退出特效"类中的"擦除效果"完成，画面效果如图 6-27 所示。

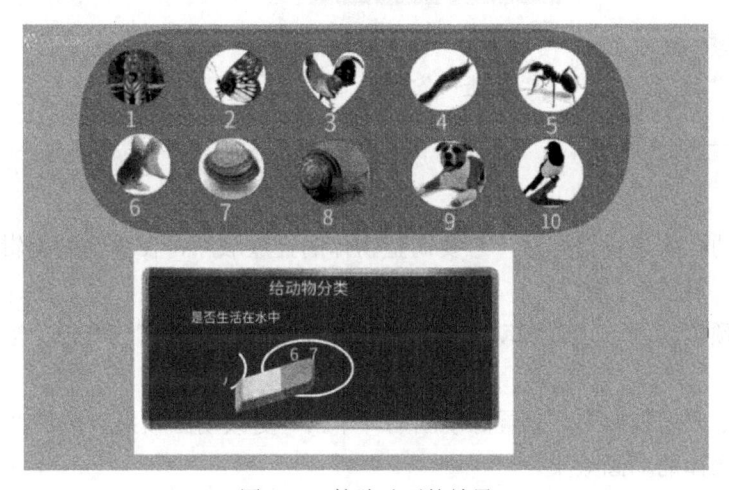

图 6-27　擦除动画的效果

5. 调整编辑动画

（1）设置好动画后，在右侧的动画编辑窗口，如图 6-28 所示，单击动画编辑中设置动画播放方式的按钮" "。在下拉菜单中，可以通过选择"点击""与上一个一起""在上一个之后"设置动画播放方式。

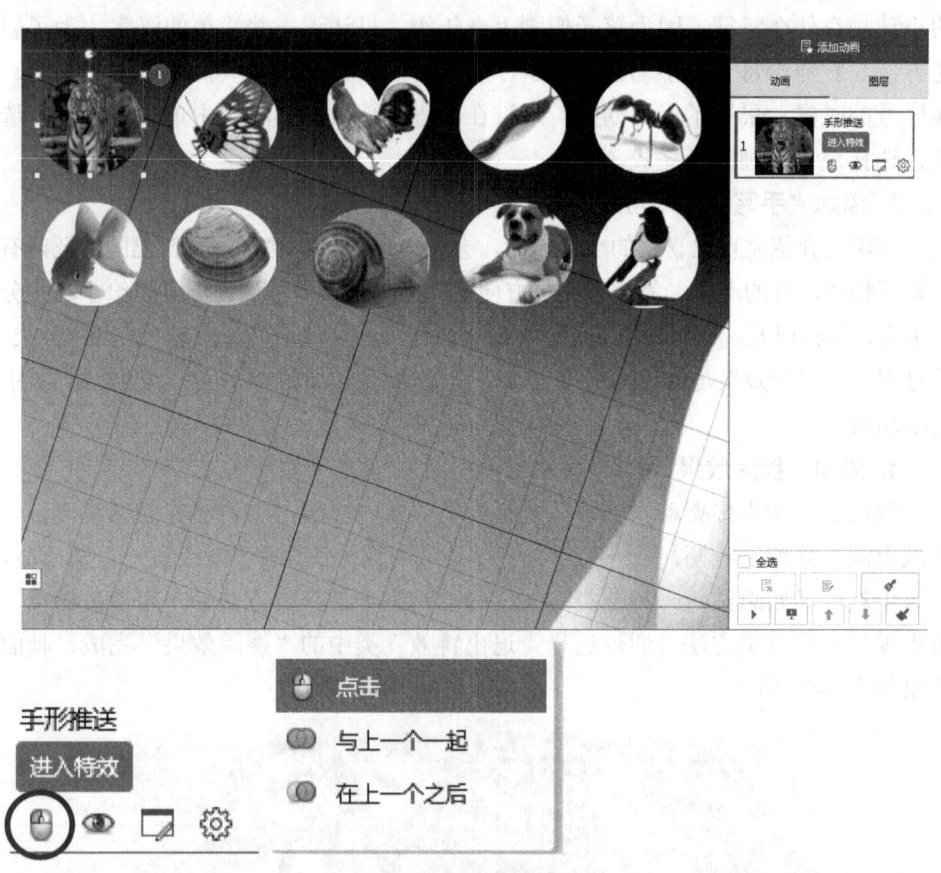

图 6-28 设置动画播放方式

（2）动画效果设置好后，想要调整物体的播放顺序，在"动画编辑"页面，直接拖动，可重新排序。

（3）预览动画。设置好动画后，单击预览按键" "，可预览当前物体的动画效果。

（4）更改动画效果。设置好动画后，单击"更改动画效果"按键" "，可更改当前物体的动画效果。

（5）更改动画播放时间。设置好动画后，单击动画设置按键" "，可更改当前物体的动画播放时间长短。

动画编辑完成后，单击右上角的"退出动画编辑"按钮，退出动画编辑。

（三）练习巩固环节

教师以聊天的方式告诉学生，小明的书包里学习用品摆放得特别整齐，并让学生猜猜他是怎样摆放的？把刚才所学到的分类方法应用到学生的实际生活中，使学生养成良好的学习、生活习惯。具体的实现过程如下。

1. 插入图片

单击右侧快捷工具栏中的"图片"按钮" "，选择" "中的学习图片。在搜索框中输入"书包"进行搜索，选择书包图片插入。

2. 插入角色

选择快捷工具栏中的角色工具" "，则打开如图 6-29 所示的界面。选择表示教师的角色，再选择该角色具体的形象。

图 6-29　选择角色

制作过程中及完成后，随时保存项目文件。所有的编辑完成后，可以输出生成其他形式的文件。选择生成可执行文件或者视频文件，供学生学习使用，或者再通过录屏软件录制边播放边讲解的过程，生成视频文件供学生学习使用。

三、微课"忆江南"关键环节的设计与实现

《忆江南》是一首意境十分优美的词,是唐代诗人白居易的绝唱之笔。诗人以如画之笔描绘出一幅江南春景图,在人们记忆中留下难忘的印象。微课"忆江南"[1]的目的是让学生初步认识词这种文学样式,了解词的结构,认识词牌名《忆江南》,了解诗人及其创作背景,能根据词所描绘的景物,想象画面,体会诗人对江南的思念和眷恋之情。

(一)知作者、读词句——巧用退出特效和进入特效

在微课"忆江南"中,首先向学生介绍作者白居易在写《忆江南》时的背景。学古诗词要先知作者,了解了时代背景,方能更好地理解古诗词所表达的情感。每一个诗人在写古诗的时候肯定有他自己独特的心理感受,对每首古诗也有自己的情感。

了解了作者白居易,接下来就要了解《忆江南》了。《忆江南》共有三首,通过动画分别演示三首词。在演示三首《忆江南》时,对于三首词教师采用了不同的自定义动画。第一首词题目《忆江南》其一"采用的是"退出特效"中的"擦除效果"。显示出题目《忆江南》其一"几个字由出现到逐渐被橡皮擦除的效果。为了跟擦除效果相匹配,具体的词句内容作者采用"进入特效"中的"手写字"的特效进入,这样就形成了"橡皮擦掉词的题目,然后手写动画出现词的内容"的效果。

为了区分三首词,也为了让学生有新奇感,"《忆江南》其二"采用了跟"其一"不同的动画效果。第二首词的题目"《忆江南》其二"选择了"退出特效"中的"幕布拉上"这个动画效果,显示题目"《忆江南》其二"这几个字逐渐被幕布遮盖上的效果。具体的词句内容采用"进入特效"中的"幕布拉开"的特效进入。幕布拉上、幕布拉开相互呼应,就像舞台剧表演幕布拉开,表演开始。

第三首词的题目"《忆江南》其三"选择了"退出特效"中的"酷炫色彩"这个动画效果。具体的词句内容采用"进入特效"中的"酷炫入场"这个动画效果呈现。酷炫的动画吸引了学生的注意力,引起了学生对内容的兴趣。图6-30中展示了三首词各自题目和内容不同的动画效果设置。

---

[1] 微课案例"忆江南"作者:赵佳明,北京市怀柔区宝山镇中心小学。

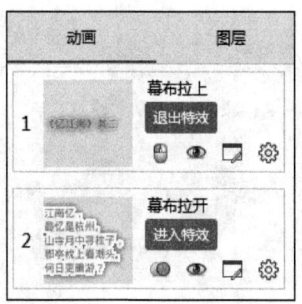

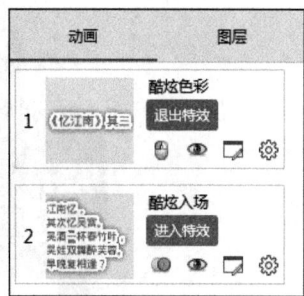

图 6-30　三首词各自题目和内容不同的动画方式组合

（二）了解创作背景——"百叶窗"的妙用

　　三首词之间是有一定联系的，通过三首词的呈现，使学生更加深刻地了解到作者白居易对于江南的情感。此时，学生一定充满好奇，江南究竟指的是哪里？到底是什么样的景色令白居易魂牵梦绕。这时出示中华人民共和国地图，在地图上将江南一带圈出，并向学生介绍江南就是长江以南的部分地区，包括江苏南部、上海、浙江、江西、安徽等地区，然后出示江南的风景图。

　　古语云，言而无文，行而不远。白居易的《忆江南》从写成，到流传至今，已有一千多年。那么这寥寥数语，如何能"行"如此之远呢？白居易为什么要写忆江南呢？这就不得不说一说他和江南的渊源。从这里引导学生了解作者白居易和江南的渊源，也正是因为这份渊源，作者写下了《忆江南》；然后，一边出示图片，一边介绍江南的风景。通过图片和介绍，使学生对江南风景有更加深入的认识。这些介绍都是为了学生能够了解白居易对江南的喜爱和眷恋，正是因为这份喜爱才写下了千古名词《忆江南》。

　　在教学中，经常出示图片帮助学生理解重、难点，所以图片在教学中经常会用到。本例中，为了让学生了解江南的美丽风光，教师给学生出示了江南风光图。为了激发学生的兴趣、吸引学生的注意，教师每一张图片都采用了不同的动画。图片呈现时的动画效果如图 6-31 所示。

　　出示的图片较多，如果动画设计得不合理，就特别容易显得杂乱无章。本例中选用了七张图片，并选择了"百叶窗"这个动画。"百叶窗"这个动画有好几种类型，都是类似的动画效果。利用这一系列的动画效果展示图片，每张图片的出示既不同又相通。通过分别给每张图片设置"进入效果"中"百叶窗 1""百叶窗 2""百叶窗 3""百叶窗 4""百叶窗 5"的动画效果，并且设置好一个个顺序自动播放。五种不同的百叶窗动画效果让七张图片的动画风格一致，却又有所不同。七张图片的动画效果设置如图 6-32 所示。

翻转学习的设计与实现

图 6-31　江南风光图的"百叶窗"动画效果

图 6-32　七张图片的动画效果设置

　　了解了作者白居易，了解了江南的美丽风光，了解了白居易与江南的渊源，就为学生理解《忆江南》做好了铺垫。

　　（三）理解诗词——Flash 动画资源的调用

　　江南的山清水秀，景色宜人。在这里，小桥流水，河湖交错，如诗如画，令人心旷神怡。这么美的景色，用多少文字也说不尽江南的美。可是白居易却用十

· 172 ·

几个字巧妙地概括了江南春景。他没有从描写江南惯用的"花""莺"着手,而是别出心裁地从"江"为中心下笔,又通过"红胜火"和"绿如蓝",异色相衬,展现了鲜艳夺目的江南春景。江南的春色,在白居易的笔下,从初日、江花、江水之中获得了色彩,又因烘染、映衬的手法而形成了我们想象中的图画,色彩绚丽耀眼,层次丰富,几乎无须更多联想,江南春景已跃然眼前。教师在做如上讲述时,为了突出这部分,让学生更加生动形象地理解,微课中设计并呈现了相应的画面。

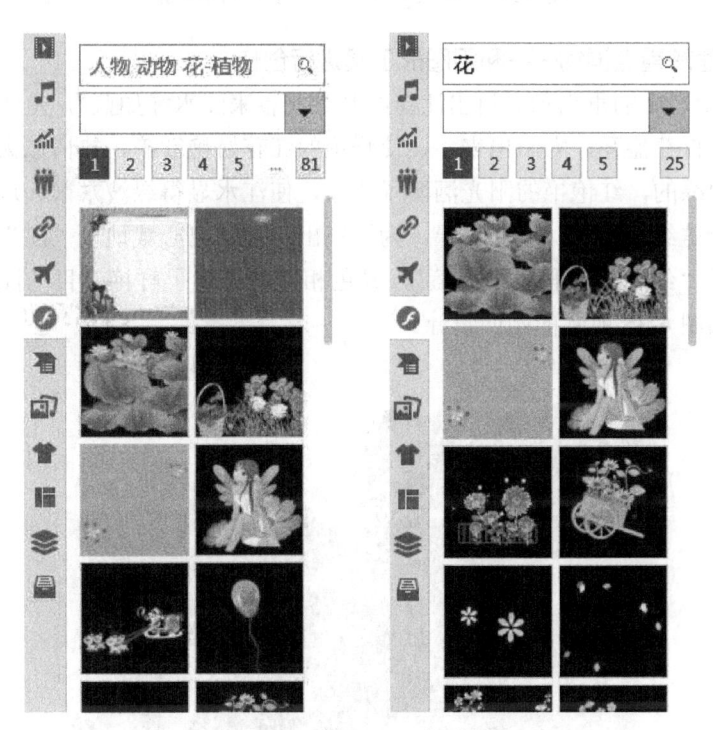

具体操作过程:在右边快捷工具栏中单击选择 Flash 动画按钮" "。在搜索窗口" 人物 动物 花-植物 "中,填写"花",输入后的搜索框中显示" 花 "。单击" "进行搜索,可搜索到与"花"有关的 Flash 动画,如图 6-33 所示。选择合适的内容插入,比如选择"荷花"插入。

图 6-33 选择 flash 动画插入

用同样的操作根据需要,搜索并插入"鸟""鱼""蜻蜓""气泡"等 Flash 动画素材。可以多选择一些适当的素材,这样看起来比较美观。完成后效果如图 6-34 所示。

图 6-34　利用 Flash 动画素材设计的画面

（四）理解重点词句——利用图形工具进行创作

《忆江南》中的重点句"日出江花红胜火，春来江水绿如蓝"，是较难理解的句子。春天百花盛开，太阳出来了，使鲜艳的江花娇艳欲滴、热情似火。春天的江水碧绿碧绿的，红艳艳的阳光洒满了江岸，使江水显得绿波粼粼。这红与绿相互映衬，于是红的更红，绿的更绿。为了突出作者别出心裁地以"江"为中心下笔，又通过"红胜火"和"绿如蓝"，异色相衬，展现了鲜艳夺目的江南春景。教师做了如图 6-35 所示的画面设计。

图 6-35　重点诗句对应的画面设计

具体制作过程如下：首先，在 Flash 动画搜索框中输入"树"，找到下面图中的动画素材，创设出一个场景。然后，再给这个场景添加"江花""江水"等。红艳艳的江花制作过程和前面一样，搜索框中输入"花"，选合适的"花"插入该场景中。讲解中说到"以江为中心"，教师没有找到合适的素材，所以利用图形绘制了一条"江"。具体操作是在图形工具中选择曲线，利用图形" "中的曲线" "工具画出了一条"江"，并给江水填充蓝色。图 6-36 中展示了绘制"江"前后的画面。

图 6-36　绘制"江"的前后对比图

为了呈现江水变绿这一幕，也为了体现江水由东向西流动这一效果，把刚才制作的江水复制一份，填充成绿色。并且设置由上向下出现的动画效果，使用动画效果中"进入特效"中的"从顶部伸展动画"，这样就形成了碧绿碧绿的江水流动的景象。紧接着，太阳出来了。采用"出现"这一特效，这样太阳就在空中闪闪发光，照耀大地。在太阳的照耀下，红艳似火的江花该出现了，江花同样采用"出现"这个特效。江花是插入的 Flash 动画，本身就是动态，采用"出现"的动画效果，这样既体现了太阳出来了，江花红艳似火的景象，也不会显得很烦琐，自定义的动画效果和 Flash 自带动画互不冲突。图 6-37 中的动画第 8～12 项全部是不同"江花"的动画设置。这些动画的设置，较好地呈现了"日出江花红胜火，春来江水绿如蓝"的美丽景象。有了动画的效果，学生理解"日出江花红胜火，春来江水绿如蓝"就容易多了。在理解的基础上，通过微课中的讲解也能更加深刻地了解作者表达自己对江南风景的喜爱时所用的方法。图 6-37 展示了画面中不同对象的动画效果设置。

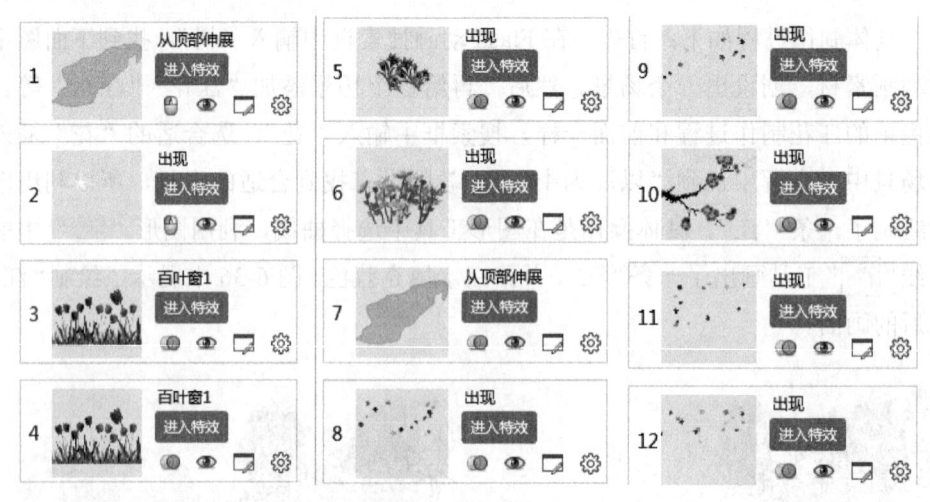

图6-37 画面中不同对象的动画设置

虽然做了很多只是为了让学生理解两句词，但是这样做的效果确实是仅靠教师的讲解无法达到的。

（五）再读词句——进入特效和退出特效的成对应用

微课学习结束之前，教师又安排了学生再读一遍《忆江南》。学生在理解的基础上再次朗读，情感会更加丰富。这样既巩固了所学知识，又增加了理解诗词和展现对诗词理解的机会。这三首词设计在同一帧上出现，一首词消失紧接着呈现另一首词。首先，在同一位置依次重复放置好"《忆江南》其一""《忆江南》其二""《忆江南》其三"三首词的具体内容。每放置好一首词，接着给该内容设置动画效果。三首词的动画效果设置：第一首词选择了"进入特效"中的"卷纸拉开"动画和"退出效果"中的"百叶窗1"；第二首词选择了"进入特效"中的"涂抹效果"动画和"退出效果"中的"纸飞机"；第三首词选择了"进入特效"中的"纸飞机"动画（如图6-38）。

在该微课中用了许多动画效果，这些动画不仅美化了画面，突出了呈现效果，更主要的是色彩丰富、动感十足。不断变化的画面可以吸引孩子的注意力，激发他们学习的兴趣。动画操作的步骤类似，但是效果不同，而且不同效果间还有呼应，因此到底选择哪种动画效果，要根据内容特点、前后呼应性、整体统一性、画面的变化需求等多个方面决定，经常使用、用心分析会逐渐积累经验。这种选择策略看似不难，实则需要创作者花费不少心思才能达到恰当的效果。创作者要重视这种实践性知识，注意通过自己实践和分析同行作品等多种方式不断积累。

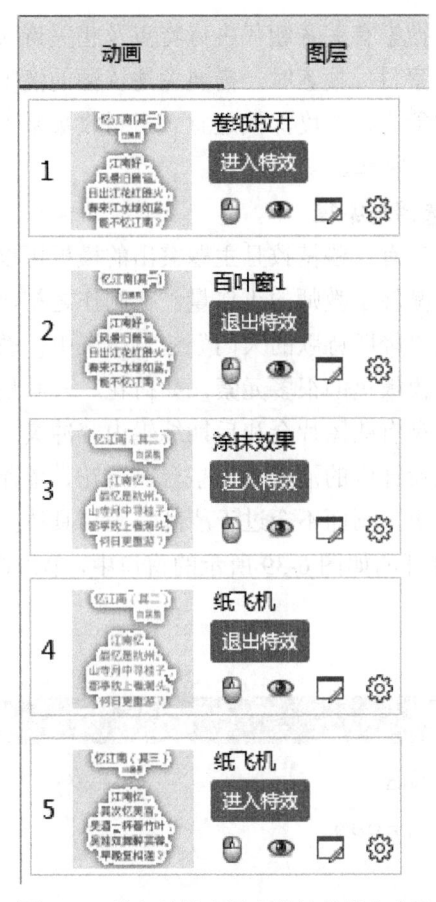

图 6-38　进入特效和退出特效的组合应用

完成以上制作后，由于制作过程中没有添加讲解，所以可以先输出生成可执行文件或者视频文件。然后，边播放边讲解，同时用录屏软件进行录制。录制完成生成视频文件，这样一个简短但是内容丰富、视听俱备的微课就制作完成了。由于在 Focusky 制作过程中考虑得比较细致、周全，录制后基本没有再进行后期编辑。

四、微课"轻叩诗歌的大门"关键环节的设计与实现

微课"轻叩诗歌的大门"[1]是人教版小学语文六年级第六单元综合性学习的内容。微课中介绍了古典诗歌的发展过程，不同诗体的特点、代表人物，并有经典诗歌朗诵欣赏，让学生掌握知识的同时感受诗歌的魅力，生发对诗歌的热爱，走进诗歌的世界。

---

[1] 微课"轻叩诗歌的大门"作者：赵坤，北京市昌平区二毛学校。

在制作前，首先要搜索有关各朝代古诗特点及相关诗人作品的资料，包括图片、视频、音频等多种素材。搜索时，需要关注资源的清晰度，考虑其内容是否适合六年级学生的学习能力，难度深浅适宜。素材收集基本完成后，开始根据设计使用 Focusky 软件进行制作。

（一）主题模板的选择与编辑

在 Focusky 软件中，有一些精致且主题突出的模板可以选择。这给制作者提供了很大方便，同时也减轻了教师的工作量。在制作之初，选择一款适合课程内容的模板非常重要。在"轻叩诗歌的大门"这节微课中，教师选择了切合古诗风格的"水彩画"模板。模板里的很多元素，如荷花、一叶扁舟等，古香古色，非常适合古诗的韵味。但是有些图片会和后期编辑内容冲突，影响后添加的文字或图片的呈现效果，如原设计中的油纸伞、亭台、荷花、莲蓬等，需要在前景设置时删除，从而让主题突出，画面不会过于凌乱喧闹。具体操作方法：单击工具栏中的"选项"按钮，在打开的如图 6-39 所示的窗口中，单击选择左侧竖栏中的"前景设置"选项。

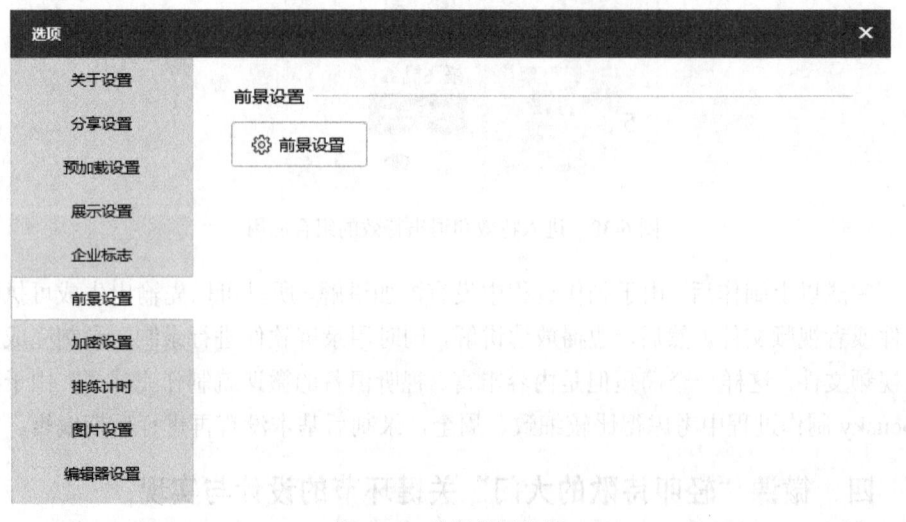

图 6-39　选择前景设置

再在"前景设置"中单击"前景设置"按钮，则显示如下图 6-40 所示的首页前景设置界面。通过单击界面右下方的"下一页""上一页"按钮，可以来回翻动已有内容，选择要编辑的页面。选好页面后，从左侧竖栏窗口中选择要删除的图片元素，单击图片右上角的"✕"，即可删除此项内容。

· 178

图 6-40　进行前景设置

同时，也可在此界面中实现对图片元素"透明度""位置""尺寸"等项的调节。鼠标左键单击要编辑的图片即可进行操作。单击图 6-41 中的"动态前景"，可进行更细致的调节。编辑后，单击右下角"保存"即可。不想保留编辑结果，则可单击"取消"。

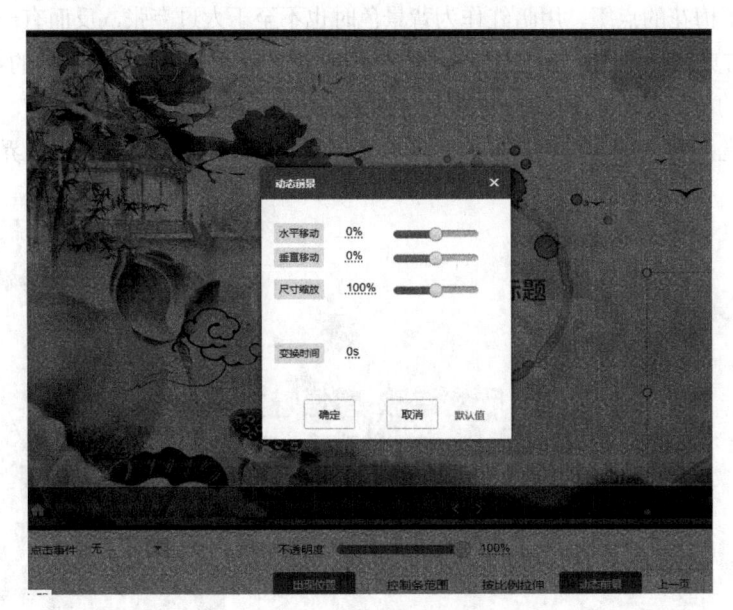

图 6-41　调整图片

（二）添加恰当素材丰富主题模板表现力

为了丰富所选主题模板的表现力，可以根据微课内容进行简单的调整。例如，可以添加一些点缀图案，丰富主题模板的色彩、增加其灵动性。小学生更加喜欢色彩明丽、画面灵动的场景。通过色彩的调整、图案的点缀，主题模板的画面更能激发学生的学习兴趣。

1. 添加艳丽花卉图片

由于选择的水墨画风格的模板中黑色、灰色的水墨色居多，画面的主色调较为暗淡，所以在一些页面中加入了梅花等花卉的图案，能从色彩上做一些调和，画面内容也更丰富。首先，将搜集到的图片使用美图秀秀进行抠图。打开"美图秀秀"软件后，单击"美化图片"选项。再单击"打开图片"，或直接拖入一张图片。单击界面上方"抠图"选项（因版本不同，也可能在左侧竖栏），单击"自动抠图"，将抠图部分的大概位置用"铅笔"（鼠标指针此时由"箭头"变成"铅笔"）简单画出绿色横线。注意，要抠图的白色部分必须画出，并将多余部分用右上方的"删除笔"删掉。抠图完毕后，单击"保存"，选择路径，进行保存。在 Focusky 中，将抠好的图片插入页面合适的位置上。

该微课在主题背景下加入很多梅花元素，以红粉色进行调和，让画面在古典历史沉淀的风韵中又不失明艳，让学生既能从中感受到古诗的生动美感，而又不觉得沉闷压抑。有了梅花的点缀，用暗红作为背景色时也不至于太过夸张，反而有一种古典韵味，贴合古典诗词主题。梅花图案选择了各种姿态和颜色，深红的、浅粉的各不相同；枝繁叶茂的、零星点缀的各式各样，这样每页设计中的元素都不会重复，不会让学生产生视觉疲劳。图 6-42 中展示的是经过前景设置和素材添加后的主题界面。

图 6-42 微课"轻叩诗歌的大门"主题图

2. 添加 Flash 动画素材

在欣赏《九歌·礼魂》时，微课教师搭配了一张古代歌舞的图片。画面中以黄色、橘色为主色调，在画面的设计中又加入了动态的一轮满月图，明亮闪动；添加的动态星星，闪动着熠熠星光。不仅如此，文字部分还映衬上了飘落的粉色花瓣。添加的 Flash 动画素材契合歌舞升平的图片主题，有益于情境的创设。学生在这种唯美的意境中可充分感受诗经的美。

"满月""星星""花瓣"来自于 Focusky 自带的 SWF 素材库，操作方式如下：单击右侧竖列快捷工具栏中的"⬚"，或单击上方工具栏中的"插入"按钮，并在弹出菜单中单击选择 SWF。然后，在右侧搜索栏中输入内容搜索所需元素，或点击"▽"图标，选择素材类别，单击页码浏览每一页。选择好合适的素材后，单击选中 SWF 素材，在页面中调整位置即可。

（三）动画效果的选择

Focusky 中可以进行丰富的动画效果设置，Focusky 也提供了大量 SWF 动画资源。动画效果的合理设置和恰当的 SWF 动画资源的应用，可以给微课大大增色。

1. 重要题目出现时的动画效果

"轻叩诗歌的大门"微课题目出现时，选择的"泼墨"这种动画效果，仿佛一滴墨点在湖中央，晕染出本次微课的主题，浓重而正式。出现方式又极具古代特色，非常适合点题，用作题目的出场方式。

"楚辞"诗意唯美。在进入"楚辞"主题时，选择了"蝴蝶指路"这个动画效果，让人看后产生蝴蝶翩翩起舞的美感，有画面的美感又增添了诗意效果。

《诗经》和"宋词"两种诗体出现时，选择"酷炫色彩""酷炫入场"的动画效果，区别于卷轴展开的效果。这种动画效果有内容丰富多彩的含义，意味着诗词的内容丰富、数量之多。

"汉乐府诗"这个主题出现时，选择卷轴展开、卷纸拉开等动画效果。这种卷轴打开的效果更贴合古代阅读的习惯，更有古韵，让学生从细小的动画效果中也能感染到古代文化的魅力。

在介绍唐诗这一主题时，"唐诗"二字的动画效果选择的是"帷幕拉开"，意喻唐诗在古代诗歌中的重要地位。所以以这种隆重的方式呈现，也让学生有正襟危坐、凝神细听的效果。

2. 文字及图片出现的动画效果

Focusky 中大量的动态效果，提供给教师更多的选择空间。在较长文字出现时，该微课选择了手写字和涂抹效果。这样更有代入感，让学生意识到这部分内容的重要，甚至开始提笔记录。图片出现时，选择了不同方位的弹入、伸展、滑入方式，让图片出现有俏皮灵动感，又不过于华丽，而与主题相悖。

在介绍宋词时，介绍了两位宋词中豪放派及婉约派的代表人物：苏轼及李清照。经过图片抠图之后，两位词人分别"伫立"在豪放派、婉约派的文字旁。美丽的女词人李清照出现时，设置了一个特别的出场方式：粒子爆炸，形如花瓣散落。这个出场方式既适合女性的柔美特点，红色的花瓣散落又不失艳丽，又让人眼前一亮。图 6-43 展示了李清照的出场效果。

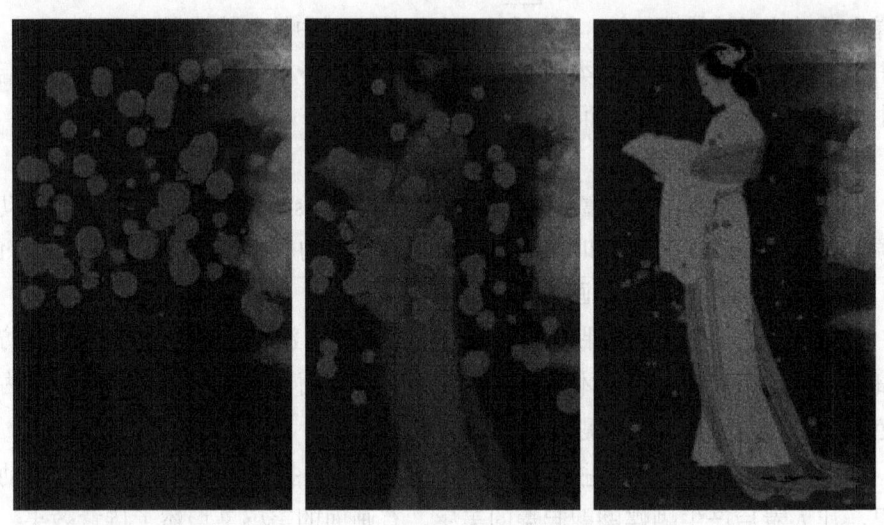

图 6-43　李清照的出场效果图

3. 添加恰当的 SWF 资源

该微课中还添加了 SWF 资源。例如，在讲唐诗时，文字显示唐诗是古代诗歌中一颗璀璨的明珠，教师适时加入了一颗闪动的明珠，呼应内容，让画面更生动。

在欣赏《长歌行》这首古诗时，背景图一池荷花映衬在翠绿荷叶中。只不过图片是静止的，教师适时选择了一个动态的荷叶效果。效果中，荷花慢慢张开，荷叶随湖波摆动，再应和着朗诵者抑扬顿挫的朗读、悠扬的背景音乐，一塘荷叶都活了一般，让学生在欣赏中入情入境，感受诗词的美妙。

魏晋南北朝诗歌存在时间短暂。画面中，教师运用了黄色枫叶片片飘落的 SWF 动画，给人萧瑟落寞的感觉，映衬诗歌主题，让人提前进入意境中。

前面在丰富主题模板的介绍中也使用了 SWF 动画，这里有关具体操作不再赘述。

（四）音频、视频的选择

在"轻叩诗歌的大门"这一微课中，教师搜集了大量的音频视频资源，并挑选出符合内容要求、画面清晰、音质饱满的音视频资源，合理恰当地运用其中。

1. 背景音乐的选择

背景音乐可以让人分辨出喜怒哀乐的情绪，更能让人听出明显的时代特点。在选择背景音乐时，可以根据内容需要进行选择。整个微课教师用一首古色古香的《春江花月夜》，此曲是下载的 mp3 格式的音频文件。Focusky 中没有完整的音乐素材，右侧竖栏中的"♪"音乐库中素材均为音效，时间很短。添加背景音乐时，单击右侧竖列快捷工具栏中的"♪"，然后单击"添加音乐"。也可以使用工具栏中的插入按钮，然后在弹出菜单中选择"音乐"。选择添加音乐后，在电脑中找到选好的音频文件添加即可。如果选择"添加录音"，则开始录制声音，教师也可以选择以这种方式将讲解加入其中。

背景音乐贯穿始终，当诗歌视频欣赏出现时，背景音乐淡出；视频结束时，背景音乐淡入，让学生在观看微课中从头至尾都沉浸在古典音乐中。

2. 视频的选择

在欣赏视频时，作者插入了四首古诗的视频：《敕勒歌》《春夜喜雨》《浣溪沙》《天净沙·秋思》。在搜索视频中，注意画质要清晰，画面中有随古诗内容出现的景物；朗诵者声音抑扬顿挫，有很好的示范引领作用；背景音乐恰当。例如，在《天净沙·秋思》这首诗中的配乐，背景音乐本身就应情应景。当"枯藤老树昏鸦"之后，两声乌鸦叫，瞬间让人有萧瑟凄凉之感。在微课中插入满足以上三个条件的视频，这些资源对微课所传达的内容有正向提升的作用，能让学生沉浸在诗词的情境之中欣赏古诗词之美。

当视频资源不够恰当，无法选用时，也可以选择合适的朗诵音频配以插图放在微课中，再添加一些动态 SWF 效果，增加画面动感。音频要选择吐字清晰，随诗词内容快慢得当，声音具有感染力，能充分表达出诗词蕴含的情感，能让听者身临其境、容易产生共情的优质音频。

本微课是采用先在 Focusky 中制作完成画面内容，然后再使用录屏软件录制生成。

重点

- 使用软件 Focusky 如何生成微课
  - 新建项目文件的方法
  - 编辑方法：添加帧；插入背景、文本、图片、音乐、视频、图表、公式、SWF 资源、角色；设置动画；设置交互；设置转场方式；添加声音和字幕；多个对象对齐；翻转和旋转
  - 保存和输出
  - 注册和登录
  - 生成微课的不同方法
- 多个案例的不同启示

第二节 使用思维导图生成微课中的特色画面

问题 如何绘制思维导图？使用思维导图如何生成微课中的特色画面？

在 iMindMap 软件中，可以将制作的思维导图生成单个动画特效幻灯片。播放时，可以在操作者的控制下让每一个分支及其文字内容一个个依次显示。教师可以利用这一特点，根据自己的讲解顺序和讲解时间自主控制画面的呈现。画面上的每一个分支内容随着讲解适时地展示出来，以使画面和讲解完美配合。这样的特色画面在 iMindMap 软件中完成起来比较容易。画面制作和单个动画特效幻灯片完成后，可以将讲解和单个动画特效幻灯片展示的过程，利用 PPT 本身或者使用录屏软件生成视频文件，作为微课的部分内容。教师的讲解配合线条的自然流出和文字的动态出现，可使学生的听觉和视觉完美结合。

下面以人教版七年级上册第六单元《天上的街市》中讲解联想的分类的过程为例，了解一下具体的实现过程。

一、中心主题

首先启动 iMindMap 软件,单击"新建 Mind Map"按钮。在打开的如图 6-44 所示的界面中,选择中心主题图。

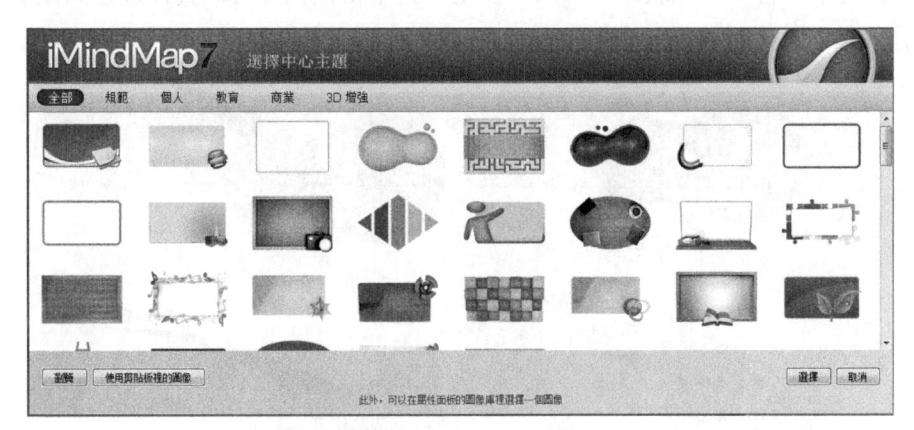

图 6-44 选择中心主题图

选择其中一个中心主题图,单击"选择"按钮,则在编辑区域生成该中心主题图。双击该图,出现文字编辑界面,将原始的文字"中心主题"换成真正的主题"联想的分类"。完成后,在空白处单击鼠标即可。具体过程如图 6-45 所示。

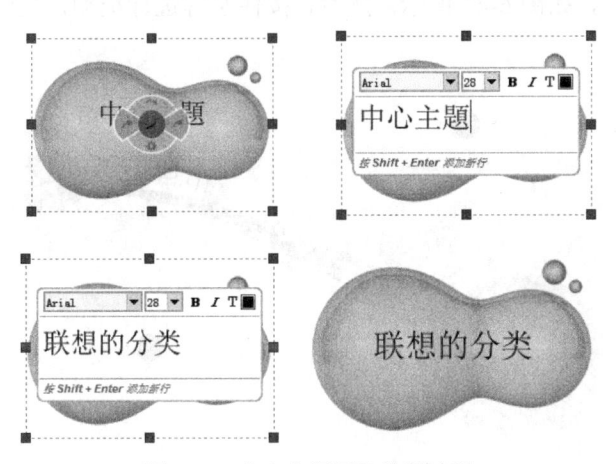

图 6-45 中心主题图的编辑过程

二、分支

鼠标放在中心位置，则出现一个彩色圆形图标志"●"。将鼠标放在该图的中央区域，然后按住鼠标左键拖动，则画出一条分支；在画出的分支上双击可以编辑文字，将"相似联想"写入，在空白处单击鼠标即可。具体过程如图 6-46 所示。

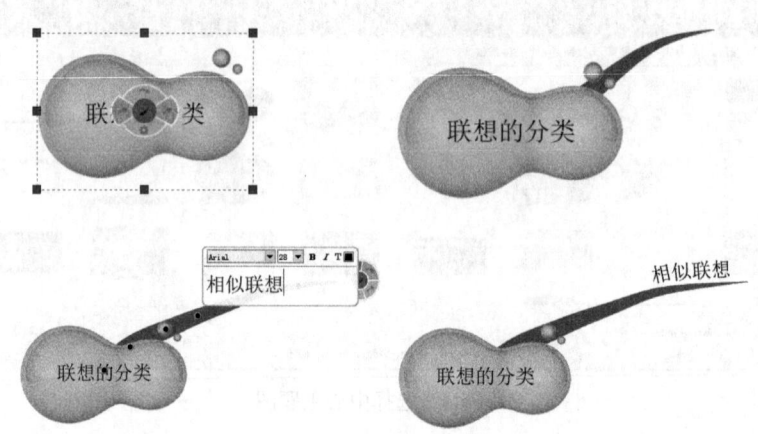

图 6-46　分支的编辑过程

鼠标放在蓝色分支末端，则出现彩色圆形图。将鼠标放在圆形图的区域部分，然后按住左键进行拖动，则可以调整该分支的长短和位置。鼠标移至分支上显示出的小圆圈位置，如图 6-47 所示。然后，按住左键进行拖动，则可以对该分支进行局部调整。

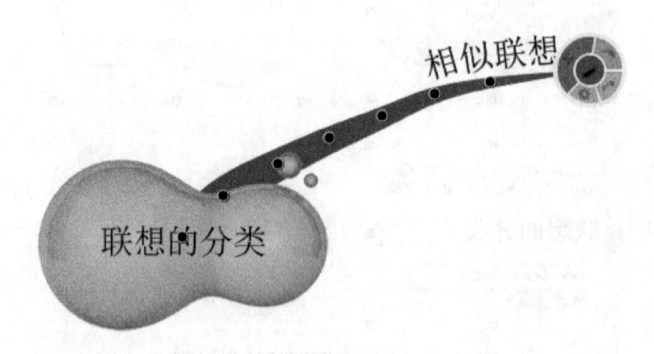

图 6-47　分支的长短及局部调整

三、保存文件

使用上述方法，可以将各分支依次画出，并将对应的文字写在分支上，编辑完成整个图的内容，如图 6-48 所示。

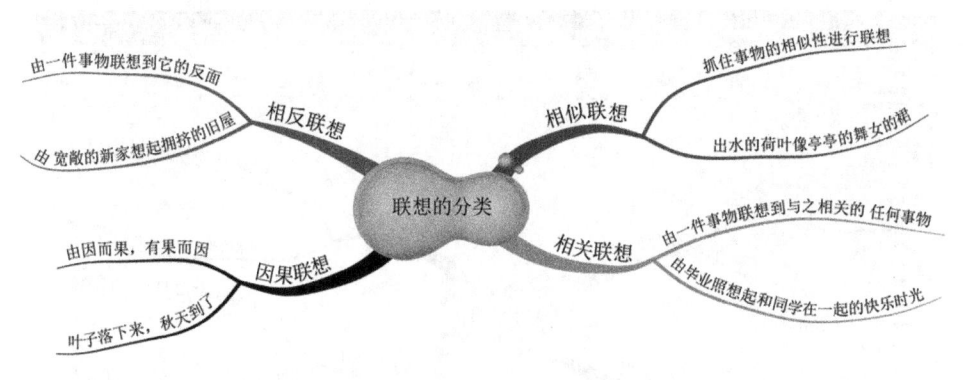

图 6-48 "联想的分类"示例图一

编辑完成后保存文件，文件的扩展名为"imx"。使用"文件"菜单中的"导出"，则打开如图 6-49 所示的界面。单击选择"图像"选项，进行设置后，可以导出生成图像文件。

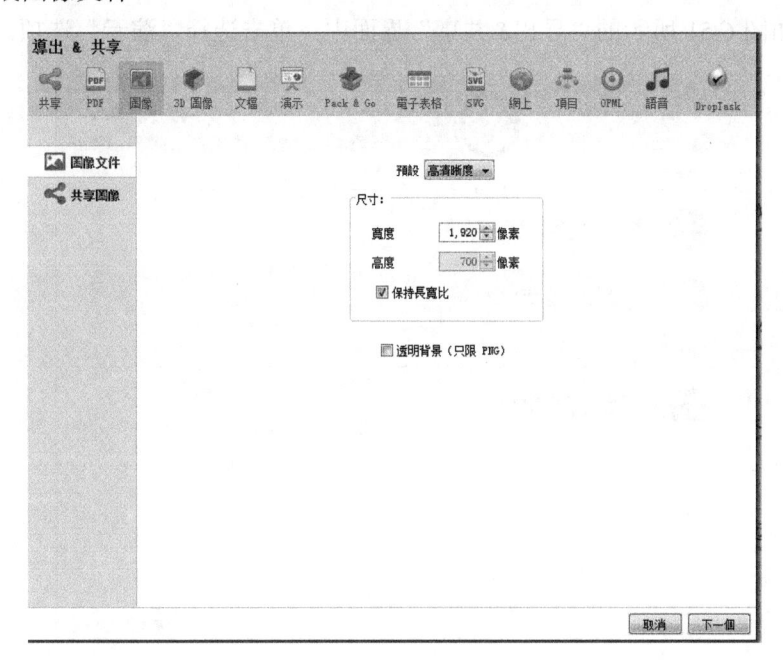

图 6-49 导出生成图像文件

四、单个动画特效幻灯片

如图 6-50 所示,单击"文件"菜单。选择弹出菜单中的"导出"选项,则打开如图 6-51 所示的"导出&共享"界面。

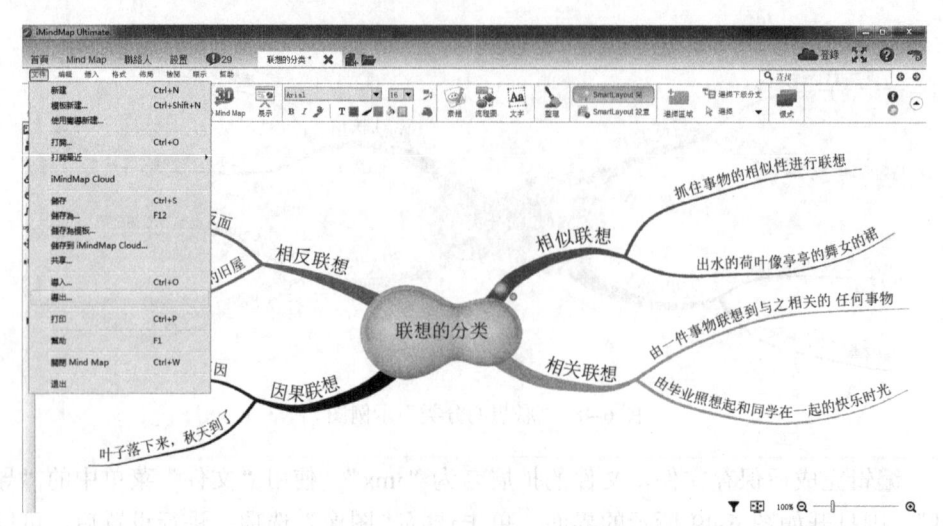

图 6-50 设置"单个动画特效幻灯片"步骤一

在如图 6-51 所示的"导出&共享"界面中,单击选择"演示"选项。

图 6-51 设置"单个动画特效幻灯片"步骤二

在如图 6-52 所示的"演示"设置中，单击选择左侧选项中的"单个动画特效幻灯片"。

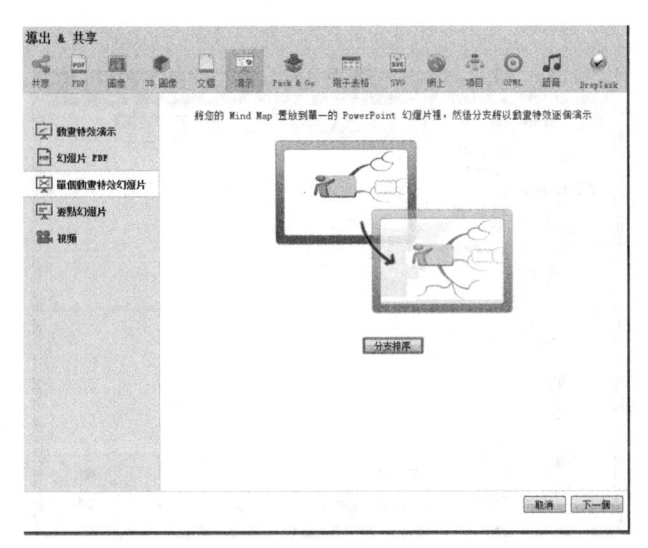

图 6-52　设置"单个动画特效幻灯片"步骤三

然后单击选择"分支排序"按钮，则每一个分支及其显示顺序都显示出来，如图 6-53 所示。

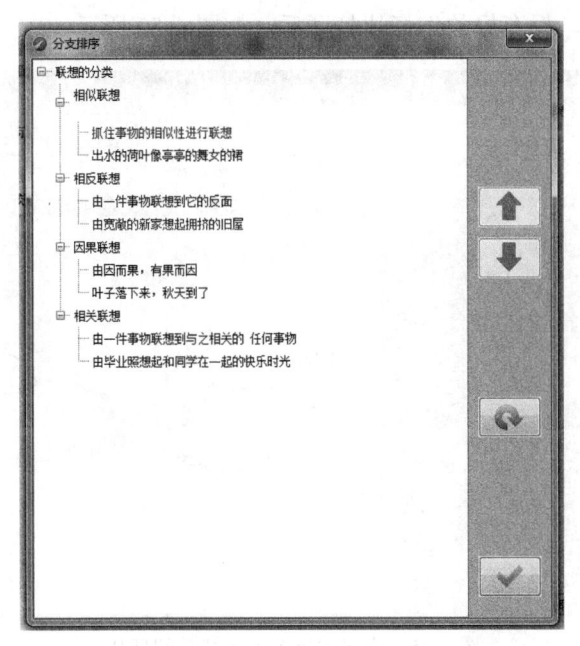

图 6-53　设置"单个动画特效幻灯片"步骤四

翻转学习的设计与实现

可以通过上下移动重新调整每个分支的显示顺序。调整满意后，单击"✓"按钮。单击"下一个"，打开如图 6-54 所示的导出界面，选择幻灯片保存的位置进行保存。

图 6-54　设置"单个动画特效幻灯片"步骤之五

打开"我的电脑"，找到保存幻灯片的文件夹，可以看到该文件。双击图标"联想的分类.ppt"，打开并放映。通过鼠标单击，就会看到每个分支内容一步步依次显示的过程。保存好的幻灯片打开后，如图 6-55 所示。

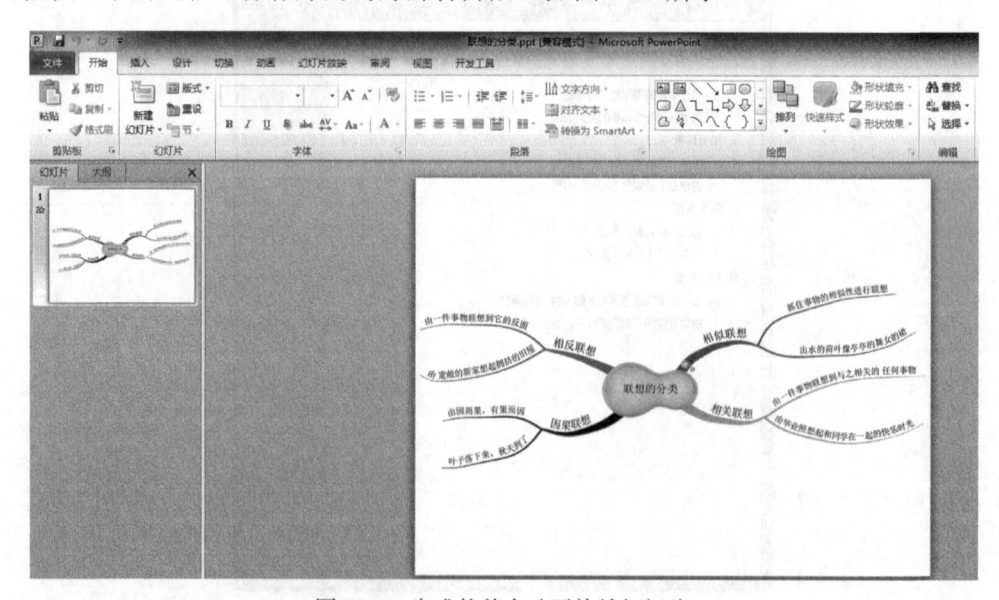

图 6-55　生成的单个动画特效幻灯片

· 190

五、不同的分支

可以画制与前面不同的分支。将鼠标放在该图的橙色区域，然后按住鼠标左键拖动，则画出一条末端带有文本框的分支，如图 6-56 所示。

文本框中输入关键字或句。如果想调整宽度和长度，可以单击文本框，如图 6-56 所示。文本框的四角出现四个小方框标志，鼠标放在某一处的小方框上并按下左键进行拖动。调整到满意的宽度和高度后放开，然后双击方框输入文字。

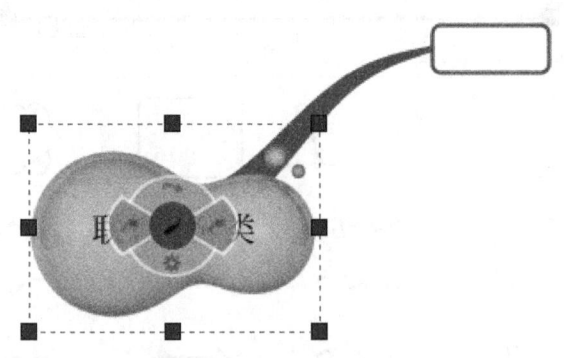

图 6-56 画制带文本框的分支

用类似的方法，可以完成其他各分支。单击图中的"▦"，则出现如图 6-57 所示的不同的色块图。可以选择某种颜色填充文本框。

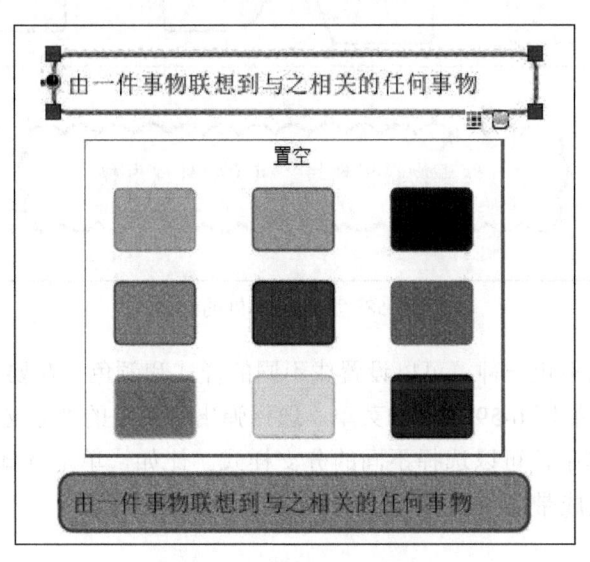

图 6-57 选择色块填充文本框

如果单击"▦"右侧的"▯"，则出现如图 6-58 所示的不同样式图，可以选择其中一种作为文本框的样式。比如，单击选择"☁"样式，则文本框的样式随之改变，设置过程如图 6-58 所示。

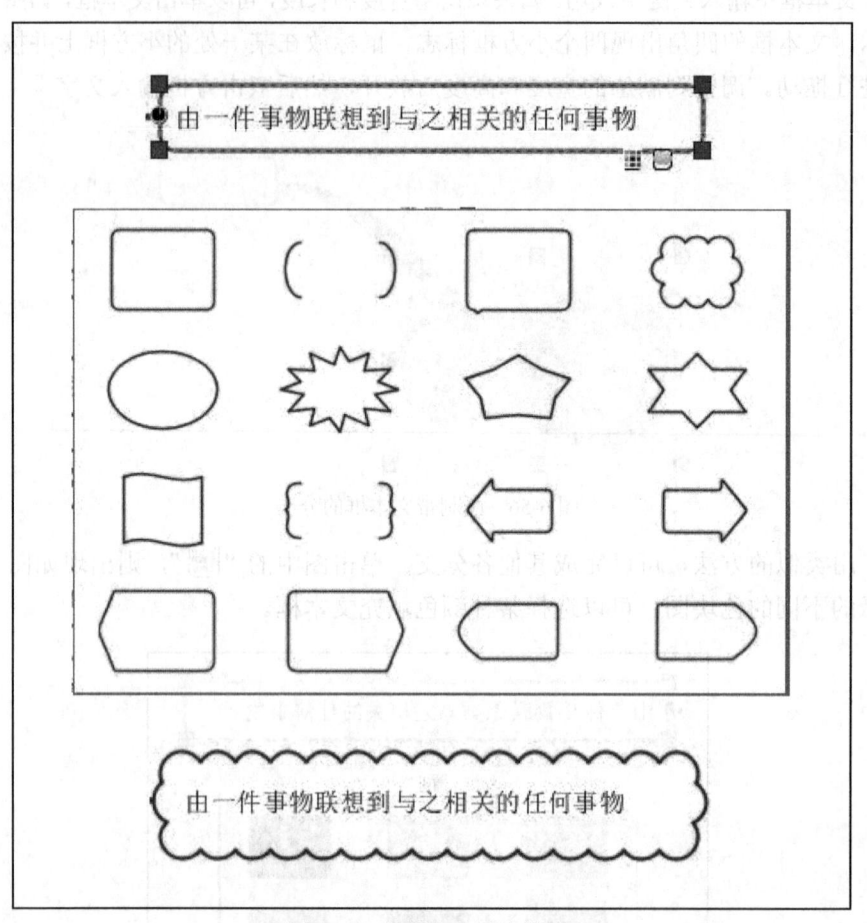

图 6-58　设置文本框的样式

分支的样式不止一种，可以设置成不同的样式和颜色。在要改变的分支上单击右键，则弹出如图 6-59 所示的菜单。选择弹出菜单中的"分支美术"选项。在随之弹出的菜单中，可以选择不同的分支样式。比如，单击选择"箭头"，则该分支的样式改变成带箭头的样式。

图 6-59　分支的样式

六、不同的整体结构图

前面的整体构图是分支分布在中心主题两侧，关键字和关键句放在分支上方，也可以设计使用和前面不同的整体结构图。例如，按照常规的模式，设计制作分支同在一侧，并且关键字和关键句放在分支末端文本框内，整体构图如图 6-60 所示。同样，也可以再生成单个动画效果幻灯片，最后通过 PPT 或者录制软件生成视频，并作为微课的一部分。

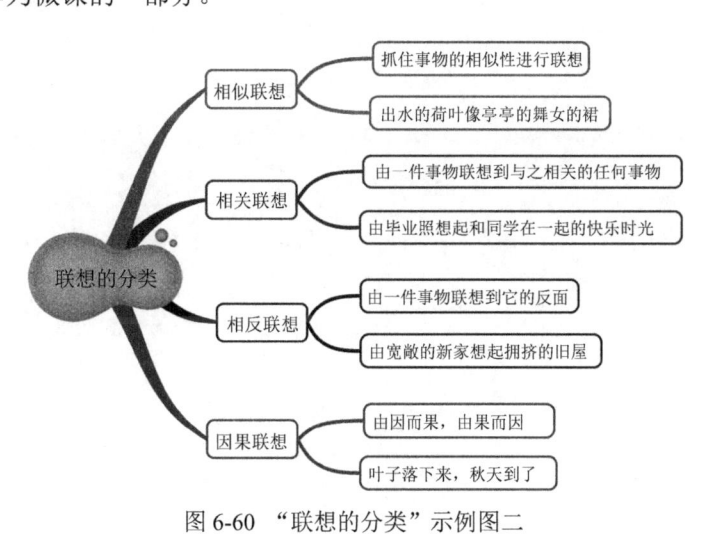

图 6-60　"联想的分类"示例图二

重点

- 使用思维导图生成微课中的特色画面
  - ➢ 中心主题
  - ➢ 分支
  - ➢ 保存文件
  - ➢ 单个动画特效幻灯片
  - ➢ 不同的分支
  - ➢ 不同的整体结构图

第七章
如何通过后期编辑让微课更加完美

无论如何，制作微课基本都需要做必要的后期编辑。后期编辑主要有两种，一是基于错误的编辑，二是基于学生需求的编辑。第一种编辑比较简单，前面已经介绍过了。本章主要介绍基于学生需求的编辑，也就是如何让微课在修正错误的基础上更加完美。

基于学生需求的编辑，主要包括片段文件、视频、图片、音频文件等多种形式的素材文件的合成编辑，添加关键文字信息、标注、指示等内容，添加转场、缩放、位移或变形动画，设置加亮、遮盖、画中画等效果。其目的是使微课变得内容更丰富，情境更真实，重点更突出，可视化表达更合理，更有吸引力，更能增强学生记忆，更让学生喜欢，更利于学生的自主学习。

本章第一节先介绍多种素材在 Camtasia Studio 中如何合成，后三节主要通过分析三个具体的微课案例，展示微课制作中不同软件的结合，展示 Camtasia Studio 中添加关键文字信息、标注、指示，以及添加转场、缩放、位移或变形动画、加亮、遮盖、画中画等效果的作用、实现方法和灵活运用。在实际案例具体的情境之中，大家更容易感悟、理解和掌握上述 Camtasia Studio 中的各项功能。具体的案例也会给大家带来更多的创作灵感，有益于进行微课的设计和制作。

第一节　多种素材的合成

> **问题**　多种素材如何合成在一个微课中？

一个微课可能包括一个或多个录制的片段文件，还可能包括背景音乐、网上下载的视频、拍摄的视频片断、图片等内容。具体来说，将录制的片段文件、拍摄的视频片断、搜集到的背景音乐、视频、图片等素材，都提前存放在同一个文件夹中。在 Camtasia Studio 中，通过将各素材导入并放置在时间轴编辑窗口中轨道的适当位置，就可以把它们按合理的顺序和方式组织在一起。

一、导入各类素材

启动 Camtasia Studio 软件，单击"导入媒体"按钮找到需要的片段文件、背景音乐、视频、图片等，将它们导入，则导入的内容会显示在资源窗口中。

二、拖放到轨道上

将资源窗口中的内容按照所需，依次拖动到时间轴编辑窗口中轨道上的合适位置。例如，微课的内容设计是首先出现两段片段文件，其次出现一段视频素材，再出现一张图片，最后接着又是第三段片段文件，并且要求播放视频素材和图片时有背景音乐。这样就可以先将第一、二段片段文件依次拖放在时间轴的同一个轨道上，然后再将视频拖放在同一轨道上第二个片段文件之后，接着拖动资源窗口中的图片放在同一轨道上视频之后的位置，再拖动第三段片段文件放在图片之后的位置。单击时间轴中的添加轨道的"+"号按钮插入轨道，最后将背景音乐拖放至新添加的轨道上，并且拖动调整其位置，使其起始位置与视频的起始位置对齐。可以通过拖动和剪切，调整音乐的播放位置和时间。图 7-1 展示了该举例中多种素材放置到时间轴上之后的状态显示。

图 7-1　时间轴上的多种素材

三、按需编辑

上述编辑中片段文件、视频、图片，可以选择放在同一个轨道，也可以放在不同轨道。不同轨道上的内容如果同时出现，则上一个轨道遮挡下一个轨道的内容。如果都是出现在不同时刻、有不同的先后显示顺序或者不同轨道上的内容所在位置不相同，则不存在遮挡问题。在前面的例子中，由于各项内容是依次在不同时间显示，所以放在同一轨道和不同轨道效果是一样的，没必要使用多条轨道。如果确实想同一时刻显示不同的内容信息，则可以将这些内容放在不同轨道，并且放置在不同的显示位置。可以通过拖动，更改对象所在的轨道及轨道的先后顺序。

图片的显示时间默认是 5 秒，可以右键单击轨道上的图片标志。在弹出的菜单中，选择"持续时间"选项，在打开的持续时间设置面板中进行具体调整。

为了避免显得突兀，可以把背景音乐设置成由无到有、由小到大的淡入式。右键单击轨道上的背景音乐标志，在弹出的菜单中选择"编辑音频"选项，或者单击选中轨道上的背景音乐，然后单击选择" "音频工具。在打开的如图 7-2 的音频设置界面中，选择" "。类似地，如果想慢慢消失，则可以设置"淡出"效果。编辑音频中还可以进行"调低音量""调高音量""静音"等设置。

图 7-2 编辑音频

翻转学习的设计与实现

　　本节只介绍了如何将多种素材进行合成，按需编辑中只介绍了必要的图片持续时间和有关声音设置，其余如添加关键文字信息、标注、指示等内容，添加转场、缩放、位移或变形动画、加亮、遮盖、画中画等效果，会在后面"龙舟""前滚翻""顽皮的杜鹃"三个案例中分别介绍。

四、保存及生成视频

　　用时间轴编辑窗口各轨道上编辑好的内容也可以保存下来，以方便记录已编辑好的内容和进行再次编辑。这就需要单击"文件"菜单中的"保存"，或者直接按快捷键【Ctrl+S】。默认的名字为"Untitled.camproj"（未命名.camproj），扩展名"camproj"不要改动，主文件名可以改为和微课内容相关的名字。选择片段文件所在的文件夹保存即可，这类文件被称为"项目文件"，只能在Camtasia Studio中打开、编辑。

　　项目文件编辑满意后，就可以生成视频文件。该文件提供给学生就可以自主观看了。通过单击"生成和分享"按钮，进行选择与设置，就可以生成视频文件"*.mp4"。

重点

- 多种素材的合成
  - 导入各类素材
  - 拖放到轨道上
  - 按需编辑
    - ◆ 分清不同轨道上内容的显示特点
    - ◆ 分清轨道上不同对象的显示顺序
    - ◆ 会更改对象所在的轨道及在轨道上的先后顺序
  - 保存及生成视频

第二节　多个软件的结合使用

> **问题** 制作微课时 Focusky 和 Camtasia 如何结合使用？如何在 Camtasia 中添加标注与文字？

　　通过前面的章节，我们知道单独使用 PPT 和 Focusky 可以直接生成微课，也可以利用多个软件相结合完成微课的制作。PPT 和录屏软件（如 Camtasia、优酷录屏等）相结合，PPT、录屏软件、后期编辑（如 Camtasia）相结合，Focusky 和录屏软件相结合，Focusky、录屏软件、后期编辑相结合。这些都是微课制作时常见的软件组合，它们又都有可能和专门的图片编辑软件、音视频编辑软件结合使用。例如，微课"轻叩诗歌的大门"制作时，就用到了图片编辑软件。实际上，PPT 和 Focusky 也可结合使用。以上所有组合中还有可能再有学科软件的加入，比如微课"顽皮的杜鹃"的制作中就用到了音乐学科的专用软件。

　　多个软件结合使用是为了利用不同软件的优势和功能实现微课设计，至于选择哪些软件的哪些功能来实现，理想状态是选择实现起来最简单且效果最好的，但实际操作时遵循的肯定是选择教师会用的技术。软件非常多，教师会的是有限的。每一个软件的功能也非常强大，教师熟悉的也可能只是其中一二。用起来才是关键，充分利用已会的技术实现微课设计中的每一个设想，才是最重要的。在用的过程中自然产生需求，自然会引发教师去探究更多的技术，这样就会使教师已了解的技术更熟练、新的技术掌握得更多。

　　本节主要通过微课"龙舟"的设计与制作，以 Focusky 和 Camtasia 两个软件的结合使用，让大家体会不同软件之间的组合应用；体会 Focusky 中泼墨和由远及近的显示效果的作用，并熟悉其制作步骤和方法；熟悉在 Camtasia 中如何添加标注与文字。

　　下面描述的案例的实现方法不是最好的技术实现方案，有些细节的设计和技术应用的选择甚至略显粗糙。但是，又不能不说，这是教师在没有掌握足够技术时灵活解决问题的一种智慧。按照教师的实际创作过程写出来，也是想表明一个道理：根据教学需要，教师能把自己会用的技术组合起来使用以满足这种需求，从技术上看不一定是最优的，但只要满足了需求，从应用效果上就是最优的，是应该提倡的。

"龙舟"一课属于美术的设计应用领域，是小学六年级上册创意立体纸艺课程。在本课教学前，学生已经学习了两课立体纸工课程。在教学中，教师发现以面授的形式教授此类课程存在一些问题。例如，在给同一个年级不同班级上同一堂课的时候，教师需要把同样的示范作品在不同班级逐个演示一遍。尤其是在演示制作物品的课程中，虽然是在实物投影下放大物体进行演示，但还是经常会出现教师动作快、学生还没有看明白教师已经演示完了，或者遇到教师演示时手遮挡住了镜头等问题，使学生学习的时候看不明白示范过程。遇到这样的情况，教师还须放慢速度重复演示。而微课的内容精炼、画面清晰、学习方便、可反复观看等特点，正好可以解决这些问题。于是，在龙舟一课中，教师就设计制作了微课"龙舟的知识及制作窍门"。❶

教师课前调查发现，学生对端午节习俗了解得很少。本课内容和端午节相关，是端午节的一个习俗。如果学生在学习龙舟的制作、组装、装饰等内容之前，能了解更多的端午节知识，会有益于对上述内容的理解和掌握。于是，教师将此部分内容也设计在了微课中，作为学生课前自主学习的内容，丰富学生的知识储备，让学生初步了解龙舟的有关知识和制作技巧。课前自主学习微课的过程中，通过网上交流、互动，教师回答学生的疑问、了解学生的学习情况。本课课前教师一共制作了3段微课视频，除了用于课前学习的"龙舟的知识及制作窍门"，还有"龙舟基本组装方法"和"龙舟的不同装饰方法"两个微课视频。这两个用于学生在课堂上使用平板电脑进行自主学习。下面结合几个设计点阐述一下微课"龙舟的知识及制作窍门"的制作方法。

一、应用 Focusky 创作动画

在展示有关龙舟的古代绘画时，为了更加突出绘画的意境，作者在制作中先用动画演示大师 Focusky 这个软件制作了泼墨动画效果：一滴墨滴到画面中，从而引入图画中去。接着，古代绘画的画面逐渐放大，中间的龙舟突出显示出来。

（一）泼墨效果

具体制作效果方法如下：插入有关龙舟的古代绘画图片，然后添加"进入特效"中的"泼墨"动画效果，这样就生成了由一滴墨渗入到古代绘画中的动画效果（图7-3）。

---

❶ 微课案例"龙舟的知识及制作窍门"作者：马金花，北京市大兴区旧宫镇第一中心小学。

图 7-3　泼墨动画编辑及效果

（二）由远及近的效果

单击在左侧预览窗口选中古代绘画图片所在的帧，然后向上滚动鼠标滚轮。该帧场景不断放大，足够大时，单击"　+　"添加一帧，并且在新增加的帧中添加一张放大的清晰的龙舟图片。这样当播放时，新加帧的内容即"龙舟"就呈现由小到大、由远及近的效果。如果前一帧放大得足够大，然后再添加新帧，则出现由无到有且由远及近慢慢变大的效果。

可以接着添加文字等内容，继续在 Focusky 中编辑完成其他部分。也可以像该微课的作者一样将该片断生成视频，将后续的其他任务转至 Camtasia Studio 软件中完成。使用不同软件可能都能达到相同的设计，至于使用哪个软件或哪几个软件组合来完成，还要根据教师自己对不同软件不同功能的熟悉程度，以及不同效果在不同软件中实现的难易程度来选择。写这个案例也是想启发教师们，制作微课时可以灵活运用多个软件组合完成，尤其是充分激活自己已经掌握的技术，发挥出它们的价值。

二、在 Camtasia 中添加图片

将前面生成的视频在 Camtasia Studio 软件中导入，并添加至时间轴。接着，在视频后加入一张放大的龙舟图片。这样和前面的画面连续，继续借助龙舟图片进行古代龙舟的特点介绍。教师引导学生观察龙舟的造型，在观察之后总结出龙舟的特点，并将总结的文字显示在画面中。

通过上面的介绍看出，教师通过插入和视频结尾处的同画面图片的方法，延长了画面。在该处还可以不使用该方法，可以直接将视频的结尾处进行扩展帧的设置。这样结尾处的画面可以延时显示，调整适当的扩展帧的帧数，然后在该画面的适当时间和位置添加标注和文字即可。这两种方法都可以实现同样的画面设

计，下面还是依照微课作者的制作方法来做介绍。

（一）导入视频及图片

启动 Camtasia Studio 软件，单击"导入媒体"按钮，将前面生成的视频和龙舟图片导入，然后从资源窗口中分别选中并拖至时间轴。

（二）延长图片显示时间

直接将鼠标放在时间轴上图片图示的右边缘处，鼠标指针变成双箭头。此时按住鼠标左键向右拖动，即可延长图片的显示时间。或者在轨道上该图片的图示上单击右键，在弹出菜单中单击选择"持续时间(R)..."。然后，在打开的时间设置界面中设置具体的时间长度。

三、在 Camtasia 中添加标注与文字

在图片和视频展示过程中，加入箭头等标注指示和关键信息的对应文字。这样既便于学生对龙舟的整体了解，又能指引学生明确关注点和观察点。而且关键信息的文字显示既能使学生对学习内容更明确，也方便学生的理解和记忆。具体制作步骤和方法如下。

（一）添加箭头与文字

在古代龙舟的图片上需要添加箭头与文字，一方面指引学生观察，另一方面帮助学生概括、强化古代龙舟的特点。该画面的设计效果如图 7-4 所示，具体的制作步骤如下。

图 7-4　微课"龙舟"画面——古代龙舟

单击资源窗口下方的"标注"选项，选择添加箭头标注；单击"填充"和"边框"选项分别设置填充色和边框颜色，均设置为白色。文字的添加也利用添加标注来完成，选择一种标注，并且在标注编辑窗口中"文本"下方的文本框中输入文字"龙头高抬"。输入文字后，继续将文字进行颜色、字体、是否加粗等详细设置。接下来，需要将标注本身进行如下设置：将" 填充 "设置为"无填充"、将" 边框 "设置为"无边框"，设置过程如图 7-5 所示。这样做的目的是为了只显示文字，而不显示文字所在标注的形式。因此，添加时选择哪一种标注形式都无所谓。编辑好的箭头和文字出现在预览窗口中，通过预览窗口调整其位置及大小即可。另一对箭头与文字同样方法添加。注意，每一个标注添加后会自动出现在新的轨道上。

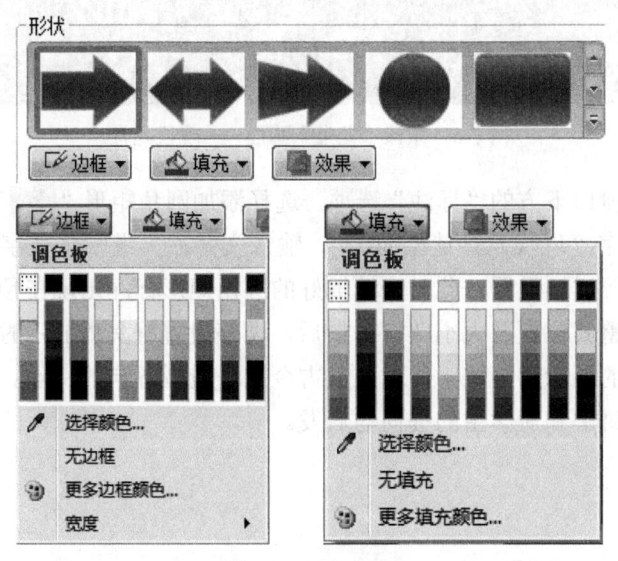

图 7-5　添加标注

（二）调整标注显示时间

直接将鼠标放在轨道上标注图示的右边缘处，鼠标指针变成双箭头。此时按住鼠标左键向右拖动，即可延长标注的显示时间。或者在轨道的标注图示上单击右键，在弹出菜单中单击选择" 持续时间(R)... "。然后，在打开的时间设置界面中，设置具体的时间长度。

（三）在视频上添加文字

古代龙舟介绍之后，继续通过视频及文字提示介绍现代龙舟。所以需要将收集好的现代龙舟的相关视频导入，并拖放在轨道上古代龙舟之后，然后在视频的适当时间点和位置上添加文字。该画面的设计效果如图7-6所示，具体步骤如下。

图7-6 微课"龙舟"画面——现代龙舟

单击资源窗口下方的"标注"选项，选择添加圆角矩形"　　"，并且在圆角矩形上编辑文字"现代龙舟造型简约"。输入文字后，继续将文字进行颜色、字体、是否加粗等详细设置。此时，编辑好的圆角矩形标注出现在预览窗口中，通过预览窗口调整其位置及大小即可。最后，调整设置好具体显示时间。

通过画面的展示和对比，体现出了古今龙舟造型各自的特点。在画面呈现的同时可以进行讲解和对学生的提问与启发。

重点

- 微课制作中 Camtasia Studio 和 Focusky 的组合应用
  - Focusky 中的泼墨动画
  - Focusky 中实现由远及近的显示效果
  - Focusky 中生成视频文件
  - 在 Camtasia Studio 中插入视频、图片
  - 在 Camtasia Studio 中添加标注和文字

第七章　如何通过后期编辑让微课更加完美

第三节　多种效果的添加

问题　如何在 Camtasia 中设置慢镜头、局部放大、局部加亮、暂停、画中画等效果？

为了增加微课的吸引力，能让学生更喜欢，可以充分利用 Camtasia 软件的强大功能，通过使用 Camtasia 添加关键文字信息、添加标注、指示等内容。尤其是添加转场、缩放、位移或变形动画以及设置加亮、遮盖、画中画等效果，可使微课的可视化表达更合理，强调更到位，重点更突出，情境更真实，更有利于吸引学生的关注、增强其理解和记忆。下面通过微课案例"前滚翻"关键环节的设计与制作，一起来分析和感悟如何应用 Camtasia 软件中的多种效果实现微课教学中的设计需求，如何将 Camtasia 软件的功能和技术点与教学需求相结合。

"前滚翻"[1]是北京出版社《体育与健康》小学一年级第三章"儿童基本活动"第六节"滚动与滚翻"中的部分内容。由于前滚翻动作特殊性，在实际教学中。由于不管是教师的示范还是学生的展示，都是无法停留在某个瞬间进行详细讲解的，学生观察无法仔细、深入，因此对动作的理解也就不深刻，不全面，进而影响对动作的正确掌握。微课的应用，尤其是其中画线、慢镜头、暂停、局部放大、局部加亮突出显示以及画中画等效果的应用，能针对前滚翻的重、难点进行详细的展示，有利于学生加快对动作的理解和掌握。下面结合教学过程阐述一下微课具体设计及制作方法。

一、微课的设计说明

微课的核心内容设计为三部分组成：首先，完整示范前滚翻动作；其次，结合动作要点分步进行演示和讲解；最后，再慢速度完整地呈现一次前滚翻的动作。

讲解中，为了强调双手的宽度，双臂和双手的位置都设计为使用红色画线及文字进行指示和强调；为了强调双脚蹬地动作，将双脚局部放大，并且添加了箭

---

[1] 微课案例"前滚翻"作者：马海利，北京市昌平区巩华中心小学；荣琪，北京市昌平区南口铁道北小学。

头画线，强调和提示用力方向；为了强调滚翻时触垫动作的部位与顺序，对头、颈、肩、背、臀部依次进行局部加亮突出显示，并添加箭头及文字进行说明强调；为了更仔细地观察"重心前移"、滚翻时触垫动作的部位与顺序，将该部分内容设置为慢镜头；并且在触垫动作演示部分使用了画中画效果，主画面和小画面分别显示了从正面和侧面两种不同角度观察滚翻时的视频画面。讲解中，还强调滚翻后双手及时抱小腿的动作，为结束动作做好准备。画面设计为将抱腿动作进行划线圈画强调和添加文字说明提示。细节动作讲解结束后，再慢速观看前滚翻的完整示范动作，加深对动作的理解。所以讲解后的整体示范视频设置为慢速播放。

二、微课的制作说明

（一）软件简介

该微课是使用 Camtasia 9.1.4 版本进行录制及编辑的。该软件的基本功能和 Camtasia 8.6.0 相同，但是其界面和部分功能做了一些变化。图 7-7 是 Camtasia 9.1.4 界面的简介。

图 7-7　Camtasia 9.1.4 界面简介

（二）裁剪示范动作视频

1. 导入视频

打开 Camtaisa，单击工具栏中"导入媒体"按钮。从资源管理器中选中预先拍摄好的视频媒体，单击打开，导入的媒体会在媒体箱中显示。该部分的操作如图 7-8 所示。

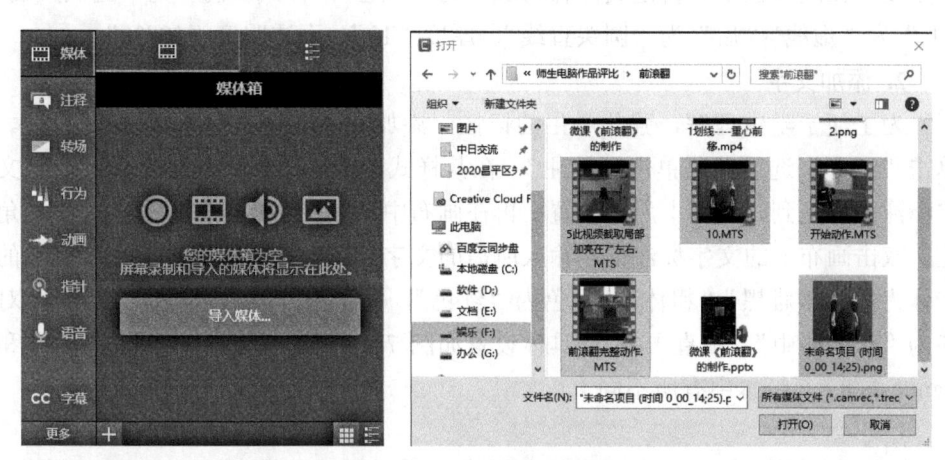

图 7-8　导入拍摄的视频

2. 将视频添加至时间轴

单击选中动作示范视频，按住鼠标左键将其拖动至时间轴中的轨道上，释放左键。

3. 剪裁视频多余的部分

预先拍摄的视频素材中会有一些没有意义的画面，比如视频开始部分没有人的空镜头，视频结束部分人物离开后的空镜头，所以需要剪裁掉。点击左键，选择自己想要处理的这一段视频素材。拖动播放头到要剪裁的位置，按快捷键【S】或单击"　"按钮。把原来的一段视频分割成两段，用鼠标单击选中该段视频，按【Delete】键删除该段视频，也可以按"　"剪切该段视频。为了让视频连贯，需要将后面的视频向前拖动使视频首尾相接。

（三）添加指示和说明

在讲解强调双手的宽度、双脚蹬地动作、滚翻时触垫动作的部位与顺序等多个环节中，微课的画面中都添加了"直线""箭头""文字"等内容，配合讲解从视觉通道进行强调，以吸引、集中学生的注意力，主要通过添加"注释"来实现。Camtasia 9.1.4 版本中译为"注释"，Camtasia 8.6.0 版本中译为"标注"。

1. 添加直线

在讲授"手分开与肩同宽"这一动作要领时，在画面上添加"辅助线"让学生形象、直观地看到肩与手的位置。

单击"注释"选项，选择"箭头&线条"，从样式菜单中选择"基础"样式，将直线注释图标拖到时间轴上所需位置。再在画布中，调节该注释的位置、大小和角度。在属性栏中，自定义注释的颜色为"红色"，样式"前"为"圆头直线""中"为"虚线""后"为"圆头直线"，厚度"13"，不透明度"100%"。

2. 添加文字

为了便于学生理解，强化学生的记忆，添加文字标注"手分开与肩同宽"。单击"注释"选项，再单击"标注"，在其样式菜单中选择"基础"样式，将文字标注图标拖到时间轴上所需位置。再在画布中调节文字标注的位置、大小和角度。双击画布上的文字标注框，输入所需的文字。在属性栏中自定义文字标注的字体为"微软雅黑""粗体"，颜色为"红色"，大小为"88"，样式"空选"，对齐为"水平居中""垂直居中"。具体设置如图 7-9 所示，添加文字的具体操作和 Camtasia 8.6.0 版本中有所不同。

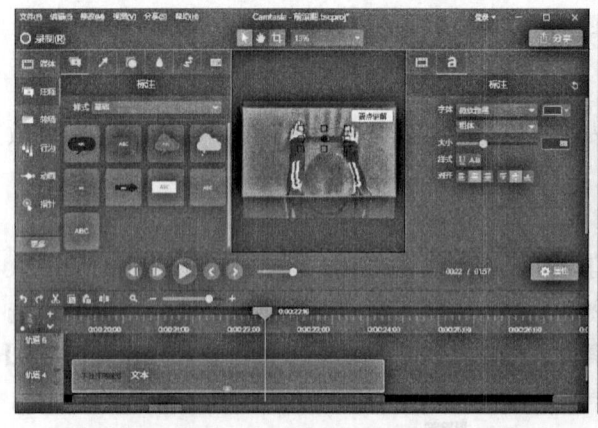

图 7-9　添加文字

3. 添加动画箭头

为了表示重心的移动这一动态的过程，使用带有类似手绘动画效果的注释，能更好地表达重心从一点向另一点移动的动态过程。

单击"注释"选项，选择"动画绘制"，将直线注释图标拖到时间轴上所需位置，再在画布中调节注释的位置、大小和角度。在属性栏中，自定义注释的颜色为"红色"，厚度"9"，绘制时间"1.0"。具体设置如图 7-10 所示。

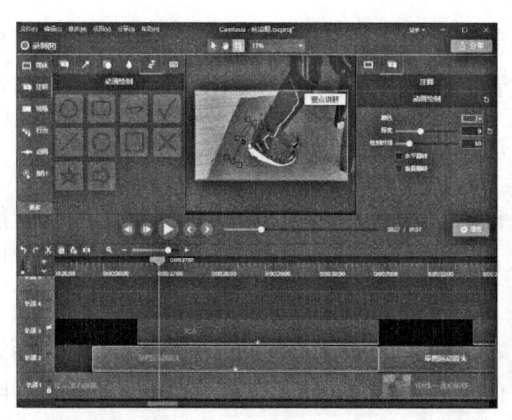

第七章　如何通过后期编辑让微课更加完美

图 7-10　添加箭头

（四）设置"慢镜头"效果

在讲解"重心前移"这一动作要领时，视频素材中的"重心前移"过程只用 1 秒就完成了，学生很难清楚地观察"重心前移"的过程。所以需要"慢放""重心前移"的过程，把 1 秒内完成的动作放慢至 5 秒完成。这样学生就能清楚地观察"重心前移"这一动作了。为了便于观察滚翻时触垫动作的部位与顺序及讲解后再次细致完整观看整个动作视频，这两处也设置了慢放效果。使用"添加剪辑速度"进行调节，可以达到"慢放"（或"快放"）视频的效果，增加视频的显示时长，如图 7-11 所示。

图 7-11　添加剪辑速度

209

具体做法：在轨道上选定视频剪辑，单击鼠标右键。在弹出的菜单里，单击"添加剪辑速度"。用鼠标拖动"秒表"图标用来调整速度使视频慢放，具体设置如图 7-11 所示。

（五）设置局部放大效果

讲授"两脚蹬地"这一技术要领时，为了吸引学生注意，也为了让学生能够观察更仔细，需要把脚部画面放大。使用"动画"中的"缩放和平移"，可以设置缩放效果。

调整播放头时间轴上位置，使之对应要放大的内容处。选择"动画"标签，再选择"缩放和平移"选项卡，具体设置如图 7-12 所示。在 Camtasia 8.6.0 版本中，"缩放和平移"是独立选项，和"标注""音频"等项并列，与该版本中有所不同。

图 7-12 缩放和平移

如图 7-13 所示，观察画布中的剪辑移动并调整缩放矩形，最后再在轨道上拖动缩放动画的任一端来调整缩放动作的持续时间。

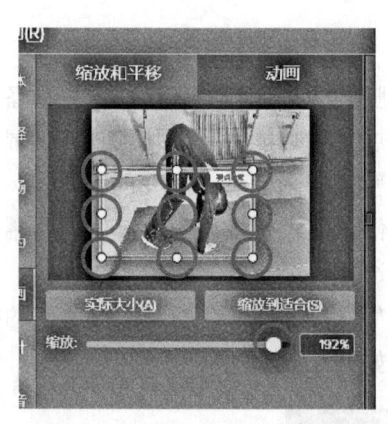

图 7-13 缩放和平移细节图

（六）设置局部加亮效果

为了更加清晰、直观地介绍前滚翻动作中依次触垫的各个部位的位置、名称和顺序，使用高亮显示功能使触垫的各个部位依次局部高亮显示，就像"聚光灯"依次照亮每个部分一样。

单击"注释"选项，选择"模糊&高亮"，再选择高亮显示注释图标" "，然后在画布中调节注释的位置、大小和角度。在属性栏中，自定义强度为"85"。具体设置如图 7-14 所示。

图 7-14 设置"高亮"显示

（七）设置"暂停"效果

为了便于观察滚翻后双手及时抱小腿的动作，为结束动作做好准备，将该动作画面设置为"暂停"效果。使用"扩展帧"功能，可以增加视频的显示时长，扩展帧持续显示前面帧的内容，呈现出暂停、画面静止不变的效果。

首先，确定好在视频的什么位置暂停，即设置扩展帧。其次，将播放头调至要设置扩展帧的位置。最后，单击左键选择轨道上的视频剪辑。此时，右键单击选择弹出菜单中的"扩展帧"，则出现"扩展帧"对话框。输入所需的扩展帧持续时间，单击"确定"即可。具体设置如图7-15所示。

图7-15 扩展帧

（八）创设"画中画"效果

在讲授"完整动作"时，为使学生能够同时从多个角度观察前滚翻动作，可以显示不同角度拍摄的前滚翻演示视频让学生观看。可以设计为在显示"侧机位"拍摄视频的同时，小画面显示一个"前机位"视频，即"画中画"效果。可以使用多轨道同步显示功能来创作完成。

1. 将两段视频顺序放入轨道

选择"侧机位"视频剪辑拖入一个轨道上，再选择"前机位"视频剪辑拖入另一个轨道上，如图7-16所示。

2. 调整视频剪辑的层级

保证"前机位"视频位于上层轨道，否则，通过拖动进行调整。此时，"前机位"视频完全遮蔽了下层轨道中的"侧机位"视频。

3. 调整"前机位"视频的大小

选中画布中的"前机位"视频，拖动视频本身更改至"左上角"位置，再拖动视频边缘控点缩小"前机位"视频。这样，"侧机位"视频的画面露出，左上

第七章　如何通过后期编辑让微课更加完美

角显示缩小后的"前机位"视频，"画中画"效果创设完成。

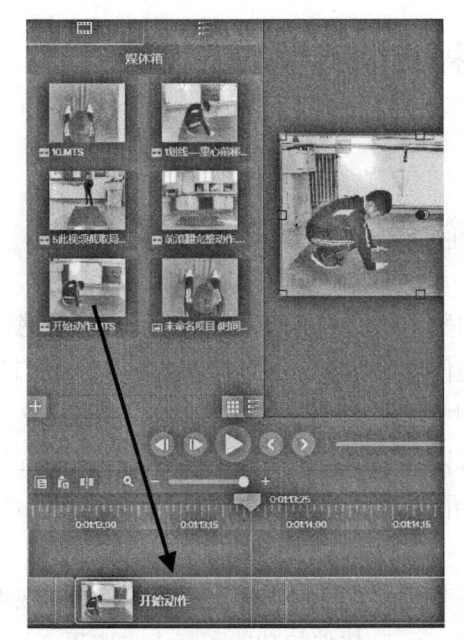

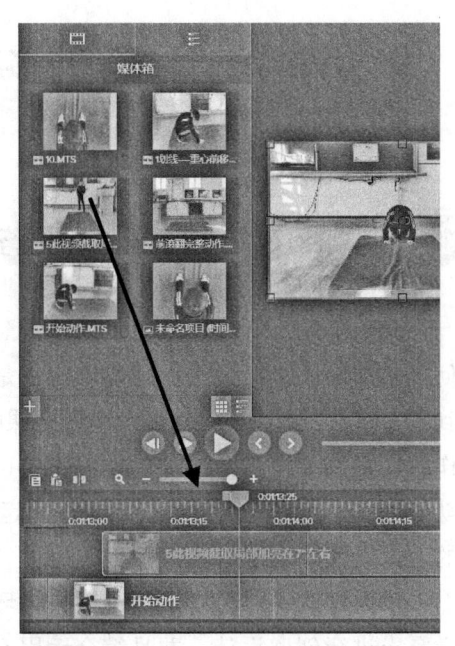

图 7-16　创设"画中画"效果

重点

- 画线、慢镜头、暂停、局部放大、局部加亮及画中画等效果在微课中分别起到了哪些作用？
- 画线、慢镜头、暂停、局部放大、局部加亮及画中画等效果如何实现
    - ➢ 画线----------------------"注释"（即 Camtasia 8.6.0 中"标注"）
    - ➢ 慢镜头-------------------"添加剪辑速度"（即 Camtasia 8.6.0 中"剪辑速度"）
    - ➢ 暂停----------------------"扩展帧"
    - ➢ 局部放大----------------"动画" / "缩放和平移"
    - ➢ 局部加亮----------------"注释"中的"高亮显示"
    - ➢ 画中画-------------------多轨道同步显示

213

第四节 综合运用多种功能实现创意设计

问题 如何在 Camtasia 中进行创意设计和实现？

小到一个字、一幅图如何呈现，大到整个微课如何表现，这些都需要创意。任何一个画面、一段音乐、一段语言都是创意的体现。通过前面的章节，我们学习到在 PPT、Focusky 中都可以实现微课中的很多创意。除了在 PPT、Focusky 中制作时实现创意设计，通过后期编辑也可以实现微课中的很多创意。Camtasia 软件功能强大，在后期编辑中，可以综合运用 Camtasia 软件中的多种功能实现微课中的创意设计。

本节通过微课"顽皮的杜鹃"关键环节的设计与制作，让大家体会如何根据教学需求进行创意设计，并且综合运用 Camtasia 软件的功能和特点去实现。

一、先行调查

在设计和制作微课之前，教师先进行问卷调查和前测，了解学生情况，以求微课的设计和制作更能针对学生的特点和需求。

微课的教学内容是，人民音乐出版社九年制义务教育课本第六册第二课的学唱歌曲《顽皮的杜鹃》❶歌曲歌谱教学。通过问卷调查了解到学生对音乐的学习充满热情，学习兴趣很高；学习音乐的途径广；爱唱、喜欢表现；学生愿意参与音乐活动，对童谣的学习有一定的兴趣，愿意探究童谣中音乐要素及背后的音乐文化；学生用歌声表现音乐情感的能力还有待提高，需要教师进一步指导。《义务教育音乐课程标准》中指出，表现是学习音乐的基础性内容，是培养学生音乐审美能力的重要途径。教学中，应注意培养学生自信的演唱以及在发展音乐听觉基础上的读谱能力。所以，微课的教学重点确定为学唱奥地利童谣《顽皮的杜鹃》旋律，感受歌曲的音乐情绪以及小杜鹃活泼可爱的音乐形象。通过前测了解到三年级学生已经认识并掌握二分音符、四分音符、八分音符名称及时值，基本上掌握了一个降号的调（F 大调）各音的位置，但不够熟练。所以，本课教学难点为歌曲乐谱的识读。

---

❶ 微课案例"顽皮的杜鹃"作者：荣琪，北京市昌平区南口铁道北小学。

二、整体策划

通过问卷调查、前测、教材分析确定了学习内容、学习目标及其重难点之后，需要运用系统方法，对微课的整体内容进行策划。主要从画面、语言、预计时间三个方面进行详细的设计，力求做到内容明确、短小精悍、设计精美。教师对每个关键画面的细节及其对应的语言做了详细的设计。该微课通过听辨、跳音记号讲解、学唱"咕咕"、观察逐步出现的歌谱进行视唱（第一乐句旋律片段、第二乐句旋律片段、第三乐句旋律片段、每个旋律片段前面的两个音、每个旋律片段后面的两个音、运用反复记号完整歌唱歌谱）、聆听教师的范唱和范奏、跟随教师的范唱和范奏、跟随着"节奏指针"歌唱歌谱、与教材中的歌谱进行对比了解反复记号作用、讲解反复记号的作用、学生完整歌唱歌曲歌谱等具体画面及其对应的关键语言的描述完成了整体策划。

为了使微课的内容易于理解，要把抽象的问题形象化，复杂的问题简单化。本节微课利用音频与视频的同步结合，把抽象的音符用实际的音响形象化，用具体的画面可视化，以优化学习过程、提高学习效果。微课的整个过程循序渐进，一步步进行。例如，本节微课中歌谱学习环节，从视唱单个音符到视唱一小节旋律再到视唱乐句，最后至视唱整首歌曲歌谱。

三、设计细节和学习者特征充分对接

微课是为学习者服务的，在设计过程中，画面的呈现、讲解的语言、教学策略的应用以及各项资源的组织都要围绕学习者这个中心进行。本节微课的学习者为小学生，所以细节设计主要根据小学生的特点与喜好。

（一）巧设猜想

小学生喜欢小动物，喜欢色彩丰富、生动的图像，喜欢猜想。所以，在这节微课中设计了"猜一猜，我的名字叫什么"环节，让学生通过聆听音乐猜想出"杜鹃"这一音乐形象。"猜想"环节的设计自然将聆听、思考和猜想连接在一起，学生带着猜想的任务聆听更投入、思考更主动。

（二）音视频相结合

运用视频与音乐可以更好地营造音乐氛围，丰富学生的情感体验，激发学生的学习热情，为学生的学唱、分析音乐、感受情绪奠定坚实的基础。微课中运用小杜鹃的视频材料与歌曲《顽皮的杜鹃》相配合，营造出浓厚的音乐氛围，为学生体验歌曲中顽皮的杜鹃这一音乐形象提供了有力的帮助。微课中，还适时出现教师的范唱和范奏，更是即时提供了示范、解决了学生的困惑。

（三）多种视觉引导与强化

小学生更容易被色彩丰富的、生动的画面所吸引，而且恰当的图示指引和突出强调效果会引导学生的注视点，增强学生的观察、理解和记忆。在微课中，有很多处设计了利用色彩进行区分、强调，利用图示及其动态变化进行指引、突出和强调。比如，通过不同的乐谱颜色区分音乐素材强化学生对于乐谱的观察、理解和记忆；利用红色的圆点对"跳音记号"进行标记，以表示突出、强调，具体效果如图 7-17 所示。

利用色彩区分不同的乐谱　　　　　　　标记"跳音记号"

图 7-17　色彩区分和红点标记

微课中，还多次利用闪动的、色彩醒目的矩形框和椭圆框，将语言讲解中强调的内容进行圈画，具体效果如图 7-18、7-19 所示。

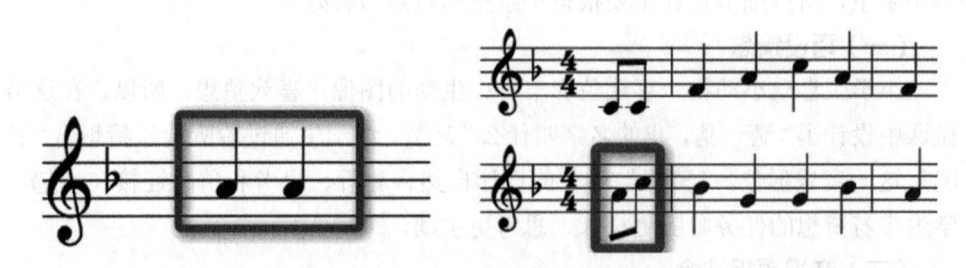

图 7-18　使用矩形颜色框强调所讲旋律

第七章 如何通过后期编辑让微课更加完美

图 7-19 使用椭圆标记"反复记号"

在微课中，作者还设计使用了"节拍指针"，即在乐谱上闪动、跳跃的三角形标志。讲到哪儿、唱到哪儿，"节拍指针"就跳动到哪儿。利用"节拍指针"把学生的注意力集中到当前正在发声的乐谱上，让学生自主地从听觉到视觉建立对乐谱的认知，突破学习中的难点。重点的圈画和指示与语言讲解中讲到的内容、强调的内容保持同步和一致。视听信息同时从视觉和听觉两个通道输入，既不会增加学生的认知负荷，又能达到更好的学习效果。应用"节拍指针"的效果如图 7-20 所示。

图 7-20 画制"节拍指针"

生成的微课选择了 mp4 格式，学生可以通过反复播放或移动进度条的方法自主地、精准地学习。

四、微课制作过程

微课的制作可以应用幻灯片、录屏软件、本学科的专用软件和后期编辑软件结合完成。本节微课是以 PPT 幻灯片加语音解说和音乐为主要表现形式，加入使用打谱软件 Sibelius 生成的 MIDI 音乐，最后再使用 Camtasia Studio 录屏软件录制并编辑完成。

（一）设计和制作 PPT 课件

该微课经过制作 PPT 课件、录制 PPT 放映过程、后期编辑，最后生成微课视频。首先是将微课中的内容呈现在 PPT 课件中，课件的设计与制作尽量简洁、美观，满足学生的喜好和认知特点。该课件主要有以下特点。

画面内容容量适当，突出重点。画面内容的选择遵循"只放最重要的内容"的原则，避免大面积堆积，便于学生阅读与观察，把注意力集中到最重要的内容上。而且在后面录制和编辑的过程中，还会配上教师的语言讲解，所以也没有必要显示过多的内容。

根据学习者的喜好选择配色。本课的学习者为小学三年级的学生，这个年龄的儿童喜爱明快、艳丽的颜色，所以课件的背景为蓝色的天空和绿色的草原，文本框设计为淡蓝色，乐谱中的音符为明快的蓝色、红色和黄色。

图文清晰、醒目，结构合理、美观。图片的色彩鲜明、清晰度高。文字避免使用多种字体，该课件中以"微软雅黑"字体为主。图文混排时，有合理的区域划分，既美观又利于观看。

恰当使用动画，增加节奏感和灵动性。比如，设置自定义动画控制画面内容依次出现，方便学生阅读和接受，容易和后面的讲解相配合；比如，课件首页设计：在蓝蓝的天空，绿绿的草原背景上，课题名称"顽皮的杜鹃"五个汉字和着悦耳的音乐有节奏地一个个"掉落"下来，显示在屏幕中央，灵动、俏皮，又符合音乐的节奏感，为学生营造出一个欢快、活泼的情境，特别容易吸引学生的注意、让学生喜欢。该动画效果是运用了 PPT 动画"进入效果"中"华丽"一类中的"掉落"动画。

PPT 课件完成后，使用 Camtasia 录制 PPT 课件放映和讲解的过程，然后在 Camtasia 中进行编辑。录屏结束后，录制好的文件会自动显示在画布和时间轴上，然后导入其他准备好的素材。录制和素材导入过程前面有介绍，以下主要介绍其他编辑制作过程。

（二）录制教师的讲解和范唱

在录屏视频的适当位置，需要添加教师的讲解或范唱。使用 Camtasia 的"录制旁白"功能可以录制教师的讲解和范唱。

单击工具栏中的"语音"标签，选择录制设备为"麦克风"，勾选录制过程中静音时间轴，单击"开始从麦克风录制"按钮，具体过程如图 7-21 所示。录制过程中画布上会同步显示时间轴上的视频剪辑。

图 7-21　录制讲解和范唱

录制结束后，单击"停止"，系统会弹出"将旁白另存为"窗口，如图 7-22 所示。选择要保存语音文件的路径，使用自动生成的文件名或输入自定义的文件名，单击保存。录制好的旁白会自动显示在对应的时间轴和媒体箱中。

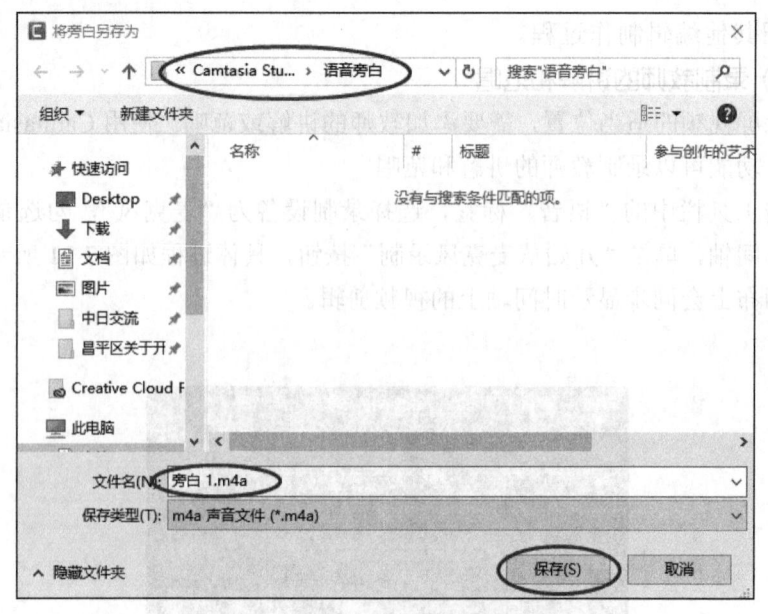

图 7-22　保存录制的讲解和范唱

（三）调整视频时长

可以使用"扩展帧"功能增加视频的显示时长。扩展帧持续显示前面帧的内容，呈现出"暂停"、画面静止不变的效果。使用"添加剪辑速度"进行调节，可以达到"慢放"或"快放"视频的效果。

1. 使用"扩展帧"

首先确定好在视频的什么位置扩展帧，然后单击左键选择轨道上的视频剪辑，再将播放头调至要扩展帧的位置。此时，右键单击选择弹出菜单中的"扩展帧"，则出现"扩展帧"对话框。输入所需的扩展帧持续时间，单击"确定"即可。扩展帧的内容即播放头所在帧的内容，所以会出现该处画面暂停的效果。整个视频时长加长。

2. 使用"添加剪辑速度"

在时间轴上选定视频剪辑。单击鼠标右键，在弹出的菜单里单击"添加剪辑速度"。用鼠标拖动"秒表"图标用来调整速度使视频慢放或快放。视频播放速度的加快或放慢会使视频的时长变短或加长。

（四）制作节拍指针

1. 添加"节拍指针"

单击"注释"选项，选择"形状"中的"▲"，从样式菜单中选择"基础"样式，将三角形注释图标拖到所需位置，复制和粘贴该三角形注释图，为每一拍添加"注释"，即歌曲中出现一拍，画面上就要出现一个"注释"，也就是"节拍指针"。歌曲节拍出现的时间是固定且规律的,所以先添加2拍的"注释",调整"注释"的位置,使"注释"对齐节拍,然后复制这2拍的"注释"在第3拍要添加"注释"的位置上粘贴,就得到了4拍的"注释"了;再复制这4拍在第5拍处粘贴,得到8拍的"注释",以此类推为整首歌曲所有的节拍添加"注释"。节拍器音频轨道中显示的波形,准确地显示出了节拍的拍点。把每个"注释"对齐节拍器音频波形的最高点,就能让"注释"对齐节拍了。具体效果如图7-23所示。

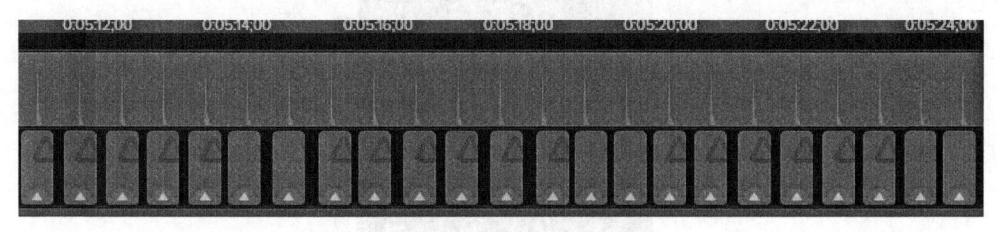

图7-23 原始状态的"节拍指针"

2. 设置"节拍指针"的填充与轮廓

利用注释属性栏,设置"节拍指针"的属性。"形状"选择"三角形","填充"颜色为任意,不透明度为"0%",轮廓为"实线",颜色分别为"灰色""蓝色"和"红色",粗细为"11",透明度为"75%"。具体过程如图7-24所示。自定义注释的颜色分别设置为"灰色""蓝色""红色",用来区分预备拍、普通节拍和需要唱"跳音"的节拍。

图7-24 设置"节拍指针"的填充与轮廓

3. 调整"节拍指针"的方向位置等

在图 7-25 所示的属性栏中调节"节拍指针"的大小、方向和位置。用作"节奏指针"的三角形,是倒着的,尖朝下,所以方向调整 180°。

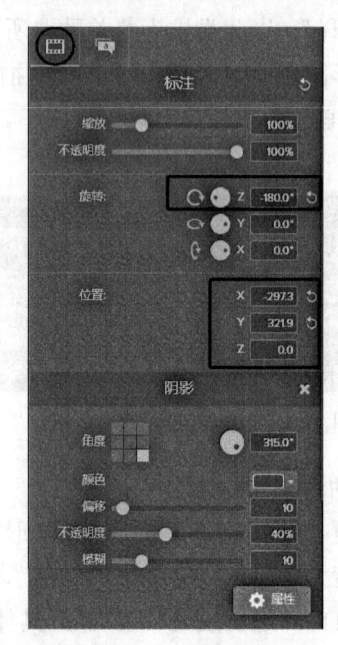

图 7-25 调整"节拍指针"的方向等

把调整好的"节拍指针"拖动到"正在发声的音符"上方,这样就可以实现唱到哪节拍指针显示在哪儿,辅助学生在听唱和学唱时准确阅读乐谱,具体效果如图 7-26 所示。

图 7-26 调整"节拍指针"的位置

（五）设置转场效果

本微课在乐理知识环节结束后曲谱学唱环节前添加了一次"翻页"效果，目的不是为了美观，而是要向学生传达"新的学习环节开始"这一信息。该效果是利用"转场"设置来实现的。

单击"转场"选项，在转场效果中找到"翻页"，将"翻页"转场图标拖动到轨道上两段视频之间，如图 7-27 所示。

图 7-27　设置"转场效果"

（六）多轨道同步显示与多种动作功能的综合运用

本节微课需要学生把练习用的曲谱与教材中的曲谱进行对比学习，最好能在同一画面中同时显示。同时，显示两个曲谱图片进行对比，然后再自然恢复显示单张曲谱图片，具体制作方法如下。

1. 导入曲谱

选择练习用的曲谱图片拖至一个轨道上，再选择教材中曲谱的图片拖至另一个轨道上。导入曲谱的操作如图 7-28 所示。

2. 调整图片的层级

轨道 1 为最底层，位于上层轨道的图片会依次遮挡位于下层轨道上的图片，根据轨道上内容的显示规律调整出所需的显示效果。

3. 添加动画

（1）给位于顶层轨道的图片添加"向左倾斜"动画。

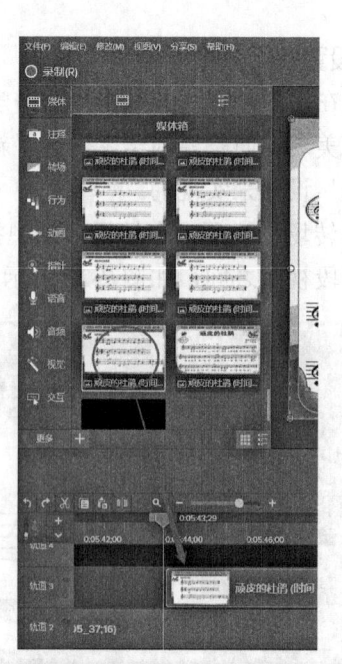

图 7-28 导入曲谱

单击"动画"选项，选择其中的第二项" 动画 "，拖动"向左倾斜"动作图标位于顶层的预想发生"向左倾斜"动作的图片的图示上，在画布上把这个图片拖动到左上角。"向左倾斜"动画的设置如图 7-29 所示。

图 7-29 添加"向左倾斜"动画

（2）给位于下层的图片添加"向右倾斜"动画。

和前面类似，用同样的方式给位于下层的图片添加"向右倾斜"动画。"向右倾斜"动画的设置如图 7-30 所示。

图 7-30　添加"向右倾斜"动画

（3）添加"完全透明"动画。

上层图片向左倾斜至左上角后，显示片刻后消失，为了画面自然、美观，在上层图片应该消失时，添加了"完全透明"动画。"完全透明"动画的设置如图 7-31 所示。

图 7-31　添加"完全透明"动画

（4）给位于下层轨道需要继续显示的图片添加"还原"动画。

上层图片消失的同时，下层图片正常显示，即恢复显示单一图片。类似的方法，给位于下层轨道需要继续显示的图片添加"还原"动画。"还原"动画的设置如图 7-32 所示。

图 7-32　添加"还原"动画

至此，该微课的基本编辑和效果设置已经完成了，再次保存文件，然后生成视频文件。在编辑过程中，要注意随时保存文件。

重点

- 多种视觉引导与强化
- "节拍指针"
  - 形状
  - 颜色
  - 跳动感
- 分别运动，同屏对比
  - 不同图片
  - 不同动画
  - 同屏显示

第八章
翻转学习的实施与评价

进行了翻转学习整体教学设计、微课和自主学习任务单设计，完成了微课的制作，接下来可以开始组织实施。首先，把做好的微课分享给学生。学生在自主学习微课后，完成和微课配合使用的自主学习任务单或者其他任务要求，并将完成的不同形式的任务提交给教师。其次，教师收集这些不同形式的任务，结合过程中和学生的交流情况，进行整体分析，并重新审视整体教学设计中预设的课堂学习活动，根据学生真实的自主学习情况重新确认是否做修改和补充。最后，课堂学习活动重新完善和确认后，开始进行课堂学习活动。为了了解整个翻转学习过程的效果，也为了促进教师及时反思、总结与提升，翻转学习过程离不开评价，具体包括微课的评价、翻转学习整体教学设计的评价和课堂学习过程的评价。

第一节　自主学习的实施途径

问题　微课如何分享给学生？学生自主学习的过程与结果如何反馈给教师？

微课制作完成后，教师怎么把微课给学生，又如何收集学生的学习反馈呢？

一、微课分享途径

具体实践过程中教师有多种将微课视频分享给学生的方法。下面介绍几种常见的方法。

（一）专门的网络学习平台

有的学校创建了专门的网络学习平台，教师将微课分享在平台上，学生登录平台学习、交流。

（二）公共网络视频平台

没有专门的网络学习平台，也可以利用公共的网络视频平台。如把微课视频上传到优酷、腾讯视频等免费网站，然后将链接发送给学生在线或下载观看。

（三）QQ 或微信群

一般班级都有自己的微信群或者 QQ 群，可以将微课视频直接发至班级微信群或者 QQ 群。当然，这一定要建立在和家长有良好沟通，在学校、家长、教师、学生都认可的情况下进行。如果视频太大不能直接发送，可以借助一些软件压缩，如可以使用"格式工厂"压缩。也可以将微课上传到专门的网络学习平台、公共网络视频平台、百度网盘、班级公共邮箱等，然后把微课所在的链接地址发送在群中分享给学生。

（四）百度网盘

教师需要申请一个百度网盘的账号，然后登录百度网盘，上传微课视频，再分享文件。选中要分享的微课视频文件或其所在的文件夹，单击"分享"选项，然后选择"私密链接分享"，设置好有效期后，单击"创建链接"。

创建链接后，单击"复制链接及提取码"，将复制好的链接地址及提取码发送给学生。学生打开链接、输入提取码可以访问并下载微课。也可以单击"复制二维码"，然后将复制好的二维码发送给学生，学生扫码可以访问并下载微课。

（五）二维码

上面展示了在百度网盘进行分享时，可以生成二维码。二维码实际就是网址的链接，通过扫描二维码可以打开网络的链接。微课上传到某个网址后，可以将其所在的网址生成一个二维码。这样学生通过二维码可以访问到该网址，直接打开或者下载微课。

制作二维码的网站很多，比如草料二维码网站，输入网址 Http://cli.im，登录草料二维码网站。可以直接在左侧页面输入微课所在的网址，单击"生成二维码"，则右侧生成对应的二维码。也可以注册建立自己的账号并登录后再生成二维码。

（六）班级公共邮箱

利用班级邮箱也是个不错的选择。教师将微课视频文件作为邮件附件发送在班级邮箱中，学生通过登录名、密码登录邮箱，访问该邮件，下载附件中的微课，就可以进行自主学习。

（七）网络机房或平板教室

实际教学中，也有教师利用学生在校的一小段时间，利用网络机房或者平板教室，将微课发送到计算机或者手持平板中，学生通过计算机或者平板自主学习微课内容。

二、自主学习反馈途径

课前自主学习微课的过程和面对面的课堂学习是一个有机的整体，二者自然衔接、浑然一体。学生自主学习微课情况的收集及其分析，对于教师调整面对面的课堂学习以及进一步改进微课都有着重要的意义。根据微课的内容、学习对象、学习环境等方面的不同，可以采取不同的自主学习反馈途径。

（一）在线交流与测试

学生在自主学习过程中，通过网络学习平台和教师、同学进行交流互动，完成和微课配套的在线测试。教师对交流过程以及学生完成的在线测试情况，进行分析。这种反馈途径能做到即时沟通，充分了解学习过程。如果平台功能丰富，还可以借助平台采集的数据进行精细化分析。

（二）提交学习任务

学习任务是指学生观看微课视频进行自学的同时或结束时，要完成的任务要求，用于学生学习过程的记录、思维过程的表达、学习效果检测与反馈等。

学习任务可以通过自主学习任务单的形式呈现。微课自主学习任务单是一种使用方便、师生比较认可的记录和反馈方式。微课自主学习任务单能引导学生自主学习微课，记录和反馈学生的自主学习过程与学习结果，能促进学生达成微课学习目标。学生在自主学习微课的过程中完成和微课匹配的自主学习任务单，面对面的课堂学习活动之前，教师完成任务单的收集、分析工作，并且根据分析结果调整和确认预设的课堂学习活动。所以要求教师在任务单的设计时要仔细斟酌，以保证通过学生任务单的完成情况确实能反馈出学生学习中的问题。前面介绍过微课自主学习任务单的设计方法，这里不再赘述。微课自主学习任务单不拘泥于习题这一种类型，根据不同的学科、不同的学习内容、不同的学生年龄等特点，可以采用其他类型或者不同类型的组合。学习任务可以是常见的习题形式，也可以采用画一画、涂一涂、选一选，还可以通过某种思维图示梳理学习的结果、表达自己的思考和困惑。总之，只要能将学生的真实情况表达出来，不必拘泥于固定的形式和方法。

根据微课的内容、学习对象、学习环境等方面的不同，除了采取完成微课自主学习任务单、进行在线检测、在线交流的形式之外，设计制作作品、录制音视频作业并提交也是教师经常用到的获取学生自主学习反馈的形式和方法。比如在英语教学中，教师经常会让学生在学习微课之后，录制并提交自己读或说的音频或者视频文件。在信息技术、通用技术、科学、物理、劳动技术等学科，教师可能会让学生在学习微课之后设计完成一件作品并提交，作品可能是电子制作、手工书画或者手工制作等多种形式。

重点

- 微课分享途径
  - 专用网络学习平台、公共网络视频平台、QQ 或微信群、百度网盘、二维码、班级公共邮箱、网络机房或平板教室等
- 自主学习反馈途径
  - 在线交流与测试
  - 提交学习任务
    - 微课自主学习任务单
    - 设计制作作品、录制音视频作业等

第二节　课堂学习和课前自主学习的衔接

问题　如何基于自主学习调整课堂学习活动？课堂学习和课前自主学习有哪些衔接方式？

本书主要探讨的是和中小学师生关系最为密切的，微课支撑的个性化自主学

习活动和课堂上以探究、交流、展示、反馈为主的面对面学习活动相结合的翻转学习的设计和实现。在翻转学习的过程中，学生通过课前微课的学习，有了关于本课内容相对统一的认知起点，对于课堂上学生的学习探究、体验、思考、交流、辨识、理解和应用等过程做了有力的铺垫和支撑，更利于课上难点的突破和知识的内化。微课内容和课堂内容如果做到自然衔接，形成一个有机的整体，就能共同实现学生完整的学习体验、思维过程以及对知识的辨识、理解和应用，有利于提高学生自主学习和主动思考的能力，有利于学生对重难点的理解和突破，有利于知识的内化，有利于实现学生的深度学习。

翻转学习设计和实施过程中重点要做到前后衔接、浑然一体。教师既要重视微课及微课支撑的自主学习活动阶段，又要重视课堂上以探究、交流、展示、反馈为主的面对面学习活动阶段，还要重视如何做到自然衔接，实现二者的紧密结合，使之成为一个有机的整体。

一、基于自主学习调整课堂学习活动

实施翻转学习首先要有一个整体设计，完成好整体教学设计后进行微课的设计与制作，然后把微课分享给学生。如果不选择即时交流和网上测试，同时还要把学习任务以自主学习任务单或者其他形式布置给学生。

但是不是应该布置完任务，并在学生学完微课后，就直接走进课堂进行课堂学习活动。这之前，教师一定先要对即时交流、网上测试或者自主学习任务单以及其他形式的学生自主学习任务完成的具体情况，进行分析、汇总。然后，根据具体的分析结果调整甚至重新设计课堂学习活动，保证课堂学习活动是基于自主学习过程中的问题和自主学习学生实际目标达成情况进行的。对学生课前自主学习情况的反馈与分析，对预设的课堂学习活动的二次调整，是保证课前微课学习和课堂学习活动成为一个有机整体的必做环节。

（一）重点分析什么

根据不同学习任务和不同学习目标的关联度分类后，分别统计学生学习任务完成情况。由此分析不同学习目标学生的达成度，进而通过详细分析学生完成学习任务的具体呈现内容了解学生的思维过程，以确认是否真正理解，真正达成了目标，或者由此发现学习目标达成度较低的原因。

即使分析出学生真正理解了，对于学生在完成学习任务时呈现出的不同方法和思维特点，也有必要分析、掌握，甚至有必要在课堂学习活动中组织大家交流或者教师进行展示、讲解。针对完成情况不好的学习任务，更要仔细分析有问题的任务完成过程是怎样的。不同的学生思维过程有什么不同，出现问题的环节有什么不同，这样才能真正发现存在哪些问题及其具体原因，才能在课堂上进行更有针对性的讲解、组织面向问题的学习活动。

如果在自主学习过程中师生、生生之间有即时的交流，教师也可以通过分析交流过程了解学生自主学习的过程，了解学生自主学习中的特点、存在的问题、思维的特点等。可以把对交流过程的分析和对学生学习任务完成情况的分析结合起来。

（二）主要调整什么

对学生课前微课自主学习情况进行分析后，有可能需要对预设的课堂学习活动进行调整甚至重新设计。一般情况下，调整会涉及学习活动的目的、情境、过程、形式及所用时间等方面。

如果预设中没有关注，但通过分析自主学习过程与结果发现，学生还没有理解、理解有歧义或者理解程度参差不齐的内容，应该加入学习活动中，以适当的形式进行再学习。反之，预设中某些课堂学习活动的内容通过反馈发现学生已有所掌握，那么这部分内容应该去掉或者通过课堂面对面的交流，比如提问和追问、组内交流等进行学生掌握该部分内容情况的再次确认和落实，然后根据实际结果及时调整。所以调整首先涉及活动的目的，活动的目的调整了，自然其过程、情境、形式和所用时间都可能改变。

即使活动目的不作调整时，如果教师根据对学生自主学习过程和结果的分析，掌握到学生明显的喜好和某些突出的认知特点，也可能据此调整活动的情境，甚至形式、过程和时间。

二、课堂学习和课前自主学习的衔接方式

分析学生课前微课自主学习情况，调整预设的课堂学习活动都是为了做好课前和课堂自主学习的衔接。课堂学习和课前自主学习衔接得好，是二者成为一个有机整体的必要前提。课堂和课前学习如何衔接呢，从形式上看，有典型案例展示、小组交流、集中总结等形式。以下分别介绍三种形式。

（一）典型案例展示

典型案例展示是指，教师将提前了解到的典型案例进行展示、分析、评价。这些案例可能是自主学习任务单或者学生课前完成的其他学习任务。典型案例包括两种类型：一种是比较优秀的，比如任务完成质量高的、解决问题的思路对别人有启发的；另一种是能反映出典型问题的案例，学生任务完成质量不高或者某个题目解答有误的原因是什么，不同学生遇到的障碍点可能不同，出现的问题也可能不同。这些案例的展示和教师引导下的分析与评价对于学生真正理解、学会

辨析、拓展思路都有着重要的意义。

典型案例的展示完成后,自然进入后续的学习活动。典型案例展示是一个承前启后的环节,将课前的自主学习和课堂学习自然衔接。

(二)小组交流

小组交流的形式,是指教师组织学生关于自主学习的内容、相应的学习任务和存在的困惑和问题进行小组交流。必要时,在小组交流后,可以进行班级交流或者教师引导下的集体小结。一般在学生自主学习任务完成各有特色、任务单上题目的解题思路多或者出现的问题较多时,会选用这种形式。

通过小组交流和班级交流与总结,可以拓宽学生的思路,增加生生互动,促进学生思考,帮助学生学会辨析问题的方法,提高解决问题的能力。关于自主学习的小组交流活动之后,自然引出下一个课堂学习活动。

(三)集中总结

集中总结的形式是指教师针对自主学习中的问题集中进行讲解和总结,然后自然引出下一个课堂学习活动。这种形式一般在自主学习过程问题较少以及任务完成质量、方式、方法都近似的情况下选择。有时也可能只用一两句话小结。

从时间上来看,以上衔接方式可能在课堂学习一开始进行,也可能在课堂学习的中间某个过程中。这主要看自主学习的微课内容和课堂学习的哪一部分内容相关度高,以及微课内容在本课题翻转学习全过程知识链中的逻辑位置。

重点

- 课堂学习和课前自主学习的衔接
  - 基于自主学习调整课堂学习活动
    - ◆ 重点分析什么
    - ◆ 主要调整什么
- 课堂学习和课前自主学习的衔接方式
  - 典型案例展示
  - 小组交流
  - 集中总结

第三节　思维可视化工具支持翻转学习的实施

> **问题**　思维可视化工具有哪些？思维可视化工具如何支持翻转学习？

思维工具有多重含义：一是思维可视化工具，主要指各种思维图示；二是思维策略工具，主要用来引导分析问题的角度、帮助人们生成想法和创意，使人们可以"跳出固有思考的框框"，创建不同常规的解决方案等。❶本节主要阐述思维可视化工具如何支持翻转学习的实施。思维图示有很多种，常用的有八大图示（圆圈图、气泡图、双气泡图、树形图、括号图、流程图、复流程图、桥形图），思维导图，概念图等。

每一个思维图示背后都包含着一种或多种特定的思维策略，如八大思维图示法中的圆圈图表示的是联想，气泡图表示的是描述，双气泡图表示的是比较和对比，思维导图和概念图则是综合了多种思维方式的图示技术。思维导图以神经心理学为依据，认为思维是神经元及神经元之间的连接。思维导图的目的是激发和整理思考，使用节点、分支、颜色、图标等来描述。思维导图反映的是主观的想法，每个人的思维方式不同，无对错之分。概念图以认知心理学的有意义学习理论为理论依据，强调学习是新旧知识的连接。概念图的目的是表征知识，能深刻地表示知识体系及其内部关系，使用概念、关系、连接词、命题、层次等描述。概念图表征的是客观的知识体系，有对错之分。

一、常用的思维可视化工具

（一）八大图示

1. 圆圈图

圆圈图如图 8-1 所示，中间小圆圈中书写中心词，外面的大圆圈中书写或绘画与中心词相关的关键词。圆圈图主要用于联想，由中心词即主题进行发散，可以训练思考广度、激发创意与灵感、训练创造性思维。

---

❶ 赵国庆. 思维发展型课堂的概念、要素与设计[J]. 中国电化教育，2018（7）：13.

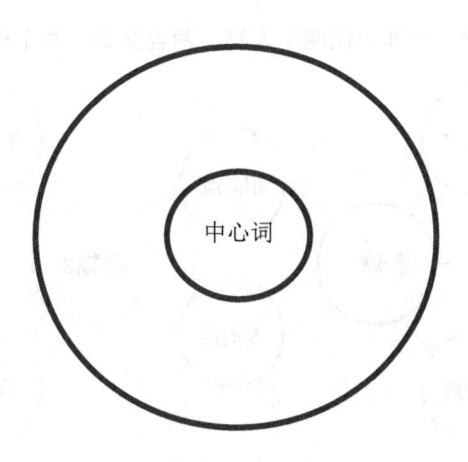

图 8-1　圆圈图

2. 气泡图

气泡图如图 8-2 所示，中间较大圆圈中书写中心词，周围小圆圈中书写描述中心词的形容词或形容词短语。气泡图主要用于描述，可以用于对事物各方面特征进行描述，比如用于分析课文中人物性格、认识理解概念、进行分析自我及他人等。

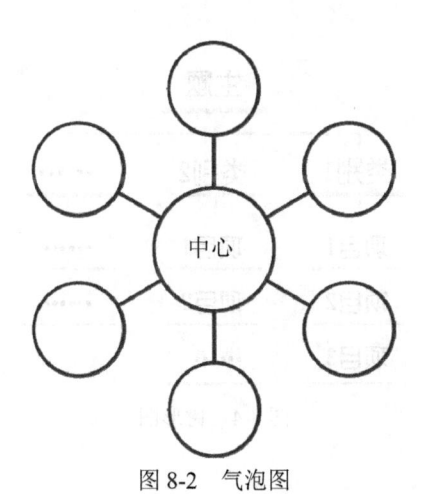

图 8-2　气泡图

3. 双气泡图

双气泡图如图 8-3 所示，将要做比较的两项内容书写在两个稍大些的圆圈中。这两个圆圈之间的小圆圈中书写两事物的相同点，两侧圆圈中书写不同点。该图示主要用于对比。通过对比，可加深学生对相似概念和事物的理解，建立知识间或事物间的联系，促进迁移和理解。比如对比两个人物、两篇文章、两个概念、两种现象等。

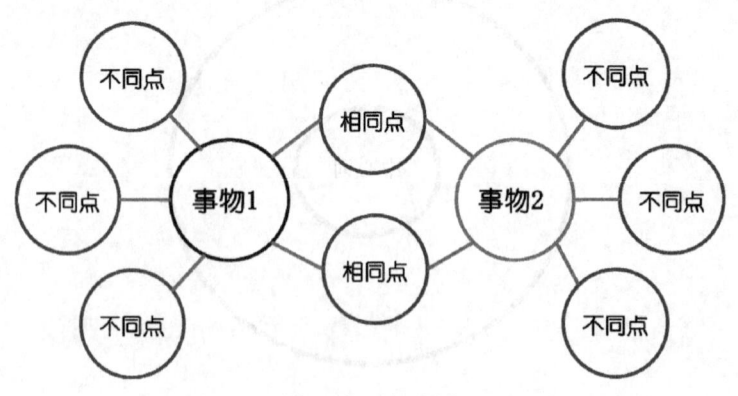

图 8-3 双气泡图

4. 树形图

树形图如图 8-4 所示，可以用于对某一主题进行分类，要注意分类标准的一致性、分类方式的多样性和分类结果的正确性。树形图主要用于分类。通过分类，有助于寻找事物间的共性与个性，建立事物和知识间的联系，帮助梳理归纳建立结构、增强理解和记忆。树形图有助于训练提炼概括的能力，培养创造性思维。

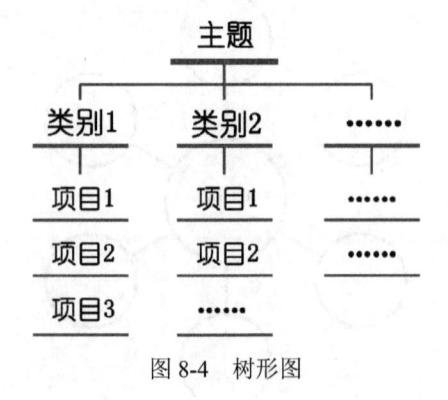

图 8-4 树形图

5. 括号图

括号图如图 8-5 所示，主要用于对一个整体进行拆分。通过使用括号图进行拆分，可以表示整体与部分的关系，感知宏观与微观，培养空间意识，探索知识点、文章、物质结构等的内在联系，促进理解。如可以用于列写作提纲，分析课文结构、图形的组成、数的组成、事物的内部结构等。

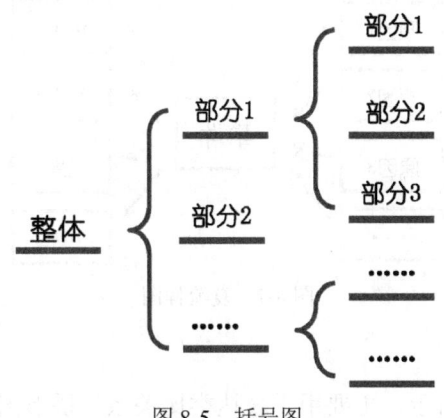

图 8-5 括号图

括号图和树形图不同。树形图是对多个事物进行分类，而括号图是对一个事物进行拆分；前者描述的是类别关系，是多个独立事物的集合；后者描述的是整体与部分关系，是一个完整独立的事物。

6. 流程图

流程图如图 8-6 所示，主要用于表示某一过程的步骤、顺序、流程等，用以展示或构建事物的演变、情节的变化、步骤的执行（程序性知识）等过程，有助于培养程序性思维、统筹能力、时间意识。如可以用于分析文章发展脉络、描述解题步骤、观察并记录事物发展过程等。

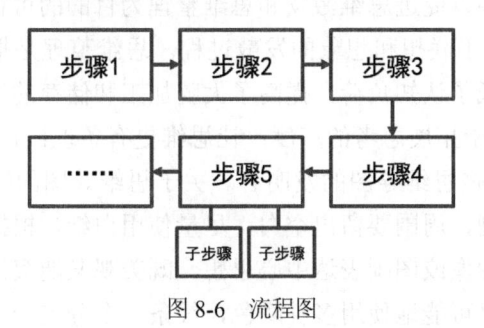

图 8-6 流程图

7. 复流程图

复流程图如图 8-7 所示，主要用于因果关系，用于寻找事件的成因、认识事件可能的结果、基于因果合理分析，全面思考因果。复流程图有助于培养学生深入分析事物的能力、批判性思维的意识与能力。复流程图既可以作为深度思考的工具，全面认识因果关系，也可以作为交流工具，促进分歧事件的解决。如可以用于分析课文情节、探究现象的成因和后果、自我剖析与反思等。

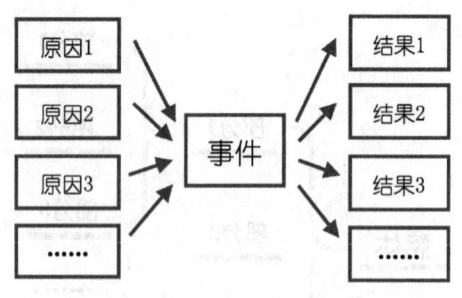

图 8-7　复流程图

8. 桥形图

桥形图如图 8-8 所示，主要用于表达类比关系。桥形图用于理解新概念、新事物，陌生领域的知识学习时，可以把陌生未知事物迅速与自己已知事物和经验建立联系，可以与自己熟悉的领域知识进行类比学习，增强学习者的迁移能力，促进有意义的学习。

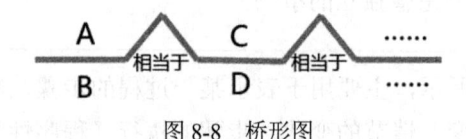

图 8-8　桥形图

（二）思维导图

思维导图是一种以促进思维激发和思维整理为目的的可视化、非线性思维工具。❶思维激发是基于联想和想象的发散过程。思维整理是把零碎的组块系统化成更大的组块，降低了认知负荷，提高了大脑加工和储存的能力。思维导图能使思维"看得见"；利于拓展思考的广度；让思维更有条理；让思维更"简洁"。

东尼·博赞先生是思维导图的发明者。关于思维导图的绘制，有以下规则：从白纸的中心开始画，周围要留出空白，尽量使用白纸，根据主分支数量决定纸张的摆放；用一幅图像或图画表达中心思想，既美观又能突出中心主题、促进联想和想象；绘图时尽可能地使用多种颜色，线条一个分支一个主色调，不能一个层次一个主色调；从右上角 45°开始，沿顺时针方向绘制，先连接中心图像和主要分支，然后再连接主要分支和二级分支，接着再连二级分支和三级分支，依次类推；用好看的曲线连接，不要使用直线连接，使用由粗到细的平滑曲线；每条线上注明一个关键词，尽量用关键词而少用短语或句子，既训练了使用者的提炼概括能力，也便于记忆和联想，当句子是独立意义单元时可以用句子；每条线上

---

❶ 赵国庆. 概念图、思维导图教学应用若干重要问题的探讨[J]. 电化教育研究. 2012（05）：79.

一个关键词（短语或句子），关键词（短语或句子）要写在线上面，线条的长度与线上的关键词（短语或句子）等长；不同分支间可以通过带箭头的虚线建立关系；图像、图标应与要表达的内容相一致，图像、图标不宜过多，子节点中使用的图像不宜大于父节点以及中心节点。

下面通过图 8-9 认识一下思维导图中的中心主题和分支两个常用概念。

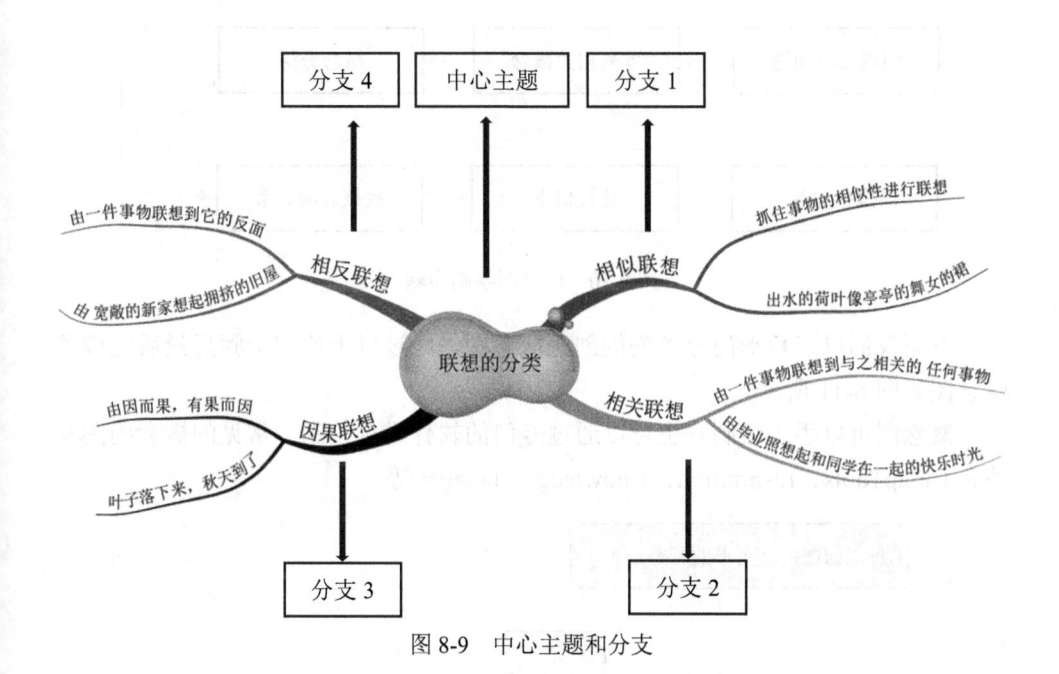

图 8-9 中心主题和分支

思维导图的手工绘制和前面第六章第二节中利用软件绘制，其规则和要求是一致的，可以将二者结合起来学习。教师和学生可以根据具体场景和条件选择手绘或者软件绘制。

（三）概念图

概念构图是康乃尔大学的诺瓦克博士根据奥苏贝尔的有意义学习理论提出的一种教学技术。诺瓦克博士将概念图定义：使用节点代表概念，使用连线表示概念间关系的知识组织和表征工具。从定义上可以清楚地看出，概念图是一种知识的组织和表征工具，这种工具的特征：图示化、突出概念、突出概念之间的关系、突出概念之间的层次。图示化，也就是将概念之间的关系非线性化，是其与其他知识表征工具（如线性文本）的最大不同。❶

---

❶ 赵国庆. 概念图、思维导图教学应用若干重要问题的探讨[J]. 电化教育研究，2012（5）：79.

概念图的形式是用节点代表概念、使用连线表示概念间关系，基本单元为"节点—连接—节点"。绘制概念图可以先列概念再构图，用于知识整理，也可以直接构图，用于思维激发，解决问题。概念图的绘制一般经过明确焦点问题、罗列相关概念、概念分层、找概念间关系、连接概念、排布完善六个步骤，如图 8-10 所示。

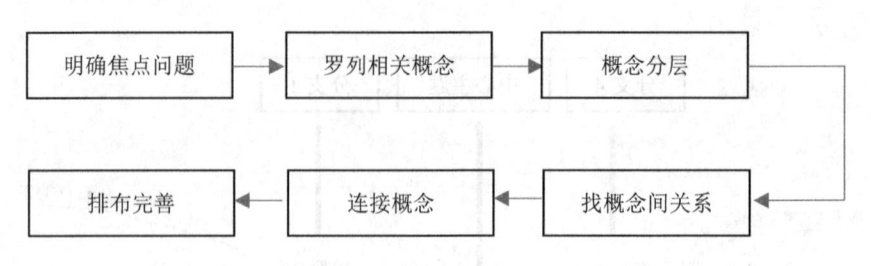

图 8-10　概念图绘制步骤

下面我们以三角形的分类为例创建概念图，经过以上绘制步骤后最后完成的概念图如图 8-11 所示。

概念图可以手工绘制，也可以通过专门的软件进行绘制。常见的概念构图软件有 CmapTools、Inspiration、Knowledge Manager 等。

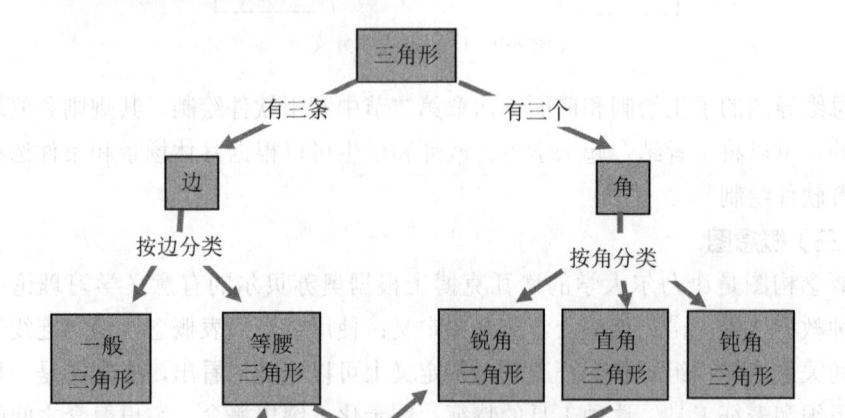

图 8-11　概念图举例

二、思维可视化工具支持翻转学习的实施

思维可视化工具对翻转学习实施过程的支持既体现在自主学习阶段，也体现在课堂学习过程中；既体现在微课画面和课堂多媒体的可视化表达过程之中，也体现在学生自主学习过程的记录和结果的反馈之中，以及对课堂学习活动顺利进行的辅助之中。

（一）自主学习阶段

1. 表达知识

可以通过思维工具进行知识的表达和呈现。在第六章第二节中重点介绍了使用思维导图如何生成微课中的特色画面。其中，"天上的街市"一例就体现了如何利用思维导图表达和呈现联想的有关知识，具体呈现了联想的分类及其各类的特点和举例。

知识表达的形成是通过联想等思维过程逐步生成的。使用各类思维工具对知识及其之间关系的表达，都是对其进行联想、描述、对比、分类、拆分、分析步骤、分析因果、类比或者建立概念之间的联系之后所形成的认识结果的表达。

使用思维可视化工具表达知识的主体可以是教师，也可以是学生。前面介绍的"天上的街市"案例中是教师在微课中使用思维导图进行知识表达。从知识表达的过程和特点可以看出，如果学生使用思维可视化工具主动进行知识表达，将会有利于学生的知识建构和对知识的深度理解，也有利于增强学生的记忆。

2. 学习助手

学生可以把思维工具作为学习助手，根据需要选取适当的思维工具帮助自己完成联想、描述、对比、分类、拆分、分析步骤、分析因果、类比、建立概念之间的联系或者梳理知识、问题及思考结果等学习过程，以更深入地思考和学习，实现自主建构，提高学习效果。心理学大师梅耶提出的"实现生成的实证教学原则"中有一条"精细加工原则"，即当学习者列出提纲、总结或详细阐释所学知识时学习效果更好。❶

人教版小学语文四年级上册第五单元《秦兵马俑》❷一课的教学中，第一课以字、词的识记、理解为主，第二课时教师采用了翻转学习，课前学生自主学习教师制作好的微课。微课内容围绕秦始皇的介绍、兵马俑发现的过程、兵马俑的特点、兵马俑的价值，尤其通过音视频等视听效果突出了兵马俑的规模宏大与类

---

❶ 理查德·E. 梅耶. 应用学习科学[M]. 盛群力，丁旭，钟丽佳，译. 北京：中国轻工业出版社，2019：74.
❷ 翻转学习案例"秦兵马俑"作者：赵颖，北京市昌平区流村中心小学。

型众多、个性鲜明等特点。让学生在了解兵马俑历史的同时，通过动画、图片、音视频感受兵马俑的特点。秦兵马俑作为历史古迹，对学生来说离生活比较远，仅仅依靠课文很难对兵马俑的特点有深刻的体会。通过微课，学生对兵马俑的历史、特点、价值有了全方位的感知，对课文的学习、词语的理解都有帮助。学生自主学习微课和阅读课文之后，根据自主学习任务单的要求，需要思考兵马俑给自己留下了怎样的印象，并且利用气泡图描述出来。

在面对面的课堂教学中，学生在小组内对绘制的气泡图进行交流。根据自己绘制的气泡图进行讲解，表达自己对兵马俑的印象是什么、为什么。通过这个环节，学生在交流和分享的同时，加深了对兵马俑特点的理解，参与度更高，主动性更强。

应用气泡图进行有关兵马俑的描述，促进了学生的思考和表达，将学生的自主学习由普通的认识字词、读熟课文、观看视频等识记、了解类行为为主，增加了了解、识记基础上的思考与表达，提高了自主学习的效果。学生觉得用这种方式进行自主学习的反馈给了他们更多的表达空间。

图 8-12 是一位学生在自主学习阶段完成的一幅气泡图，该气泡图中梳理概括了兵马俑给他的所有印象。这个学生以基本图示为原型，进行了自己独特的艺术创作。图中的文字笔迹再粗一些、颜色再明亮些就更好了。图中的文字分别是举世无双、跃跃欲试、规模宏大、殊死拼搏、所向披靡、身材魁梧、绝无仅有、神态自若。

图 8-12 气泡图应用举例

（二）课堂学习阶段

和在自主学习阶段一样，在课堂学习阶段也可以使用思维工具，既可用在教师教的过程，也可以用在学生自学的阶段。"我家是动物园"❶、"Activities in the four seasons"❷和"松鼠"❸三节课中就有多个环节使用了思维工具。下面以这三个案例为主介绍思维工具在课堂学习阶段的应用及其作用。

在"我家是动物园"这节课外绘本教学中，教师针对参加学习的小学二年级的学生制订了以下学习目标：能归纳绘本中的人物特点，并能写出本班一两位同学的特点；以绘本中句子为例，用"这是……其实呢……"来写一写本班的同学；让学生能够感受到班级的温馨，能够发现并欣赏到班级同学的优点。重点是能归纳出文中人物的特点，难点是能够写出同学的特点。教师还设计制作了微课，学生课前自主学习微课内容，微课主要介绍了绘本的结构和阅读绘本的方法。学生在学习掌握了绘本阅读方法后阅读绘本内容，然后再通过课上的学习交流过程实现整节课的学习目标。在课堂学习阶段，教师多次借助不同的思维工具辅助教学。比如，教师在讲解祥太一家有哪些成员、每个成员和哪种动物对应时，就使用了桥形图辅助讲解；在归纳人物特点时，多次使用了圆圈图启发学生思维。

北京版小学英语二年级下册第六章第3课"Activities in the four seasons"的学习目标：学生能够听懂、认读 fly a kite、go camping、pick apples、play in the snow 等词汇。在真实情境中运用"Which season do you like？""I like ...."交流喜欢的季节，并能用"I can ...."说明在此季节能做的事情。感受自然界四季的变化和人们活动的关系，体会不同的季节给人们带来的快乐。本课采用了翻转学习的模式，学生通过微课学习激活已经学习的本单元前面两课"The scenery of the four seasons"和"The weather of the four seasons"中的内容，初步了解课文"Activities of the four seasons"中的部分内容，为课堂学习活动做好准备。课堂学习活动中，首先通过热身环节再次激活和巩固学生已知，内容围绕四个季节的名称，学生是否喜欢某个季节，学生利用学过的语言描述喜欢的季节。同时，师生利用思维导图梳理激活的内容，初步建构以"season"为主题的认知内容。在后面的自由讨论过程中，继续以"season"为主题进行对话，主要围绕不同季节可以做哪些活

---

❶ 翻转学习案例"我家是动物园"作者：韩芳，北京市大兴区第一小学。
❷ 翻转学习案例"Activities in the four seasons"作者：孙利英，北京市昌平区南邵中心小学。
❸ 翻转学习案例"松鼠"作者：赵颖，北京市昌平区流村中心小学。

动。学生通过带着问题听、朗读对话、提取对话中人物喜欢的在不同季节里能做的事情，理解对话大意，并继续将新生成的有关不同季节里具体活动的内容梳理到思维导图中。然后，学生尝试利用该思维导图复述故事的内容。在复述活动之后，通过联系学生的实际生活，师生重点现场交流不同季节中还可以做哪些活动，丰富表示不同季节中活动的词组，并在刚才的思维导图中继续将交流中出现的表示不同活动的词组添加上去。之后，通过玩游戏，学生练习掌握表示四季活动的词组，为下一步的语言输出做铺垫。游戏之后，学生以思维导图的内容为线索，表达自己喜欢的季节和喜欢的活动，进行同伴间的互动交流。最后，师生通过思维导图复习、回顾本课所学内容。为下一课时制作四季主题的主题书做准备。

部编版五年级上册第 17 课《松鼠》第二课时的学习目标，主要是通过朗读课文，了解松鼠习性，体会松鼠漂亮、乖巧、驯良的特点；通过对比，能体会说明性文章不同的语言风格，尝试用不同的说明方法和说明语言对某一事物的特点进行说明；激发学生热爱小动物、热爱大自然、热爱生活的情感。学生通过自主学习微课、阅读课文，了解了松鼠的习性，感知了松鼠的特点，形成了对松鼠的认识。在课堂学习活动中，以小组形式交流分享，并且利用思维导图工具梳理小组成员了解到的松鼠的所有信息。在思考、讨论、分享与归纳的过程中，学生就会再次深入地走到文本中，概括每段的意思，对相似的特点进行归类。这个过程会加深学生对课文的理解，也更能发挥学生学习、探究的主动性。

下面以"我家是动物园"和"松鼠"为例分析课堂学习阶段思维工具在辅助教师讲解、启发学生思维、助力合作学习三个方面的应用，以"Activities in the four seasons"为例，分析课堂学习阶段思维工具在梳理知识结构方面的应用。

1. 辅助教师讲解

"我家是动物园"一课中教师在提出："祥太家都有哪些家庭成员呢，你能按照他们的年龄来排一排吗？""你能分别说出在祥太眼里，大家分别是哪种动物？"两个问题之后，引导学生按年龄顺序从小到大说出祥太家的所有成员及其对应哪种小动物。教师将学生说出的人物及其对应哪种小动物使用桥形图的方式呈现在黑板上。使用桥形图总结展示的方式，能帮助学生梳理清楚所有人物及其特点，对绘本故事中的人物有个整体认识，而且一目了然。同时，桥形图生成的过程，也是对学生思维方式的一个引导和训练过程，能帮助学生认识、体验、形成类比的思想和方法。教师讲解过程完成的桥形图如图 8-13 所示。

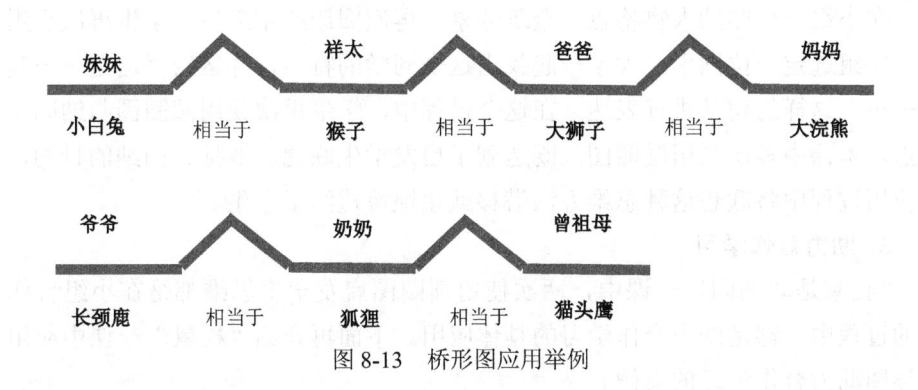

```
妹妹        祥太         爸爸         妈妈
  ∧          ∧          ∧          
─────      ─────      ─────      ─────
小白兔  相当于  猴子   相当于  大狮子  相当于  大浣熊


爷爷        奶奶        曾祖母
  ∧          ∧
─────      ─────      ─────
长颈鹿  相当于  狐狸   相当于  猫头鹰
```

图 8-13 桥形图应用举例

2. 启发学生思维

"我家是动物园"一课中教师先以祥太为例，引导学生一起归纳该人物的特点。在此过程中，教师在黑板上画出圆圈图，借助圆圈图进行梳理和归纳，逐一将学生归纳出的人物特点填入图中。

在教师用圆圈图引导学生进行归纳后，学生开始小组合作，每组选取一个书中的人物用圆圈图归纳人物特点，学生尝试借助圆圈图交流、归纳人物特点。图 8-14 是一个小组对于爸爸这个人物的特点在交流后呈现出的结果。

图 8-14 圆圈图应用举例

在小组合作归纳人物特点、全班分享、再次阅读绘本之后，学生再次小组合作。每组选定一位同学，大家一起找出这个同学的特点，并运用"这是……其实呢……"这样的句子进行表达。在这个过程中，学生再次使用圆圈图归纳同学的特点。本课中多次利用圆圈图，既达到了启发学生联想、概括、归纳的目的，也在应用过程中将联想这种思维方法潜移默化地渗透给了学生。

3. 助力合作学习

"我家是动物园"一课中，两次使用圆圈图启发学生思维都是在小组合作学习的过程中，都是助力合作学习的具体应用。下面再介绍"松鼠"一课中应用思维导图助力合作学习的案例。

"松鼠"第二课时的课堂学习中，学生以小组形式交流分享对松鼠的认识，并利用思维导图工具记录和呈现小组的研讨结果。思维导图的应用有力促进了小组合作学习的顺利进行，图8-15是其中一个小组绘制的思维导图。该图虽然分支顺序没有按照常规顺序，但是该图中简单概括出了小松鼠的相关信息。教师建议这个小组的学生还可以继续绘制下一级分支，将更细致的信息写在对应的分支上。并且注意调整为常规绘制顺序，即从右上角45°开始，沿顺时针方向绘制。

图8-15 思维导图助力合作学习

4. 梳理知识结构

从前面 Activities in the four seasons 一课的分析过程中可以看出，在该课中，思维导图第一个作用是作为学习过程中逐步梳理关键内容的工具；第二个作用是作为知识结构的呈现方式，提示和引导学生的交流互动，为学生的语言表达提供了线索；第三个作用是作为课堂小结的工具，帮助学生回顾本节课的主要内容。

这三个作用的产生都是因为思维导图在该课应用中发挥的梳理知识结构的功能。本课利用思维导图梳理的核心内容如图 8-16 所示。

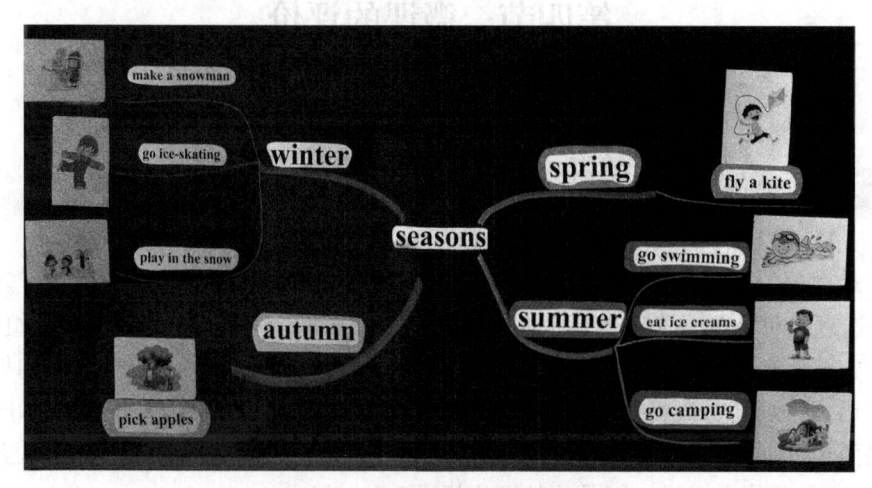

图 8-16 思维导图用于梳理知识

无论在自主学习阶段还是课堂学习阶段，不管教师还是学生，都可以根据具体需求选择使用合适的思维工具。大家可以根据以上选取的几个小案例，体会思维可视化工具在翻转学习过程中的应用，然后思考如何应用思维工具支持自己更好地设计和实施翻转学习。

重点

- 常用的思维可视化工具
  - 八大图示
    - 圆圈图、气泡图、双气泡图、树形图、括号图、流程图、复流程图、桥形图
  - 思维导图
  - 概念图
- 思维可视化工具支持翻转学习的实施
  - 自主学习阶段
  - 课堂学习阶段

第四节 微课的评价

问题 从哪些方面评价微课？

对微课的评价具体可以从选题、设计、制作、应用和整体五个方面进行。其中，选题又可分为大小及难易、目标、内容三个方面；设计又可分为内容的组织、教学方法、自学指导、问题设计、语言和画面五个方面；制作又可分为结构与风格、语言、画面、流畅性和同步性四个方面。应用又可分为时机形式方法和应用效果两个方面。整体又可分为可观看性和存在的价值两个方面。下面分别从五大方面16个评价点阐述一下具体的评价标准。

一、选题

前面讲过如何从"大题"和"小题"两个方面确定好选题，下面有关选题的评价实际是评价这两个方面落实得如何。

（一）大小及难易

微课选题大小及难易评价为优的标准：选题大小及难易适当，微课内容选取符合本课学习内容及学生认知等方面的特点。

该项的评价应该让学生直接参与，教师自评、同行评价应该在对学生进行观察和对学生真实感受了解的基础上进行。

（二）目标

微课学习目标评价主要围绕是否明确及其合理性，其评价为优的标准：学习目标明确、合理、科学。

微课的选题和微课学习目标的确定是相互结合，相伴而定的。微课的选题定了，微课学习目标也基本确定了；微课的学习目标确定了，微课的选题也更加明确了。微课学习目标的合理性、科学性和前面阐述的选题大小及难易相关。选题的大小合适、难易适中，学习目标才可能既科学又合理。

前面专门讲过微课学习目标的制定，它和翻转学习整体的学习目标相关，和微课的选题相关。微课的学习目标明确，对教师和学生都是很重要的。对教师设计和制作微课以及设计面对面的课堂学习活动都有很好的指引作用，会随时提示教师并促进教师反思设计和实施过程方向是否有所偏离。学生明确了微课的学习目标，其课前的自主学习过程会更有方向性，明确的学习目标对学生的自主学习既是一种方向指引，也是一种督促和检测，可以随时提醒学生不断反思和检测自己的学习完成得如何、是否达成了学习目标。

（三）内容

微课内容评价主要从内容的科学性方面，其评价为优的标准：教学内容严谨，没有任何科学性错误。

无论在什么形式的教学中，这都是一项最基本、最重要的要求。

二、设计

微课的设计，其本质和教师们常做的教学设计类似，但是又有所不同。设计微课时，要充分考虑到以下不同：微课中教师面向的不再是一个班的学生，而是一个个独立的个体；不再是面对面的交流过程，可以随时发声、随时提醒学生。如果没有即时沟通平台的支持，就是一个单向输出的过程，直到你能看到或听到学生的学习反馈为止；学生的学习过程是独立的，无人监督和提醒的，学习过程中不再有面对面的教师和同学。

前面章节具体介绍了如何进行微课的设计，以下评价主要依据微课设计的原则，针对设计要点的落实与否进行检测。下面介绍从内容的组织、教学方法、自学指导、问题设计、语言和画面设计五个方面进行评价的具体评价标准。

（一）内容的组织

微课设计中内容组织评价为优的标准：教学内容的组织与编排符合学习对象的认知特点，整个过程主线清晰明了、逻辑性强。

这样的内容组织给了学生一个无形的抓手，有利于学生的知识建构。

（二）教学方法

微课设计中教学方法评价为优的标准：教学方法恰当、有创意，深入浅出，形象生动，启发引导性强，有利于提升学生学习的积极性和主动性，有利于促进学生思维的发展、能力的提高。

（三）自学指导

微课设计中自学指导评价为优的标准：有引导学生有效自学的方法和措施，比如嵌入微课中的隐性引导、文字及图示提示、单独的自主学习任务单等。

（四）问题设计

微课设计中问题设计评价为优的标准：问题清晰、明确、逻辑性强、有层次；提问适时；提问后有适当停顿或者有让学生暂停的提示设计；画面和语言适时配合，有问题或问题关键词对应的文字在画面上清晰显示的设计。

（五）语言和画面设计

微课设计中语言和画面设计评价为优的标准：语言简洁准确、生动形象，有增加启发性和现场感的设计体现；画面结构清晰、内容丰富，媒体选择及应用设计符合教学需要；语言和画面的配合度高、是一个有机的整体；必要时，选择和应用恰当的背景音乐，以烘托气氛、丰富创设的情境。

三、制作

制作方面主要从结构与风格、语言、画面、流畅性和同步性等方面进行评价。

（一）结构与风格

微课虽然和面对面的课堂学习活动前后相关，但是它本身也具备相对的完整性和独立性。要想得到学生的认可并且能发挥出预想的作用，微课的整体风格要符合学习内容的特点和学习对象的特点及需求。

微课制作中结构与风格评价为优的标准：结构完整，具有一定的独立性和完整性，整个画面设计、音乐和语言风格等符合学习内容的特点和学习对象的特点及需求。

（二）语言

微课制作中语言评价为优的标准：语言简洁准确、生动形象、亲切自然，有感染力、启发性和现场感；讲解思路清晰、逻辑性强；注重运用提问引发学生思考并能一步步启发学生深入思考。

微课的画面内容以呈现讲解的内容为主，一般不出现或者不长时间出现教师的镜头，所以教师不太可能再通过手势等体态语言进行表达。再加上微课中单向输出和不可更改的特点，语言在微课中显得更为重要。

（三）画面

微课制作中画面评价为优的标准：视频画面清晰美观；有必要的文字和图示等内容；知识表达形式恰当、易于理解；画面内容适时出现。

微课，尤其是拍摄生成的微课或者微课中的一部分，经常是只有拍摄的画面，而没有需要强调的内容的文字呈现，也没有需要学生重点关注部分的指示和标注，缺少和讲解语言的适时配合。"画面内容适时出现"是指不要一股脑儿把讲到和没讲到的内容一次性呈现在屏幕上，这样会增加学生的外在认知负荷，干扰学生的关注点，影响学生的积极思维。通过录制 PPT 生成的微课容易存在这个问题，放映 PPT 时如果每一页的内容都是一次性呈现，而没有根据讲解分步出现。即讲到什么再出现什么，这样录制的微课就不可避免的出现这个问题。这种情况下，一定要在 PPT 中通过设置自定义动画，控制好每一部分内容的出现时机，然后再录屏。知识表达的具体形式，既影响学生的兴趣和关注点，也影响学生对内容理解的正误和难易程度，需要给予关注。

（四）流畅性和同步性

微课制作中流畅性和同步性评价为优的标准：微课音视频同步、播放流畅。

要想保证学生微课的观看体验好，就必须保证微课播放起来非常流畅、音视频同步，这样在学生有认知积极性的情境下，又保证了学生的行为积极性。

四、应用

关于微课应用主要从时机形式方法和应用效果两个方面进行评价。评价为优的标准：微课分享方式恰当；有学生学习微课的反馈形式和过程；实际应用中学生的学习效果好，学习目标达成度高，微课的自主学习过程确实能和后面的面对面学习活动有机结合，融为一体。

五、整体

微课整体评价主要从可观看性和存在的价值两个方面进行评价。评价为优的标准：微课整体感觉可观看性强；微课符合实际需求，在学生学习过程中确实有其独特的存在价值和不可替代性。

其实，微课的存在价值，和微课的选题相关，即该课课题内容是否适合采用翻转学习的教学模式，如果不适合，则微课就没有存在的价值；如果该课课题内容确实适合采用翻转学习，微课就有存在的价值。但是如果微课内容过于简单、偏少，或者是偏多、偏难，则都会使该微课存在的价值降低，这些方面都是相关的。确实有其存在的独特价值，才能保证学生的认知积极性。

之所以把"存在的价值"专门作为一点再次提出，就是提醒教师们不要为了做微课而做微课，而是要让它真正发挥其作用。

本书附录中有在翻转学习实践过程中形成和应用的微课评价表，其中的评价内容和评价标准和以上内容一致。现实中，由于微课的具体应用不同、评价目标不同、制定评价标准的人群和机构不同等原因，大家在不同的场合会看到很多各不相同的微课评价表。

重点

从哪些方面评价微课
- 选题
  - 大小及难易、目标、内容

翻转学习的设计与实现

- 设计
  - 内容的组织、教学方法、自学指导、问题设计、语言和画面
- 制作
  - 结构与风格、语言、画面、流畅性和同步性
- 应用
  - 时机、形式、方法
  - 应用效果
- 整体
  - 可观看性
  - 存在的价值

第五节　翻转学习的评价

问 题　如何评价翻转学习的全过程？

对翻转学习整个过程的评价，可以从微课、整体教学设计、课堂学习过程三个方面进行。该评价主要用于同行评价、专家指导，以及教师的自我观察、自我评价与反思。

我们在翻转学习实践中，是按如下比例进行评价计分的，可以供大家参考。对微课的评价占总分的30%；对整体教学设计的评价占总分的30%；对课堂学习过程的评价占总分的40%。评价的主要目的是引发和促进教师的反思，不断总结和积累实践翻转学习的经验，促进教师的成长，提高教学质量。

对于翻转学习的评价在实践中经常分三部分，独立应用于教师的自我评价和主动反思。教师在完成了整体教学设计、微课设计与制作、课堂学习过程每个环节之后，都可以根据标准自我对照、自我评价，这样更有利于教师的反思和改进。需要客观地对整体进行评价时，三项内容可以放在一起进行评价，为了便于操作，可以将每一部分的评价内容及标准适度整合。

下面主要阐述翻转学习评价中整体教学设计和课堂学习过程两个方面的评价。

一、整体教学设计的评价

对整体教学设计的评价，主要包括学习内容分析、学习者特征分析、学习目标及重难点、微课学习过程与结果分析、学习活动设计、评价设计六方面的评价。以下从六个方面分别阐述具体的评价标准。

（一）学习内容分析

整体教学设计中学习内容分析评价具体可以从范围和深度、揭示联系两个方面进行。评价为优的标准：学习内容分析深刻、全面，能明确学习内容的范围和深度；能揭示出学习内容各组成部分以及和其他相关内容的联系。

（二）学习者特征分析

整体教学设计中学习者特征分析具体可以从分析的关键点、建立联系、难点的分析三个方面进行。评价为优的标准：能从学生特点和学生已经掌握的知识与技能两个方面进行分析，有必要的实证分析；在基于学习内容和学习者特征分析的基础上建立新的学习内容与学生已有知识和经验的联系；分析明确难点并分析难点突破策略。

（三）学习目标及重难点

整体教学设计中学习目标及重难点评价具体可以从学习目标、重难点、微课学习目标和课堂学习目标三个方面进行。评价为优的标准：学习目标明确、完整、可操作，符合课程标准和教材要求，与学生心理特征和认知水平相适应；重难点合理、恰当，难点的确定基于学习内容和学习者特征分析；微课学习目标和课堂学习目标表述清晰、划分合理，与整体学习目标具有一致性。

（四）微课学习过程与结果分析

整体教学设计中微课学习过程与结果分析评价具体可以从是否有对微课学习过程与结果的分析和分析的质量两个方面进行。评价为优的标准：有对学生自主学习微课过程与结果的分析；分析准确、全面，确实能作为二次调整或再次确认课堂学习活动的依据。

教师可以通过对收集的自主学习任务单或者其他形式的学习任务以及学习过程中的交流信息等进行分析、汇总，并梳理出学生自主学习中的问题和特点。

（五）学习活动设计

学习活动一般指为达到特定学习目标而进行的一系列组织化的师生行为。一个具体的学习活动过程可以被分解为一系列具体的操作，可能是教师的一段集中

翻转学习的设计与实现

讲解、同桌之间的同伴学习、小组合作探究、角色扮演等。它是翻转学习教学设计中学习过程设计的核心内容，具体的学习过程都体现在一个个顺序开展的学习活动中。整体教学设计中学习活动评价具体可以从和学习目标的关系、活动的衔接性、活动的层次性、学生主体性和教师主导性的体现、对重点难点的针对性和整体感六个方面进行。

评价为优的标准：学习活动紧紧围绕学习目标展开，情境创设新颖，导入方法自然，流畅，学科特色突出；学习活动与微课自主学习活动自然衔接，基于学生微课学习过程和结果的分析；学习活动之间有内在的逻辑关系，活动内容有层次，活动形式有变化，不同形式的学习活动相结合；学习活动的设计体现了学生主体、教师主导的特点，既有学生如何参与活动的具体策划，也有教师如何指导的具体策略方法；有明确针对重点、难点的学习活动设计，落实重点、突破难点的具体方法措施得力；学习活动各要素齐全，学习活动设计合理、有创意，符合学习内容及学生的特点，易于激发学生的兴趣、调动学生的积极性，能有针对性地对学生的思维、动手、交流等多种能力进行锻炼，确实有利于达成各项学习目标。

（六）评价设计

整体教学设计中评价设计，具体可以从是否有评价设计和设计的质量两个方面进行。评价为优的标准：有对本课学生学习过程和学习效果的评价设计；评价设计内容合理、可操作性强，评价客观、全面、有效。

二、课堂学习过程的评价

对课堂学习过程的评价主要基于对课堂学习过程的观察和分析，在对教师行为和学生行为两方面观察分析的基础上进行。对翻转学习中面对面课堂学习过程的评价，主要体现在对学习活动的评价，具体主要包括学习活动的组织、对学生的启发引导和评价、讲解总结与提升、媒体选择与应用、重难点的关注和落实五个方面。五个方面的评价都需要在充分观察、记录、分析的基础上，再对应评价标准给予评价。尤其当进行评价的教师缺少经验时，可以提供给他们一些关于学习活动现象观察和记录的观察表或者记录单，借助观察表或者记录单引导教师重点观察什么、由此分析什么、如何由观察和分析进而根据评价标准得出评价结论。以下阐述五个方面具体的评价标准。

（一）学习活动的组织

有关学习活动的组织的评价主要从形式和表现、活动效果两个方面进行评价。评价为优的标准：学习活动组织有序、富于变化，课堂节奏调控适当；学生主体作用和教师主导作用有机结合，学生参与度高；学生的学习成果明显，能达到学习活动的目的。

对于该项的评价建立在对课堂学习活动观察的基础上，主要观察教师和学生在活动过程中的行为表现，活动过程中学生自评、互评或测试的结果也是进行该项评价的一种依据。

（二）对学生的启发、引导和评价

有关对学生的启发、引导和评价的评价主要从对学生的关注及启发、引导形式与方法、评价的时机和针对性三个方面进行。评价为优的标准：关注学生学习状态，及时进行引导；适时、恰当地引导学生积极思考，提出有意义的问题以及解决问题的方法；鼓励和引导学生自我解释，以多种形式外化自己的思考过程和思考结果，表达真实想法和感受；评价合理，时机恰当，体现激励，具有针对性；适时提问和追问，对活动中的问题给予针对性指导。

实证研究表明，当学生提出深层次问题并做出回答时，学习效果更好。

（三）讲解、总结与提升

有关讲解、总结与提升的评价主要从逻辑性和感染力、时机和深度、方式方法三个方面进行。评价为优的标准：讲解思路清晰、逻辑性强、语言有感染力；总结及时，提升到位，能揭示出活动的目的和意义所在；引导学生通过对比、分析、归纳等方式发现和理解知识之间的关联，并且总结梳理出知识之间的联系。

引导学生通过对比、分析、归纳等方式发现和理解知识之间的关联，并且总结梳理出知识之间的联系，能深化学生对所学知识的整体认识，提升学生知识巩固的效果，能有助于学生在活动中体验和掌握对比、分析、归纳等思维方法。教师可以直接引导学生分析和总结，也可以启发学生利用思维导图或者概念图等方式对课堂学习内容进行结构化和可视化的梳理，然后进行指导和交流，从而促进学生对学习内容的理解，形成个人的知识框架与结构。

（四）媒体选择与应用

有关媒体选择与应用的评价主要从媒体的选择、呈现方式和应用时机两个方面进行。评价为优的标准：媒体的选择切合学习活动的需要以及学习内容的特点和学生的喜好；呈现方式恰当、合理，符合学习内容的特点和学生的认知特点，呈现过程控制有序，应用时机恰当。

（五）重难点的关注和落实

有关重难点的关注与落实的评价主要从对重难点的关注和落实效果两个方面进行。评价为优的标准：主要学习活动能围绕重点和难点进行，在活动中能突出重难点的落实；落实重点、突破难点的方法有效、措施得力。

翻转学习的设计与实现

　　以上是从学习活动的组织、对学生的启发引导与评价、讲解总结与提升、媒体选择与应用、重难点的关注和落实五个不同方面进行课堂学习过程评价的评价要点，需要先进行课堂观察，然后把课堂观察的真实情况和评价要点相对照，以确定该方面的评价结果。

　　本书附录中有在翻转学习实践过程中形成和应用的翻转学习整体教学设计评价表和翻转学习课堂学习过程评价表，其中的评价内容和评价标准和以上内容一致。现实中，由于评价目标不同、制定评价标准的人群和机构不同等原因，大家看到的评价表会有所不同。

重点

- 翻转学习的评价
  - 微课的评价
  - 整体教学设计的评价
    ◆ 学习内容分析、学习者特征分析、学习目标及重难点、微课学习过程与结果分析、学习活动设计、评价设计
  - 课堂学习过程的评价
    ◆ 学习活动的组织、对学生的启发引导和评价、讲解总结与提升、媒体选择与应用、重难点的关注和落实

附　录

附录1　微课设计模板

微课设计

录制时间：____年____月____日　　　　　　微课时间：____分钟左右

微课名称	
所在教材及其章节名称	
学习目标	
知识点描述	
问题设计	
背景音乐（名称、出现位置、长短等）	
微课具体内容	

场景名称	场景的作用	画面内容	教师语言	长度（秒）
……				

附录 2 自主学习任务单模板

《　　　　》微课自主学习任务单

学习指南
一、课题名称： （提示：用"版本+年级+册+学科名+章节"表示）   二、学习目标： （提示：让学生明确自主学习微课后要达成的目标）   三、学习方法建议： （提示：关于学习整个微课或者某一部分的建议）   四、课堂学习预告： （提示：简要说明课堂学习过程，目的是使学生明确微课学习和课堂学习的衔接与关系）
学习任务
一、通过自学微课，完成下列学习任务。   二、资源链接 （提示：提供相关资源链接）   三、困惑与问题 （提示：学生自主学习微课之后的困惑与问题）
备注：内容可以根据实际需求增减

　　使用说明：以上内容是教师设计"自主学习任务单"时应该考虑到的，但是选择哪些内容呈现在给学生的"自主学习任务单"上及其具体的呈现形式都不做限制，可以根据学习内容及学生特点而定。

附录3 翻转学习整体设计模板

《　　　　》翻转学习整体教学设计

设计者					
姓名		电子信箱		电话	
单位名称				日期	
案例摘要					
教学题目						
所属学科			所选教材		
授课对象			所在章节		
一、学习内容分析					
二、学习者分析					
三、学习目标与重难点					
1. 学习目标					
2. 重点、难点					

续表

3. 微课学习与课堂学习目标

微课学习目标：

课堂学习目标：

四、学习过程设计

1. 微课设计和微课自主学习任务单设计（单独写在对应模板中）

2. 学生自主学习微课的过程与结果分析

3. 课堂学习活动设计（基于学生自主学习过程与结果的反馈）

时间安排	活动名称	活动目的	要点说明
……	……	……	……

五、评价设计

六、翻转学习全过程反思

附录 4　学习活动设计模板

学习活动设计

活动设计者姓名		活动设计者单位	
课题名称		教材	
学科		年级	
本课的学习目标			
本课的重点			
本课的难点			
活动 1 的名称			
活动 1 目的			
活动 1 情境			
活动 1 类别（模拟、角色扮演、解决现实生活问题等）及形式（小组、结对、个人）			
活动 1 过程	教师行为		学生行为
	……		……
活动 1 小结			
活动 1 预计时间			
活动 1 所需资源（学具、活动单等）			
活动 1 其他说明			

填表说明：

1. "教材"要求写清出版社和第几册。

2. "活动小结"不一定是教师直接进行，可以启发引导学生完成，形式不限。只需在表中写出小结的核心内容即可。

3. 如果有活动 2、活动 3……仿照活动 1 自行添加足够多行，然后填写。

附录5 微课评价表

微课评价表

| 制作人： | 课题名称： | 学科： | 年级： | 学校： |

一级指标	二级指标	三级指标	分值	实际得分
选题	大小及难易	选题大小及难易适当，微课内容选取符合本课学习内容及学生认知等方面的特点	10	
	目标	学习目标明确、合理、科学		
	内容	教学内容严谨，没有任何科学性错误		
设计	内容的组织	教学内容的组织与编排符合学习对象的认知特点，整个过程主线清晰明了、逻辑性强	35	
	教学方法	教学方法恰当、有创意，深入浅出，形象生动，启发引导性强，有利于提升学生学习的积极性和主动性，有利于促进学生思维的发展、能力的提高		
	自学指导	有引导学生有效自学的方法和措施，比如嵌入微课中的隐性引导、文字及图示提示、单独的自主学习任务单等		
	问题设计	问题清晰、明确、逻辑性强、有层次；提问适时；提问后有适当停顿或者有让学生暂停的提示设计；画面和语言适时配合，有问题或问题关键词对应的文字在画面上清晰显示的设计		
	语言和画面	语言简洁准确、生动形象，有增加启发性和现场感的设计体现；画面结构清晰、内容丰富，媒体选择及应用设计符合教学需要；语言和画面的配合度高、是一个有机的整体；必要时选择和应用恰当的背景音乐，以烘托气氛、丰富创设的情境		

续表

一级指标	二级指标	三级指标	分值	实际得分
制作	结构与风格	结构完整，具有一定的独立性和完整性；整个画面设计、音乐和语言风格等符合学习内容的特点和学习对象的特点及需求	40	
	语言	语言简洁准确、生动形象、亲切自然，有感染力、启发性和现场感；讲解思路清晰、逻辑性强；注重运用提问引发学生思考并能一步步启发学生深入思考		
	画面	视频画面清晰美观；有必要的文字和图示等内容；知识表达形式恰当、易于理解；画面内容适时出现		
	流畅性和同步性	微课音视频同步、播放流畅		
应用	时机、形式、方法	微课分享方式恰当；有学生学习微课的反馈形式和过程	10	
	应用效果	实际应用中学生的学习效果好，学习目标达成度高，微课的自主学习过程确实能和后面的面对面学习活动有机结合，融为一体		
整体	可观看性	整体感觉可观看性强	5	
	存在的价值	微课符合实际需求，在学生学习过程中确实有其独特的存在价值和不可替代性		

签字： 日期：

附录6　翻转学习整体教学设计评价

翻转学习整体教学设计评价表

教师姓名：　　　课题名称：　　　学科：　　　年级：　　　学校：

一级指标	二级指标	三级指标	分值	实际得分
学习内容分析	范围和深度	学习内容分析深刻、全面，能明确学习内容的范围和深度	10	
	揭示联系	能揭示出学习内容各组成部分以及和其他相关内容的联系		
学习者特征分析	分析的关键点	能从学生特点和学生已经掌握的知识和技能两个方面进行分析，有必要的实证分析	10	
	建立联系	在基于学习内容和学习者特征分析的基础上，建立新的学习内容与学生已有知识和经验的联系		
	难点的分析	分析明确难点并分析难点突破策略		
学习目标及重难点	学习目标	学习目标明确、完整、可操作，符合课程标准和教材要求，与学生心理特征和认知水平相适应	10	
	重难点	重难点合理、恰当，难点的确定基于学习内容和学习者特征分析		
	微课学习目标和课堂学习目标	微课学习目标和课堂学习目标表述清晰、划分合理，与整体学习目标具有一致性		
微课学习过程与结果分析	是否有分析	有对学生自主学习微课过程与结果的分析	10	
	分析的质量	分析准确、全面，确实能作为二次调整或再次确认课堂学习活动的依据		

· 264

续表

一级指标	二级指标	三级指标	分值	实际得分
学习活动设计	和学习目标的关系	学习活动紧紧围绕学习目标展开，情境创设新颖，导入方法自然、流畅，学科特色突出	50	
	活动的衔接性	学习活动与微课自主学习活动自然衔接，基于学生微课学习过程和结果的分析		
	活动的层次性	学习活动之间有内在的逻辑关系，活动内容有层次，活动形式有变化，不同形式的学习活动相结合		
	学生主体性和教师主导性的体现	学习活动的设计体现了学生主体、教师主导的特点，既有学生如何参与活动的具体策划，也有教师如何指导的具体策略方法		
	对重点、难点的针对性	有明确针对重点、难点的学习活动设计，落实重点、突破难点的具体方法措施得力		
	整体感	学习活动各要素齐全，学习活动设计合理、有创意，符合学习内容及学生的特点，易于激发学生的兴趣、调动学生的积极性，能有针对性地对学生的思维、动手、交流等多种能力进行锻炼，确实有利于达成各项学习目标		
评价设计	是否有	有对本课学生学习过程和学习效果的评价设计	10	
	设计的质量	评价设计内容合理、可操作性强、客观、全面、有效		

签字： 日期：

附录7　翻转学习课堂学习过程评价

翻转学习课堂学习过程评价表

教师姓名：　　　课题名称：　　　学科：　　　年级：　　　学校：

一级指标	二级指标	三级指标	分值	实际得分
学习活动的组织	形式和表现	学习活动组织有序、富于变化，课堂节奏调控适当	25	
		学生主体作用和教师主导作用有机结合，学生参与度高		
	活动效果	学生的学习效果明显，能达到学习活动的目的		
对学生的启发、引导和评价	对学生的关注及启发	关注学生学习状态，及时进行引导	25	
	引导形式与方法	适时、恰当地引导学生积极思考，提出有意义的问题以及解决问题的方法； 鼓励和引导学生自我解释，以多种形式外化自己的思考过程和思考结果，表达真实想法和感受		
	评价的时机和针对性	评价合理，时机恰当，体现激励，具有针对性； 适时提问和追问，对活动中的问题给予针对性指导		
讲解、总结与提升	逻辑性和感染力	讲解思路清晰、逻辑性强、语言有感染力	25	
	时机和深度	总结及时，提升到位，能揭示出活动的目的和意义所在		
	方式方法	引导学生通过对比、分析、归纳等方式发现、理解知识之间的关联，并且总结梳理出知识之间的联系		

· 266

续表

一级指标	二级指标	三级指标	分值	实际得分
媒体选择与应用	媒体的选择	媒体的选择切合学习活动的需要以及学习内容的特点和学生的喜好	10	
	呈现方式和应用时机	呈现方式恰当、合理，符合学习内容的特点和学生的认知特点，呈现过程控制有序，应用时机恰当		
重难点的关注和落实	对重难点的关注	主要学习活动能围绕重点和难点进行，在活动中能突出重难点的落实	15	
	落实效果	落实重点、突破难点的方法有效、措施得力		

签字： 日期：

参考文献

[1] 胡铁生，黄明燕，李民. 我国微课发展的三个阶段及其启示[J]. 远程教育杂志，2013（4）：37.

[2] 理查德·E. 梅耶. 应用学习科学[M]. 盛群力，丁旭，钟丽佳，译. 北京：中国轻工业出版社，2019：68.

[3] 宋艳玲，孟昭鹏，闫雅娟. 从认知负荷视角探究翻转课堂：兼及翻转课堂的典型模式分析[J]. 远程教育杂志，2014（1）：107.

[4] 张萍. 基于翻转课堂的同伴教学法[M]. 北京：人民邮电出版社，2017：66.

[5] 迈克尔·霍恩，希瑟·斯特尔. 混合式学习：用颠覆式创新推动教育革命[M]. 聂凤华，徐铁英，译. 北京：机械工业出版社，2016：9.

[6] 张宙. 美国K12混合式学习的探究和启示[J]. 外国中小学教育，2019（5）：79.

[7] 高士武，杨晓林，杨亚平，赵伟东，郭晓菊，万朔. 工程力学课程建设的认识与实践[J]. 教育教学论坛，2019（7）：141.

[8] 洛林·W. 安德森. 布卢姆教育目标分类学修订版[M]. 蒋小平，张琴美，罗晶晶，译. 北京：外语教学与研究出版社，2009：75.

[9] 常欣，王沛. 认知负荷理论在教学设计中的应用及其启示[J]. 心理科学，2005，28（5）：1115.

[10] 理查德·E. 梅耶. 应用学习科学[M]. 盛群力，丁旭，钟丽佳，译. 北京：中国轻工业出版社，2019：38，76，108，74.

[11] 赵国庆，郑兰琴. 重复提取胜过细化学习：卡皮克记忆研究进展及其对教学的启示[J]. 中国电化教育，2012（3）：20.

[12] 杨开诚. 以学习活动为中心的教学设计实训指南[M]. 北京：电子工业出版社，2016：7.
[13] Patricia Wolfe. 脑的功能[M]. 北京师范大学"认知神经科学与学习"国家重点实验室脑科学与教育应用研究中心，译. 北京：中国轻工业出版社，2005：81，54，86，64，67，85，126，69，63，65.
[14] 约翰·格里高利. 教学七律[M]. 陶秋月，译. 北京：团结出版社，2018：38.
[15] 李涛，杨建伟，秦昆. 教师教学技能培训系列课程·中小学信息技术[M]. 北京：中国轻工业出版社，2019：108.
[16] 朱京曦. 多媒体教学策略[M]. 北京：北京师范大学出版社，2014：35.
[17] 刘德儒. 学习心理学[M]. 北京：高等教育出版社，2018：87.
[18] 唐娜·沃克·泰勒斯通. 提升教学能力的10项策略[M]. 李海英，译. 北京：教育科学出版社，2019：101.
[19] 赵国庆. 思维发展型课堂的概念、要素与设计[J]. 中国电化教育，2018（7）：13.
[20] 赵国庆. 概念图、思维导图教学应用若干重要问题的探讨[J]. 电化教育研究. 2012（05）：79.
[21] 迈克尔·霍恩，希瑟·斯特尔. 混合式学习：用颠覆式创新推动教育革命[M]. 聂凤华，徐铁英，译. 北京：机械工业出版社，2016.
[22] 乌美娜. 教学设计[M]. 北京：高等教育出版社，1994.
[23] 张祖忻，章伟民，刘美凤等. 教学设计：原理与应用[M]. 北京：高等教育出版社，2011.
[24] 何克抗. 教学系统设计[M]. 北京：北京师范大学出版社，2002.
[25] 温寒江. 学习学[M]. 北京：教育科学出版社，2016.
[26] 简妮·爱丽丝·奥姆罗德. 学习心理学[M]. 汪玲，李燕平，廖凤林，罗峥，译. 北京：中国人民大学出版社，2015.
[27] 崔允漷. 有效教学[M]. 上海：华东师范大学出版社，2009.
[28] 金陵. 翻转课堂与微课程教学法[M]. 北京：北京师范大学出版社，2015.
[29] 乔纳森·伯格曼，亚伦·萨姆斯. 翻转课堂与混合式教学[M]. 韩成财，译. 北京：中国青年出版社，2018.
[30] 约翰·D. 布兰斯福特. 人是如何学习的[M]. 程可拉，孙亚玲，王旭卿，译. 上海：华东师范大学出版社，2013.
[31] 陈向明. 搭建实践与理论之桥：教师实践性知识研究[M]. 北京：教育科学出版社，2011.